百年奋进铸辉煌
八秩同行奔国是

中国民主同盟山东省委员会 编

群言出版社
QUNYAN PRESS
·北 京·

图书在版编目（CIP）数据

百年奋进铸辉煌 八秩同行奔国是 / 中国民主同盟山东省委员会编. -- 北京：群言出版社，2022. 12
（民盟历史文献）
ISBN 978-7-5193-0823-0

Ⅰ. ①百… Ⅱ. ①中… Ⅲ. ①中国民主同盟-史料-山东 Ⅳ. ①D665. 2

中国国家版本馆 CIP 数据核字（2023）第 058172 号

责任编辑：李 群
助理编辑：张 程
封面设计：北京卓伟博文印刷设计有限公司

出版发行：群言出版社
地　　址：北京市东城区东厂胡同北巷 1 号（100006）
网　　址：www.qypublish.com（官网书城）
电子信箱：qunyancbs@126.com
联系电话：010-65267783　65263836
法律顾问：北京法政安邦律师事务所
经　　销：全国新华书店

印　　刷：北京九天鸿程印刷有限责任公司
版　　次：2022 年 12 月第 1 版
印　　次：2022 年 12 月第 1 次印刷
开　　本：787mm×1092mm　1/16
印　　张：23. 5
字　　数：410 千字
书　　号：ISBN 978-7-5193-0823-0
定　　价：128. 00 元

序

山东省政协副主席、民盟山东省委主委　王修林

在全国上下庆祝中国共产党成立100周年之际，我们迎来了中国民主同盟成立80周年，广大盟员纷纷希望民盟省委编辑相关纪念书籍。经过多方交流沟通，主委会研究决定组织大家编写《百年奋进铸辉煌　八秩同行奔国是》这本书。几经酝酿商讨，我也多次与编委会专家座谈交流，最终形成了编辑这本书的基本思路，就是全面回顾山东民盟历史，通过典型人物、具体事例和盟员认识感悟的形式，集中展现山东民盟的发展历程和做出的积极贡献，彰显中国共产党百年辉煌的伟大成就。

百年风雨历程，中国共产党带领中国人民创造了一个又一个历史奇迹。习近平总书记代表党和人民庄严宣告，“我们实现了第一个百年奋斗目标”“正在意气风发向着全面建成社会主义现代化强国的第二个百年奋斗目标迈进”。这宣告掷地有声、振奋人心。民盟成立80年来，自始至终围绕实现“第一个百年奋斗目标”的伟大事业坚定不移地同中国共产党想在一起、站在一起、干在一起。

山东民盟组织建立于新民主主义革命时期。民盟先辈们坚持正义，与中国共产党同呼吸共命运。爱国诗人、曾任国立青岛大学教授的闻一多宁可倒下也不愿屈服，儒学大家梁漱溟在邹平开创乡村建设实验，老主委吴富恒担任解放区唯一的英文报纸副主编，从山东临清走出来的国学大师季羡林开拓中国东方学，“文艺老战士，党的好朋友”王统照成为五四新文学运动中坚……在中华民族遭受内忧外患的历史时期，民盟诸先辈用矢志报国的满腔热血、淡泊名利的高尚品德、渊博高深的学识造诣，实现着报国宏愿，给我们留下了宝贵的精神财富。

社会主义革命和建设时期，山东民盟发挥人才智力优势，为山东经济社会发展贡献力量。著名内燃机专家丁履德、磁学奠基人郭贻诚、胚胎学家张汇泉、考古学家刘敦愿等教育家为新中国的教育事业鞠躬尽瘁；克隆先驱童第周、海带之父曾呈

奎、海洋生态学家朱树屏、蔬菜专家李家文等科学家为新中国的科教事业铺路奠基；著名诗人臧克家、电影表演艺术家项堃、文学史家萧涤非、著名作家文艺理论评论家田仲济等文化大家为新中国的文化事业贡献终生；骨科圣手赵常林、耳鼻喉科奠基人孙鸿泉、外科专家冯雁忱、人体解剖学家沈福彭等医学名家为新中国的医卫事业培根筑基……广大盟员以爱国忧民的情怀、求真务实的作风、无私奉献的精神为社会主义革命和建设竭智尽力。

改革开放和社会主义现代化建设时期，中国共产党领导的多党合作事业迎来新的历史阶段。在推进中国特色社会主义建设、推动经济社会全面发展过程中，山东民盟以“出主意、想办法，做实事、做好事”作为履职方针，在区域经济、教育改革、文化发展、科技创新、民生改善等方面建言资政，成果丰硕。海洋水产生产农牧化，青岛海洋科学与技术国家实验室建立，7000 米潜水器基地落户青岛，高校债务危机化解，山东省教育发展规划编制等都有山东民盟人的参与和推动。这一时期，中国现代小麦栽培学奠基人余松烈、著名社会活动家孔令仁、海洋化学学科带头人张正斌、艺术史学家朱铭、植物分子生物学家温孚江等都在各自领域产生了很大影响。

新时代中国特色社会主义时期，习近平总书记关于多党合作的系列重要论述，特别是《中国共产党统一战线工作条例》的颁布实施，使新时代多党合作事业展现出前所未有的勃勃生机，山东民盟各项事业也行稳致远。我们围绕国家和山东省中心工作，聚焦“双高”建设、海洋强省、乡村振兴、生态文明建设等事关长远发展的问题调查研究，形成的高质量履职成果多次被国家和省主要领导批示，为推进国家治理体系和治理能力现代化发挥了积极作用。在助推渤海综合治理、大气污染防治、省港口集团成立、中国海工北方总部落地烟台、山东省政府与深圳证券交易所战略合作、打造乡村振兴齐鲁样板等重要工作取得显著成效。山东民盟还扎实开展了社会服务工作，持续推动乡村振兴县区行等活动，都产生了良好的社会影响。

一直以来，民盟中央给予山东民盟深切的关怀和大力的支持。费孝通主席 7 次到访山东，丁石孙、蒋树声、张宝文等历届主席和张梅颖常务副主席也多次莅临山东，针对教育改革、海洋经济、社会保障等社会问题调查研究，指导山东经济社会发展和山东民盟的成长进步。本届民盟中央的丁仲礼主席、陈晓光常务副主席和张平、徐辉、田刚、龙庄伟、曹卫星、程红、张道宏副主席都多次来山东专题调研和指导工作。民盟中央与山东民盟上下联动建言资政，推动山东乃至全国重点工作已成为山东民盟的显著特色和巨大优势，特别是通过民盟中央这一平台，为山东民盟参与国家治理、议政建言提供了重要渠道。吴立新副主委撰写的《关于加快建造中国大洋钻探船的建议》被中央领导批示，并写入“十四五”规划，还有很多调研报告被国家领导人签批或被全国政协采用。山东民盟的每步发展和进步无不凝结着民盟中央领导的关心和厚爱。

站在两个百年的历史交汇点上，新征程已经开启。山东民盟要严格遵照习近平总书记关于加强和改进统一战线工作的谆谆教诲和视察山东重要讲话、重要指示批示精神，紧紧围绕中共山东省委、省政府的中心工作，继续弘扬优良传统，赓续红色血脉，按照“四新”“三好”的要求，推动我国新型政党制度优势更好转化为治理效能。要更加自觉地加强自身建设，加强对盟员的思想引导，做中国特色社会主义事业的亲历者、实践者、维护者、捍卫者。要更加努力地找准自身优势和全局工作的结合点，不断提高履职能力。要更加积极地围绕中心，服务大局，以高质量履职成果助力高质量发展。

80 年时光荏苒，山东民盟在多党合作史上留下了浓墨重彩的一笔，山东民盟先贤那高尚的道德操守、伟大的人格魅力、渊博的学识修养和崇高的家国情怀一直在感召着后人，经过岁月的积淀，已成为山东民盟的优良传统和精神力量，并不断传承和发扬光大。新一代盟员始终映照在前辈的熠熠星辉中，只有继续凝心聚力、建功立业，共同谱写新时代多党合作事业新篇章，才能无愧于民盟先辈，无愧于民盟光荣传统，无愧于这个伟大的时代！

2021 年 8 月

前　言

2021年是中国共产党的百年华诞，也是中国民主同盟成立80周年。中国民主同盟自成立之日起，便与中国共产党风雨同舟、携手前进，共同致力于民族解放、国家富强和人民幸福，80年来始终不忘合作初心，坚定不移跟党走。

为庆祝中国共产党成立100周年、中国民主同盟成立80周年，共同回顾光辉历程，总结成功经验，激励全省各级盟组织和广大盟员在奋进伟大复兴的新征程中凝心聚力、建功立业，共同谱写新时代多党合作事业新篇章，民盟山东省委高起点谋划，高标准组织，编撰《百年奋进铸辉煌　八秩同行奔国是》一书，通过对不同时期典型人物或群体的典型履职主题和事例及典型认识感悟的记述，集中展现山东民盟的发展历程，并以此彰显中国共产党百年辉煌的伟大成就。

本书分为三个篇章，分别记述山东民盟80年的组织发展、不同领域的履职主题及优秀盟员爱盟兴盟的事迹。

第一章“八十年风雨历程，薪火相传勇担当”，概述山东民盟组织的发展沿革，同时选取记述四个不同阶段有代表性的基层组织的发展历程，全面展现中国民主同盟与中国共产党携手前行的奋斗史。从江涛声在济南开展民盟组织活动就植下一心向党基因的齐鲁医院总支，传承优良传统、弘扬科学精神的中科院海洋所支部，以学先贤担使命为己任的梁漱溟特色支部，就是不同时期组织发展中涌现出的典型代表。

第二章“八十年群英荟萃，履职尽责惠民生”，按照山东民盟的界别特征，以海洋篇、农业篇、教育篇、医卫篇、文化篇和非公经济篇6个不同领域为纲，介绍不同的履职主题。在每一篇的记述中，同样按照4个不同时期涌现的先锋模范人物的事迹构建全篇，展现民盟“出主意、想办法，做实事、做好事”，在不同岗位上履职尽责，同中国共产党共襄伟业的优良传统。

第三章“八十年同心同行，肝胆相照慰征途”，通过不同时期山东民盟贤达们的自述，展示民盟在不同的历史时期，坚定不移同中国共产党想在一起，站在一起，干在一起，共同谱写多党合作的壮丽诗篇。从新民主主义时期走来，吴富恒“心在民盟，魂系教育”；投身社会主义建设，孔令仁“半世风雨，一生无悔”；激荡改革开放大潮，温孚江“不忘初心，胸怀大局，勇于担当”；面向新时代，吴立新“勇逐中国海洋强国梦”。

本书由民盟山东省委谋划统筹，民盟省委宣传部策划组稿。王修林主委亲自指导，多次主持召开研讨会廓清思路；王睿副主委多次与编撰人员座谈，明晰全书架构。盟员张成、王希忠、许玲然、姜娜、朱振东、李爱珍对文稿进行了编辑，并分别撰写部分文稿；全书文稿由张成进行统筹。本书的编撰，得到了民盟省委各部门、各市委会、各基层组织及广大盟员的积极响应和通力合作，得到了群言出版社的鼎力支持，在此一并表示感谢。

行而不辍，未来可期。本书的编撰，就是希望广大盟员在学习盟史中能够知盟爱盟，传承发扬民盟先贤“奔走国是，关注民生”的优良传统，从老一辈民盟贤达的事迹中汲取坚定前行的理想信念，切实提高政治把握能力、合作共事能力和参政议政能力，以实际行动为山东实现“走在前列，全面开创”做出新的更大贡献！由于水平有限，编撰过程中不妥之处在所难免，恳请专家、学者及读者朋友批评指正。

本书编委会

2021 年 8 月

目　录

第一章　八十年风雨历程　薪火相传勇担当

第二章 八十年群英荟萃 履职尽责惠民生

第三章 八十年同心同行 肝胆相照慰征途

第 一 章

八十年风雨历程　薪火相传勇担当

山东民盟组织的发展沿革

新民主主义革命时期

民盟是在山东最早建立组织、发展成员的民主党派之一。在民盟山东省级组织建立之前，民盟在山东的活动主要在青岛、济南两地展开，直接受民盟中央领导。

1946 年春，民盟开始在青岛筹建组织。1947 年 5 月，陈仰之等人在崂山北九水鱼鳞峡观瀑亭秘密举行盟员会议，成立干部会，陈仰之被推举为主任，青岛民盟地方组织就此成立。这也是民盟在山东建立的第一个地方组织。同年 10 月，南京国民政府宣布民盟为“非法团体”，11 月民盟总部被迫宣布解散，民盟组织活动随即转入地下。青岛民盟组织一方面发展盟员，充实力量；另一方面努力与民盟总部取得联系，接受指示，开展工作，迎接解放。截至 1949 年 6 月 2 日青岛解放时，全市有盟员 51 人。同年 8 月，民盟青岛支部临时工作委员会成立，陈仰之任主任委员。

民盟在济南的活动始于 1948 年，民盟临时总部派江涛声来济南开展工作，他以医学博士身份，广泛联系爱国知识分子、进步知识分子，并秘密发展盟员 6 人，正式创建了民盟济南地下组织——民盟济南支部。江涛声积极组织盟员学习各种文件。济南解放前夕，江涛声组织盟员开展护厂、护校、保护公物的活动，为济南的解放做出了积极贡献。1948 年济南解放后，民盟组织开始公开活动。到 1949 年 6 月，民盟济南支部已有盟员 30 人。

社会主义革命和建设时期

新中国成立后，山东民盟组织以中国人民政治协商会议通过的《共同纲领》为政治纲领，在中国共产党的领导下，推动盟员和民盟联系的知识分子学习马克思列宁主义、毛泽东思想，努力为社会主义建设事业服务，特别是在参加国家文教建设、推动海洋科学发展等方面发挥了重要作用。

1953 年 4 月，民盟青岛市第一次盟员大会在青岛市政协礼堂召开，会议选举产生了民盟青岛支部第一届委员会，童第周为主任委员。1956 年 8 月，民盟青岛市第二次盟员大会召开，会上改支部为民盟青岛市委员会，童第周为主任委员。1959 年 1 月、1962 年 8 月，民盟青岛市委员会先后召开了第三次和第四次盟员大会，选举产生了民盟青岛市第三、四届委员会，选举冯雁忱为主任委员。自 1946 年民盟在青岛筹建组织起，青岛民盟地方组织历经干部会、民盟青岛支部临时工作委员会、民盟青岛支部委员会、民盟青岛市委员会几多变迁，其机关设置和工作机制逐步完善。

1950 年，民盟中央派王深林为山东省盟务指导员。经王深林与有关方面协商，于 1950 年 4 月成立了民盟济南市支部临时工作委员会，吴富恒任主任委员。1953 年 12 月，民盟济南市支部第一届盟员大会召开，选举王统照为主任委员，结束了济南市支部临时工作委员会的历史。1956 年 2 月，民盟济南市支部委员会改称民盟济南市委员会。1956 年 11 月、1958 年 11 月、1962 年 10 月，民盟济南市委员会先后召开了第二次、第三次、第四次盟员代表大会，选举产生了民盟济南市第二、三、四届委员会，分别由王统照、黄云眉、秦西灿任主任委员。

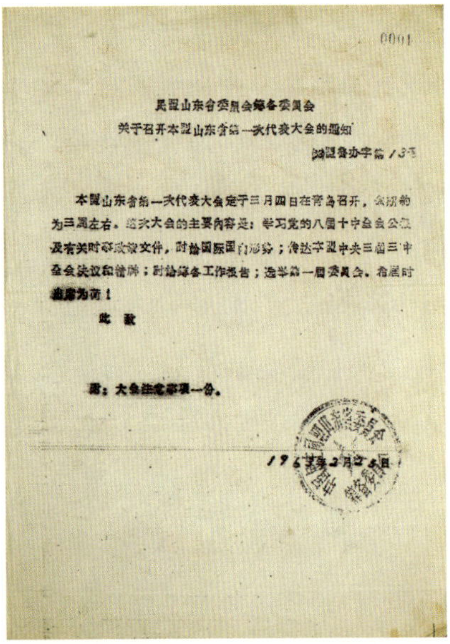
0001

民盟山东省委员会筹备委员会
关于召开本盟山东省第一次代表大会的通知
盟筹办字第 13 号

本盟山东省第一次代表大会定于三月四日在青岛召开，会期约为三周左右。这次大会的主要内容是：学习党的八届十中全会公报及有关时事政策文件，讨论国际国内形势；传达本盟中央三届三中全会决议和精神；讨论筹备工作报告；选举第一届委员会。希届时出席为荷！

此致

附：大会注意事项一份。

1963年2月2[illegible]日

1963 年 2 月，关于召开民盟山东省第一次代表大会的通知

1962 年 5 月 11 日，民盟山东省筹备委员会在济南成立，根据民盟中央常务委员会第 26 次（扩大）会议决定，由丁履德、方宗熙、田仲济等 17 人任筹委会委员，丁履德任主任委员，吴富恒任副主任委员。1963 年 3 月 4 日至 4 月3 日，民盟山东省第一次代表大会在青岛召开，民盟山东省委员会正式成立，丁履德任主任委员，吴富恒、郭贻诚、曾呈奎、黄云眉任副主任委员，郭贻诚兼任秘书长。自此，原直属民盟中央领导的民盟青岛市委员会和民盟济南市委员会改属民盟山东省委员会领导，原属民盟济南市委的省属高等院校及省级机关的民盟基层组织正式划归民盟山东省委直接领导。

山东民盟自20世纪50年代开始，即认真贯彻民盟中央“以文教界为主，以中上层为主”的方针，广泛联系爱国知识分子，积极发展盟员；截至1957年，全省盟员总数达1187人。“反右”斗争开始后，民盟组织的发展处于停滞状态。到1963年6月，盟员尚有986人；“文革”开始后，山东民盟组织停止活动，盟员继续减少；至1978年4月，盟员为744人。自1979年起，山东民盟逐步恢复组织活动。

改革开放和社会主义现代化建设新时期

在改革开放和社会主义现代化建设新时期，山东民盟在邓小平理论、“三个代表”重要思想和科学发展观指导下，坚持“长期共存、互相监督、肝胆相照、荣辱与共”的方针，坚持中国共产党领导的多党合作和政治协商制度，加强自身建设，积极履行参政党职能，为把我国建设成为富强、民主、文明的社会主义现代化国家，为新时期统一战线的巩固和发展，为加快山东省经济社会发展，积极贡献智慧和力量。

1980年5月，民盟山东省第二次代表大会在济南召开。会议选举产生了民盟山东省第二届委员会，郭贻诚任主任委员，吴富恒、曾呈奎、张汇泉、高象九任副主任委员，鲁在瑄任秘书长。会议决定把山东民盟的工作重点转移到为社会主义现代化建设服务的轨道上来。1984年至2012年，民盟山东省委先后召开第三次至第八次代表大会，选举产生了民盟山东省第三、四、五、六、七、八届委员会，分别由郭贻诚、吴富恒、朱铭、温孚江任主任委员。

在组织发展中断了20多年之后，山东民盟从1982年又开始发展新盟员。尤其是在1988年之后，山东民盟组织贯彻民盟中央“巩固与发展相结合”的方针，注重质量，稳步发展，使山东民盟组织发展工作上了一个新台阶。进入21世纪以来，民盟山东省委坚持“人才强盟”战略，坚持“三为主”方针推进组织稳步有序发展，注重加强领导班子和后备干部队伍建设，积极稳妥推进组织建设。至2001年，全省17个地市均成立了民盟市级组织，成立了省直基层工委，山东民盟形成了省、市、县（区）、基层组织相对完善的组织体系。截至2011年年底，全省共有盟员9041人，2001年以来新发展盟员3800余人，全省盟员平均年龄为54.8岁，进一步改善了山东民盟组织的知识结构、专业结构和年龄结构，给山东民盟组织带来了新的生机和活力。

这一时期，民盟山东省委在中共山东省委和民盟中央的领导下，团结带领全省各级盟组织和广大盟员，为坚持和完善中国共产党领导的多党合作和政治协商制度、推进社会主义民主政治和法制建设、加强参政党自身建设、为山东省政治经济和社会的发展，做出了不懈的努力。民盟山东省委积极响应民盟中央提出的为经济建设“出主意、想办法，做好事、做实事”的号召。民盟山东省委主要领导人多次在民盟中央、全国人大、全国政协及山东省高层次协商会、座谈会上，阐述科教兴国、振兴教育事业，发展社区职业教育的观点和建议。吴富恒主委提出的“建设文化强省”的建议，被采纳并作为山东省实现经济大省向经济强省历史飞跃的“强省战略”之一。进入 21 世纪以来，民盟山东省委紧紧围绕中共山东省委和省政府的中心工作，紧密结合民盟的自身特点和优势，密切跟踪与人民群众休戚相关的热点和难点问题，积极开展调查研究，建言献策，提出发展蓝色农业、国家海洋战略、教育体制改革等许多富有真知灼见的建议和提案。

新时代中国特色社会主义建设时期

党的十八大以来，民盟山东省委秉承“奔走国是，关注民生”的优良传统，围绕推进“五位一体”总体布局和“四个全面”战略布局，围绕中共山东省委、省政府的中心工作及人民群众关切的热点、难点问题，积极履职尽责，参政议政成效显著，海洋强省、环渤海区域经济一体化、乡村振兴、四新企业、自贸区建设等一系列有针对性和可行性的对策建议被采纳实施；突出特色优势，整合优化资源，打造了“农村教育烛光行动”“民盟乡村少年科学营”“同心社区服务站”“助力乡村振兴县区行”等社会服务工作品牌，树立了民盟良好的社会形象；完善机制，夯实基础，自身建设得到了长足发展，形成了思想宣传工作大格局和“人才强盟”新局面。

2012 年 5 月 17 日至 18 日，民盟山东省第九次代表大会在济南召开。会议选举产生了民盟山东省第九届委员会，温孚江为主任委员，王修林、韩圣浩、仪平策、安利国、董利忠、崔大庸、侯桂华（女）为副主任委员，张继平任秘书长。

2017 年 6 月 20 日至 21 日，民盟山东省第十次代表大会在济南召开。会议选举产生了民盟山东省第十届委员会，王修林为主任委员，安利国、董利忠、崔大庸、侯桂华（女）、吴立新、田兴松为副主任委员。2020 年 12 月 12 日，民盟山东省十届五次全委（扩大）会议召开，补选王睿为民盟山东省第十届委员会副主任委员。

2017 年 6 月 20 日至 21 日，民盟山东省第十次代表大会在济南召开

2019 年，中共中央就加强中国特色社会主义参政党建设、民主党派代表人士队伍建设出台政策文件，各民主党派中央在协商一致的基础上制定了新时代组织发展工作纪要等相关文件，统称“三个文件”。“三个文件”的颁布对参政党自身建设尤其是组织建设提出了更高要求，山东民盟多措并举积极推进组织建设高质量发展。截至 2020 年 12 月底，全省共有盟员近 1.4 万人，盟员总数跃升至全盟第 8 位（2014 年全省盟员总数突破 1 万人，位居全盟第 10 位），重点分工领域占 56.4%，其中高教界占 22%。民盟市级组织 16 个（2019 年 1 月，济南莱芜区划调整，民盟莱芜市委并入民盟济南市委），另有县（区）级组织 4 个（烟台莱阳市、淄博张店区、聊城东昌府区、菏泽牡丹区），基层组织 378 个，省级专委会 15 个。山东省盟员担任各级人大代表、政协委员的共有 1161 人，占盟员总数的 8.4%，其中全国人大常委会委员 1 人，全国人大代表 3 人，省人大常委 3 人，省人大代表 10 人；全国政协委员 2 人，省政协副主席 1 人，省政协常委 7 人、省政协委员 40 人。全省盟员中，“两院”院士 2 人，长江学者特聘教授 2 人，国家杰出青年 6 人，千人计划 2 人，万人计划 9 人，教育部新世纪优秀人才 13 人，泰山学者 27

人，省智库高端人才 10 人，有 8 人担任大学的校长、副校长等。全省盟员中，有许多人在自己的岗位上取得了出色的成绩，获得国家表彰或享誉国际。

民盟山东省委员会历任主委为丁履德、郭贻诚、吴富恒、朱铭、温孚江，现任主委为王修林。

民盟山东省市级组织成立情况

1956 年 2 月，民盟济南市委成立	1990 年 11 月，民盟滨州市委成立
1956 年 8 月，民盟青岛市委成立	1992 年 7 月，民盟东营市委成立
1984 年 11 月，民盟潍坊市委成立	1993 年 12 月，民盟莱芜市委成立（2019 年 1 月撤销）
1984 年 12 月，民盟烟台市委成立	1995 年 5 月，民盟聊城市委成立
1985 年 10 月，民盟泰安市委成立	1996 年 3 月，民盟临沂市委成立
1986 年 12 月，民盟济宁市委成立	1997 年 4 月，民盟日照市委成立
1987 年 4 月，民盟淄博市委成立	1997 年 6 月，民盟德州市委成立
1988 年 4 月，民盟枣庄市委成立	2002 年 1 月，民盟菏泽市委成立
1988 年 8 月，民盟威海市委成立	

（陈艳红）

青岛民盟组织的建立和早期活动

20 世纪四五十年代是青岛民盟组织的创建和早期发展阶段。青岛民盟组织是在中国共产党的统一战线政策以及民盟总部和民盟华东执行部的推动和影响下，于 1947 年 5 月由陈仰之等人在崂山北九水鱼鳞峡观瀑亭秘密成立的。这也是民盟在山东省建立的第一个地方组织。青岛民盟组织在民盟中央和民盟山东省委的领导下，始终围绕党和国家的中心工作，发挥自身作用，积极参与，为国家的富强和青岛的发展做出了应有的贡献。

青岛民盟组织的创始人陈仰之

青岛民盟组织的建立

1946 年春，民盟总部和民盟华东执行部先后指派陈仰之、罗致、薛强生、葛春霖、刘新民等到青岛开展工作。1947 年 5 月，陈仰之等人在崂山北九水鱼鳞峡观瀑亭秘密举行盟员会议，成立干部会，陈仰之被推举为主任，青岛民盟组织就此成立。1947 年 10 月，南京国民政府宣布民盟为“非法团体”，民盟组织活动随即转入地下。在地下活动阶段，青岛民盟组织一方面发展盟员，充实力量；另一方面努力与南京、上海和香港的民盟总部取得联系，接受指示，秘密活动，开展工作，迎接解放。1948 年 1 月，民盟一届三中全会后，民盟在全国各地的组织陆续恢复工作。1949 年 6 月 2 日，青岛解放。其时，青岛民盟有盟员 51 人，编为 4 个小组。同年 7 月 31 日召开盟员会议，会上成立民盟青岛支部临时工作委员会。临时工作委员会由刘新民、陈仰之、段超人、薛艺农、薛强生 5 人组成，其中陈仰之任主任委员。在民盟中央总部指导下，临时工作委员会对青岛盟员进行了审查登记。1953 年 4 月，民盟青岛市第一次盟员大会在太平路 29 号市政协礼堂召开，中共青岛市委和市政协的负责人到会祝贺，盟员 200 余人出席了这次会议。会上通过了陈仰之所作的民盟青岛支部临时工作委员会工作报告，选举产生民盟青岛支部第一届委员会，童第周当选为主任委员。自此，青岛民盟正式纳入地方组织建制。1956 年 8 月，青岛市第二次盟员大会召开。会上，民盟青岛支部临时工作委员会改称民盟青岛市委员会（简称民盟青岛市委），童第周任主任委员。青岛民盟组织成立后，曾直属民盟中央总部领导，直至 1963 年 4 月民盟山东省委员会成立后，始改属民盟山东省委领导。“文革”期间，民盟青岛地方组织的活动一度停滞，直至 1978 年 6 月才恢复活动。

青岛民盟组织成立旧址——观瀑亭

争取爱国人士，保护学校工厂

自国民党政府悍然宣布民盟为“非法组织”至青岛解放，青岛民盟组织一直处于地下秘密活动状态，一方面积极宣传中共政治主张和政策，宣传解放区的真实情况，帮助群众消除疑虑；另一方面宣传民盟的政治主张，发展成员组织，保护进步人士和人民的财产安全，团结爱国人士，争取爱国力量。青岛解放前夕，青岛民盟组织协助中共地下党组织保护学校和工厂，争取爱国人士和民族资本家（其中有冀鲁针厂的尹致中和中纺公司的范澄川等人）。经过民盟组织做思想工作，这些实业家在新旧政权更迭时期均能够维护大局，拒绝迁厂南下和毁坏工厂。1949 年 2 月，国民党曾策划拆运和破坏重要的工业设施，民盟组织获悉后想方设法、竭尽全力地说服中纺等企业的负责人组织护厂队，有效保卫了人民财产，为恢复青岛经济、保持社会稳定做出了积极的贡献。

参加新中国政权建设

青岛解放后，青岛民盟组织公开了身份，积极配合建立和巩固人民民主政权，投身于新民主主义国家建设，为国民经济的恢复、发展和社会主义改造的顺利进行做出了一定贡献。

积极参政议政。新中国成立初期，青岛民盟组织负责人经常参加中共青岛市委召开的“双周座谈会”“双月座谈会”“情况通报会”等，政务院六十五次会议通过陈仰之等任青岛市人民政府委员，不少盟员在各级人大、政府、政协担任职务。他们深入实际，参与国是和地方政务讨论、协商，积极发表建议，参与管理监督。1950 年 2 月 21 日，文教界代表葛春霖的《政府实现上届会议决议，说明对人民的尊重与负责》在《青岛日报》全市各界代表会议大会发言专栏中刊发；1950 年 3 月 18 日，陈仰之在山东省人民代表大会上的发言在《青岛日报》刊登；1950 年 9 月 17 日，段超人撰写的《预祝三届人代会的胜利》刊登于《青岛日报》；陈仰之、曾呈奎分别作为民盟代表和科学界代表的发言刊登于《青岛日报》1950 年 9 月 20 日版。1955 年，青岛市反对使用原子武器签名运动委员会成立，金通尹、段超人、陈仰之、章拯民、曾呈奎、童第周等盟员出任该委员会委员。1956 年，声援埃及人民的反侵略斗争中，青岛民盟组织派出代表积极参与，或大会发言，或担任重要职务。青岛盟员积极发表各类署名文章，提出对建设青岛人民政权的意见和建议。1950 年 6 月 20 日，陈仰之在《青岛日报》发表《发挥人民群众的积极性　推进民主政权建设工作》；1953 年 1 月 5 日，陈仰之撰写《加强与巩固人民民主政权　迎接大规模的国家建设》的文章，童第周、杨樾林分别发表《科学工作者应有的新认识》和《科学工作者迎接新时代需要把握的几个要点》文章，1955 年，杨樾林撰写《现有工业在五年计划中的作用》的文章。

支持新中国建设。1950 年 1 月 5 日，国家发行第一期人民胜利折实公债。在公债发行 3 天后的 1 月 8 日，民盟青岛支部临时工作委员会就迅速做出动员，发布《为采购劝购公债告全市盟员书》（1 月 15 日的《青岛日报》全文刊登）。同日，《青岛日报》还刊登了盟员杨枫的文章《我买了一份公债》，对盟员购买公债起到了较强的带动作用。1951 年 12 月 30 日，民盟青岛支部临时工作委员会召开全体盟员大会，号召全体盟员积极投入“三反”运动。1 月 26 日，《青岛日报》刊登了陈仰之代表青岛民盟所作声明《民盟支部全力参加反贪污反浪费运动》。1953 年 10 月 18 日，民盟青岛市支部委员会举行了第七次委员会（扩大）会议来进一步动员盟员响应增产节约号召和积极参加普选运动。

参与宪法草案讨论。1954 年 6 月 22 日，民盟中央常务委员会向全盟发出《关于学习、讨论和宣传中华人民共和国宪法草案的指示》。民盟青岛支部委员会向全体盟员提出要以认真负责和积极的态度参加宪法草案的讨论并提交建议。陈仰之撰写《人民民主统一战线在国家过渡时期的作用和民盟盟员的任务》的文章，结合宪法草案序言强调人民民主统一战线的重要作用，就民盟盟员新时期性质、特点、任务展开深入分析。

为抗美援朝做出贡献

在抗美援朝运动中，民盟青岛支部临时工作委员会经常与各民主党派、人民团体发表声明，反对美国侵略，拥护和平决议，支持中、苏、朝三国联合声明，向中、朝人民部队表示慰问和致敬等，并积极响应抗美援朝总会号召，广大盟员也热切投身于宣传抗美援朝运动的热潮中。

1950 年 7 月 25 日，童第周撰写的《团结起来，彻底击溃美帝国主义的挑战》

2019 年 4 月，新盟员赴青岛民盟成立旧址进行现场教学

一文在《青岛日报》刊发；11 月 16 日，杨枫撰写的读报杂感《谁能保证狼不吃人》在《青岛日报》发表；部分盟员还积极参与青岛市民自行发起的“多演进步影片，不演美国影片”活动。1951 年 1 月，中国人民保卫世界和平反对美国侵略委员会青岛分会正式成立，陈仰之任分会副会长，童第周和吴富恒等任分会委员。9 月 14 日，支部临时工作委员会宣传部在《青岛日报》发表《纪念“九三”抗日纪念日——为加强反对美国单独对日媾和而斗争》一文。吴富恒、童第周、郭贻诚、薛廷耀等人所在的青岛市留美同学会也发表宣言，反对美帝重新武装日本。此外，支部临时工作委员会还积极响应中共青岛市委号召，动员盟员赴朝参加医疗救护志愿队。盟员冯雁忱、王训颎分别担任第一队大队长和副大队长。《青岛日报》先后刊登了王训颎撰写的《医务工作者应负起对祖国应负的责任》、冯雁忱撰写的《我在前线的最大收获》、章拯民撰写的《为抗美援朝保家卫国彻底胜利而奋斗》的文章，表达了青岛市医疗卫生界盟员对伟大祖国的热爱和责任意识。青岛市先后组织了三批医疗队，队员共计 126 人，每批都有民盟盟员。支部临时工作委员会成立了捐献爱国武器委员会，全体盟员积极响应号召，陈仰之率先捐献了 100 万元（人民币旧值），刘朴齐捐献了 700 万元，薛艺农捐献了黄金八两，郑香圃捐献了黄金一两，

刘淑英捐献了金条一根，陈慎昭捐献了多年积蓄的银圆 30 块，杨向奎捐献了 50 万元全部积蓄。支部全体工作干部每月捐献工资的 1/10。陈仰之、杨向奎、李黎决定捐献 7—12 月的全部稿费。据统计，盟员在盟内外捐款捐物共计 4000 余万元。

青岛民盟组织从新中国成立前争取爱国人士保护学校、工厂到新中国成立初期积极支持和参加新中国政权建设、抗美援朝等，为社会主义现代化建设事业做出了重要贡献。

（民盟青岛市委）

济南民盟组织的建立和早期活动

一

1947 年前后，国内政治斗争空前尖锐复杂。国民政府诬指民盟“勾结共匪，参加叛乱”，是“中共之附庸”，悍然宣布民盟为“非法团体”。随后，民盟一届三中全会公开宣布：民盟誓与中国共产党一道，为推翻国民党反动政府，实现独立、和平、民主、统一的新中国而奋斗。正是在这一时期，江涛声从徐州来到济南，在知识分子中秘密发展盟员，开展反蒋斗争，迎接济南解放。

济南民盟组织的创始人江涛声

江涛声（1910. 9. 13—1949. 9. 10），原名江晴恩，湖北荆门人。其父江清博士为著名医学家、生物化学家，20 世纪 30 年代曾任齐鲁大学医学院院长。江涛声从小受新思想影响，1926 年在北京今是中学参加革命活动，1928 年考入清华大学，1930 年留学德国柏林大学医学院，后又在捷克、瑞士等地从事革命活动，并考取瑞士巴塞尔大学病理博士。1944 年，江涛声在重庆加入中国民主同盟，后在董必武领导下，到安徽、湖北、江苏等地利用医学博士身份从事地下工作。1946 年年底，其任徐州国民党陆军总后方医院少将院长，后因开展民盟活动被国民党当局察觉，被迫辞职。因为江涛声当时查出患有心脏病、肝硬化等疾病，经徐州地下共产党工作委员会研究，为照顾他的身体和安全，建议他暂回济南老家，利用广泛的社会关系开展民盟工作，做好迎接济南解放的准备。

1947年秋，江涛声回到济南，在齐鲁大学医学院工作。他一边养病，一边秘密开展民盟工作。他会讲德、英、法等多种语言，充分利用自己医学博士身份广泛联系爱国知识分子，进行革命宣传活动。他通过亲友聚会、个人联络等形式，向亲友们揭露国民党的反动腐败，介绍国内外的战争形势及共产党的方针政策，为发展组织、迎接解放做了充分的舆论准备。此外，他还积极联系进步人士，宣传民盟要与中共一道为推翻蒋介石反动政权，建立一个新中国而努力奋斗的主张。在他的引导教育下，一些有进步思想的亲友加入了民盟。

1948年春，民盟济南市地下组织民盟济南支部正式成立，当时民盟支部共有江涛声、宋美莲（江涛声的夫人）、刘继虞、鞠国华、田凤翰、王申、戴秉彝7名盟员。江涛声在4月写给辛志超的秘密报告中说："生意很好，现在已有7位伙计。"辛志超是代表民盟总部指导江苏、浙江、安徽、江西、山东、河南6省和上海、南京、青岛3市的民盟上海区执行部主任委员。

当时，他们每星期六晚上到江涛声家中（现南新街51号小洋楼）秘密聚会，开展民盟地下组织活动。活动的主要内容有：一是学习共产党的文件及毛泽东《新

济南民盟组织成立旧址——南新街51号

民主主义论》《论联合政府》《目前形势与我们的任务》等；二是分析济南国民党军队及政府机关、学校的情况和思想动态，然后由江涛声整理成文向上汇报。1948年下半年，济南已被解放军四面合围，解放指日可待。江涛声此时号召盟员积极准备迎接解放，盟员们向亲友宣传中国共产党的方针政策，告诉他们共产党、毛主席是人民的救星，解放军是人民的军队，以及共产党对国民党军人的优待政策和对私营工商业的保护政策，同时组织开展护厂、护校运动，保护社会财产，为济南解放做出了积极贡献。

二

济南解放后，1948年9月25日，济南特别市副市长徐冰派交际处处长陶稷农代表中共济南特别市委走访江涛声，安排江涛声和盟员的生活。此后，江涛声被任命为山东白求恩医学院教务主任，并当选为济南市中苏友好协会副会长。截至1949年6月，盟员发展至30人。为了济南民盟组织的发展，江涛声把民盟盟员中的一部分干部通过副市长徐冰介绍到华东大学学习，为正式建立民盟组织培养骨干。9月初，江涛声应召赴京参加民盟中央会议，会后返回济南的第二天即1949年9月10日，因肝病发作去世。

江涛声去世后，山东省盟务工作陷入停顿。1950年，民盟中央任命王深林（民盟盟员、农工党党员）为山东省盟务指导员，负责与山东省党政的联络协调，指导济南、青岛、徐州等地的民盟工作。

王深林

王深林（1903.7—1978.8），山东诸城相州镇相州三村人，同济大学肄业，后去苏联中山大学学习，1937年毕业于德国柏林大学，回国后曾任第五战区长官司令部参议、桂林行营参议兼广西绥靖公署政治部代主任、国民政府中央研究院专门委员等职。1942年，王深林加入中华民族解放行动委员会和中国民主政团同盟，任农工民主党中央委员兼农工民主党总部组织部部长，在重庆、上海、香港等地从事民主党派活动。新中国成立后，其曾任政务院参事，农工民主党中央执行局委员，政协全国第一届委员会委员，第一、二、三届全国人民代表大会代表，山东省政协副主席，1978 年 8 月在北京病逝。

1950 年 2 月，王深林应召返回山东省工作，当选山东省各界人民代表会议协商委员会副主席，被民盟中央派为山东省盟务指导员。在王深林的协调下，1950 年 4 月 8 日，中国民主同盟济南市支部临时工作委员会成立，吴富恒、姜子修、崔祝生、万玉书、米嘉祥、王申、孙民立为委员，吴富恒任主委，开始在城内东华街 15 号办公，并先后在部分高校建立了支部，济南民盟的工作逐步走向正轨。1953 年 12 月 19 日至 20 日，民盟济南市支部第一届盟员大会召开，选举产生新的领导机构，结束了济南市支部临时工作委员会的历史。

三

济南民盟组织成立后，在中共济南市委和上级民盟组织的领导下，积极投入知识分子思想改造、抗美援朝、土地改革、镇压反革命等政治运动中。

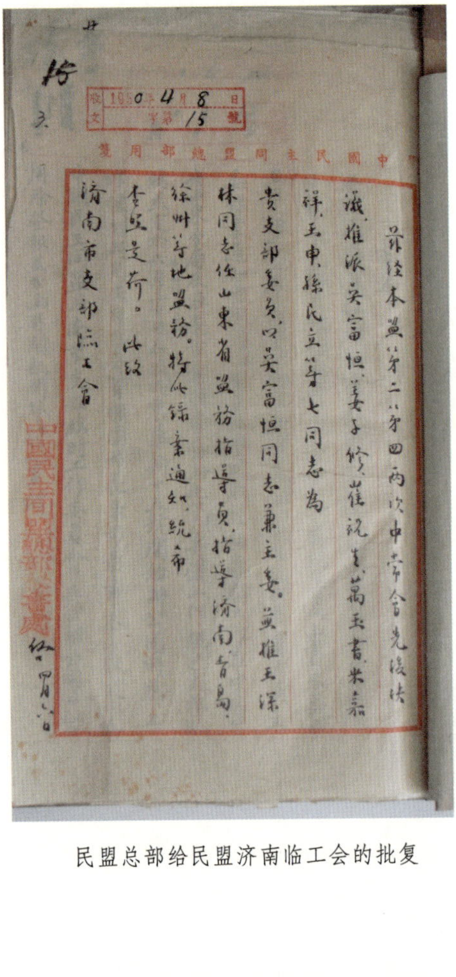
15
收文 1950年4月8日 字第15號
中國民主同盟總部用箋
逕啟者：本盟第二、第四兩次中常會先後決議，推派吳富恒、姜子修、崔祝生、萬玉書、米嘉祥、王申、孫民立等七同志為貴支部委員，以吳富恒同志兼主委。並推王深林同志任山東省盟務指導員，指導濟南、青島、徐州等地盟務。特此錄案通知，統希查照是荷。此致
濟南市支部臨工會
中國民主同盟總部 四月八日

民盟总部给民盟济南临工会的批复

参加抗美援朝。朝鲜战争爆发后，济南民盟大力拥护《各民主党派联合宣言》，制定了《民盟济南市支部临工会普及深入抗美援朝的计划（4—6 月）》，积极投身抗美援朝运动，发动医务界盟员参加抗美援朝志愿医疗队、输血队，米嘉祥、孙家禄、王其昌、刘万惠、张振湘、仝献昶 6 位盟员参加了抗美援朝医疗队，他们精湛的医术和忘我的服务精神受到了志愿军的好评；10 余位盟员参加赴朝慰问和慰问志愿军伤病员活动；全市 92 位盟员捐款 1963.5 万元（旧币）购买飞机大炮支援抗美援朝战争。此外，济南民盟还响应世界和平理事会的号召，发动和平签名运动，组织盟员绘制美帝侵华百年血泪史和反美漫画数十幅，张贴于市区主要街道。

参加土地改革运动和镇反运动。在《中

华人民共和国土地改革法》颁布后，济南民盟按照民盟中央的要求，发动盟员积极参加土地改革运动，写有关土地改革工作的心得、感想等，宣传土地改革政策。为提高盟员对土地改革的认识，济南民盟选派4位盟员参加土地改革参观团赴农村参观，并向全市盟员介绍农村土地改革情况和所受到的锻炼与教育，让广大盟员受益匪浅。

镇压反革命分子的斗争开展后，济南民盟按照民盟中央的要求，组织盟员认真学习《惩治反革命条例》，揭发反革命分子，健全组织，严格入盟手续，确保盟组织的健康纯洁。在镇压反革命运动中，济南市民盟号召全市盟员积极参加运动，市民盟负责人参加市各界对反革命案件的审查活动，协助政府处理反革命案件。

积极建言献策。1954 年，在济南市政协统一组织下，济南市民盟组织盟员学习、讨论《中华人民共和国宪法草案》，并提出了65 条修改意见。济南民盟就知识分子生活、工作、学习诸方面的情况进行了调查，并写出了万余字的综合材料。

（民盟济南市委）

民盟齐鲁医院总支：一心向党，为盟增光

1948年9月，济南解放后，济南民盟创建人江涛声（曾以齐鲁大学病理学教授的身份从事革命工作）与当时借住在齐鲁大学校园的华东大学教授吴富恒（后为山东大学校长、民盟山东省委主委），经常召开齐鲁大学医学院与齐鲁医院职工积极分子会议，宣传民盟的主张，配合党的中心任务，发展盟员队伍。在吴富恒等人的帮助下，齐鲁大学医学院的米嘉祥、肖珙、孙明立加入民盟，并于1949年3月成立民盟小组。

医学院成立支部

1950年，民盟齐鲁大学医学院支部成立，米嘉祥任主任委员，肖珙等任委员。同年7月，齐鲁大学医学院院长张汇泉出任民盟济南市委副主委（后参与组建民盟山东省委并任副主委）。

1952年9月，全国高校院系调整，齐鲁大学在调整中被撤销，齐鲁大学医学院并入山东医学院，民盟山东医学院支部成立，张季兰任主委。齐鲁医院院长兼外科主任赵常林和内科、妇产科、儿科、耳鼻喉科、口腔科的主任全是盟员，在贯彻上级党政指示搞好医疗工作的同时，也完成了盟组织布置的任务。因此，医院工作生机蓬勃，成绩斐然。例如，在抗美援朝运动中，张汇泉和赵常林先后派出四批医疗队，盟员均为骨干力量。尤其是沈元津医师，其参加过第一批和第三批华东抗美援朝医疗队，奔赴朝鲜战场，获军功章和赴朝纪念章，荣立三等功；张汇泉作为副团长率领山东省赴朝慰问团到朝鲜慰问志愿军；赵常林院长开设专门病房收治志愿军伤病员近2000名，他亲自为重伤员做手术，且全部治愈出院，受到上级表扬，并

当选为首届济南市人大代表、首届省政协委员、省卫生系统先进工作者以及民盟市委常委；耳鼻喉科主任孙鸿泉被评为省卫生系统先进工作者、省先进工作者（个人优等奖）、全国劳动模范，并被选为民盟市委常委；儿科主任傅曾矩被评为省“三八红旗手”，担任民盟市委妇女委员；眼科副主任张光博被选为省劳动模范等。

截至 1957 年，民盟山东医学院区分部盟员人数已有 51 名，负责人有张振湘、任中、张光博；1958—1966 年，张振湘任主委。1959 年，孙鸿泉、张光溥、傅曾矩当选为省人大代表；1960 年，张振湘当选为全国劳动模范；1964 年，孙鸿泉、傅曾矩当选为全国人大代表，孙鸿泉也当选为全国政协委员。

1980 年 1 月，山东医学院的盟组织随省民盟一起恢复工作，并改名为“民盟山东医学院支部委员会”，张光博任主委，张孝中任副主委。

支部为老盟员祝寿

医院有了独立支部

1983 年 2 月，盟支部换届选举，张振湘为主委，张光博为副主委，时有盟员 28 名，王天铎当选为全国政协委员；江森当选为全国卫生系统先进工作者，并被评为全国优秀知识分子，其还与张汇泉、王天铎同时受到山东省各民主党派为“四化”服务经验交流会的表彰；田道正被省卫生厅授予五讲四美精神文明先进个人称号。1985 年 6 月，民盟山东医学院支部随学校改名为“民盟山东医科大学总支部”，主委张振湘；下设基础与附属医院临床两个支部。从此附属医院开始有了独立的盟支部，主委张光博，副主委陈延庆，时有盟员 16 名。

1986 年 5 月，田道正被任命为中国援西萨摩亚独立国医疗队长，出国工作两年，圆满完成国际主义任务后，其获得了受援国和国家卫生部表彰。1987 年，江森被选为山东省劳动模范。

1988 年 4 月，盟支部换届改选，陈延庆为附属医院支部主委，田道正为副主委。同年肖珙、王天铎、张振湘被评为省优秀科技工作者；王天铎、江森被评为首批省级专业技术拔尖人才。1989 年，国家科委授予江森“有突出贡献的专家”称号；张孝中被选为省卫生系统先进工作者。1990 年，江森当选为全国劳动模范，享受政府津贴；傅曾矩被选为省先进儿童少年工作者；张振湘担任民盟山东省委常委。

1992 年，陈延庆被选为民盟山东省委第五届委员。1995 年 5 月，民盟山东省委召开表彰大会，民盟山东医科大学附院支部被评为先进基层单位，刘延玲、田道正、陈延庆、姜历生当选为优秀盟员，荣登《光荣册》。1996 年，徐从高被增选为盟支部副主委。1997 年，陈延庆被评为中国图书馆学会先进工作者；徐从高任省政协委员。1999 年，徐从高被评为省级专业技术拔尖人才；盟支部再次被盟省委评为先进基层单位；田道正、韩贻萍被评为优秀盟员。

2000 年 1 月，盟支部换届选举，徐从高任主委，王建伟、王旭霞任副主委。盟支部时有盟员 27 名，其中，高中级职称者 19 名，退休者 14 名。同年 7 月，山东大学、山东工业大学与山东医科大学合并成立新的山东大学，山医大附院更名为“山东大学齐鲁医院”，盟支部改名为“民盟齐鲁医院支部委员会”。

齐鲁医院成立总支

2005 年，盟支部再次被盟省委评为先进基层单位，田道正、王清宝、李丽珍为优秀盟员。2008 年 5 月，汶川大地震时，支部盟员共捐款两万余元，孙青个人捐了两千元。同年 12 月，成立民盟齐鲁医院总支部，孙青当选为主委，王旭霞、李学忠为副主委；徐从高、王建伟、田道正、王清宝、李丽珍被省盟委评为优秀盟员。

王旭霞获2019年“金柳叶刀”奖

2009年3月，遵照盟省委指示，民盟齐鲁医院盟总支分为三个支部，以便于开展工作，支部主委分别是王清宝、王旭霞和冷法贞。

为庆祝民盟成立70周年，盟省委组织编写《山东民盟贤达》，田道正被委任为编委，本书介绍了已故盟员赵常林、孙鸿泉、孙桂毓、张光溥、张光博、孙涌泉、周显腾、肖珙、朱志辉的先进模范事迹。孙青、田道正被盟省委评为先进盟员。盟总支58人中先后有13人加入中国共产党。

2014年7月，陈春燕当选为总支副主任委员。2015年，孙青当选为中华医学会皮肤性病学分会委员；王旭霞获山东大学“三八红旗手”称号；张希全当选为山东省医学会心脏外科分会主任委员；长江学者彭军当选为中华医学会血液学分会青年委员。2016年，孙青当选为民盟山东大学基层委员会副主委。

2017年，李丽珍、安贵鹏被民盟省委授予优秀盟务工作者称号；臧绍蕾、刘新光随血液科去青岛平度人民医院参加义诊；孙青参加中华医学会皮肤性病学分会在“国际银屑病日”组织的全国百名专家与银屑病患者面对面大型义诊活动；章晓梅

盟员孙青教授义诊

参加民盟山东大学委员会与济南南部山区管委会联合组织的“民盟济南南部山区精准扶贫研讨会”，助力和践行扶贫国策。

2018 年，长江学者彭军任民盟山东省委第九届委员会科技委员会副主任委员；总支组织盟员参加联合南山管委会组织的“济南南部山区教育扶贫盟光行动”。

2019 年 3 月 6 日，民盟齐鲁医院总支换届选举，彭军任主任委员，陈春燕、李保敏、傅善基任副主任委员，各分管组织与宣传、社会服务和参政议政工作，李丽珍、赵川莉、尚若愚、邢全台、李丽、吕怡静、张蕊任委员。同时，将三个支部的支委进行了重新调整。

2019 年，彭军赴贵州遵义参加山东大学统一战线专题政治培训班；傅善基、邢全台赴重庆参加山东大学齐鲁医院统一战线专题政治培训班。

2020 年年初，新冠肺炎疫情暴发，山东大学齐鲁医院从事医护、检验、影像工作的盟员立刻冲向了疫情防控第一线。2020 年 12 月 12 日，民盟山东大学齐鲁医院总支被授予先进集体，傅善基、邢全台和毛雪琴被授予先进个人称号。

盟员赴焦裕禄纪念馆学习

齐鲁医院总支召开 2020 年总结大会

2011—2020 年，民盟山东大学齐鲁医院总支积极发展新盟员 25 名。目前，盟总支盟员共计 77 名。

（田道正）

民盟山师大委员会：扬帆起航正当时，砥砺前行铸辉煌

民盟山东师范大学委员会（以下简称“民盟山师大委员会”）的前身是山东师范学院民盟区分部，组建于1952年，是山东省较早的民盟组织，现当代著名文学家田仲济先生任首届主委，这也是山东师范大学第一个民主党派组织。70多年的风雨历程，铸就了山师（山东师范大学简称）民盟组织的强大根基，并促使其不断发展壮大，一批素质好、学术造诣高、年轻肯干的盟员已成长为民盟山东师大委员会和学校教学科研的骨干。广大盟员积极承担着学校的科研教学任务，努力工作、教书育人，在思想建设和组织建设等多方面都取得了新的成绩。

一

新中国成立初期，在中国共产党《纪念“五一口号”》的号召下，山师大教师田仲济、秦西灿、李季平、王大彤、吴俊良、胡定光、李天佑诸先生加入民盟，并于1952年组建了山东师范学院民盟区分部，田仲济任首届主委。

田仲济是著名教育家，是我国现当代著名的作家和文艺理论评论家，是现代文学学科和现代文学研究的奠基者与开拓者之一。早在1951年7月，田仲济即加入中国民主同盟，堪称山东民盟组织的先驱。1952年，山东师范学院组建民盟区分部，田仲济任首届主委。在百废待兴之时，他的学术威望和高尚品格对吸引一批教授学者加入民盟起到了推动性作用。后来，田仲济升任学校副校长，虽然民盟山师支部也经历了几届改选，但田仲济仍一如既往地支持民盟。

1956年的支部改选中，由1948年加入民盟并曾参与民盟济南支部创建工作的田凤翰先生担任主委。从1957年开始，廉立之教授任主委。1980年，将1956年后

盟员开展中共党史学习教育活动

的两届支部委员合并，恢复组织活动，由黄洪锡主持工作。改革开放以来，民盟山师大基层组织重新焕发了活力。田凤翰先生于 1981 年、1985 年继续担任了两届民盟山东师大支部主委。

田凤翰不是一位寻常的民盟盟员。早在济南解放前夕的 1948 年春，中国民主同盟总部指派江涛声来济南秘密发展盟员时，田凤翰就是入盟的 6 名爱国知识分子之一。他参与创建了民盟济南市地下组织——民盟济南支部，济南解放后，这一组织才公开活动。

1952 年田凤翰到山东师范学院后，是这所大学里最早的盟员，且分别在 1956 年、1981 年和 1985 年担任三届民盟山东师大支部主委。此外，他还曾担任民盟济南市委委员、济南市政协委员，工作期间做了大量的参政议政和盟务工作，发展了许多盟员。可以说，他对民盟组织的发展壮大起到了承前启后的重大作用。

二

随着我国改革开放事业的深入发展和多党合作制度的不断发展和完善，我校盟员中又涌现出许多在我省及全国甚至国际上都有一定影响力的著名教授、专家。

著名学者林育真教授，曾任山东省实验动物研究学会副理事长，省农业生态环保学会常务理事，山东省政协常委，民盟全国六大、八大代表。林教授在国内外发表论文、著作 60 多篇（部），发表科普文章 40 多篇，多项研究成果获校、省级奖励。1986 年、1988 年、1992 年 3 年获山东省优秀科技工作者称号，1999 年，其被评为“全国归侨侨眷先进个人”。

1995 年，林育真当选为支部主委。1999 年，遵照盟省委的要求，民盟山师大支部合并山师大一、二附中支部改制成立了民盟山师大总支部，林育真教授当选为总支部主委。

如今，80 多岁高龄的她，依然活跃在讲台上。步履矫健、开朗乐观的林育真，以从未停止的奋斗热情和与时俱进的不懈追求，谱写了行无止境、老有所为的新篇章。

三

2007 年 1 月 9 日，民盟山师大总支部举行了换届选举大会。会议选举产生了民盟山师大总支部新一届委员会。选举耿越为主任委员。2013 年，成立山东师范大学委员会，现有盟员 150 人。

进入 21 世纪以来，在民盟山东省委和山东师范大学党委统战部的大力支持下，民盟山师大委员会在耿越主委的带领下，始终坚持团结广大盟员，从加强自身思想建设、提高全体盟员的思想理论水平着手，在思想建设和组织建设等多方面都取得了新的成绩。

四

民盟作为主要由从事文化教育以及相关科学技术工作的高中级知识分子组成的致力于建设中国特色社会主义事业的参政党，在教育事业上做出积极贡献，建言献策，是民盟山师大委员会一直以来努力的方向。民盟山师大委员会在耿越主委的带领下，积极探索、大胆创新、勇于实践，连续 8 年举办“民盟乡村少年科学营”，得到了领导及师生的一致好评。

2019 年，“民盟乡村少年科学营”举办现场

“民盟乡村少年科学营”是民盟“农村教育烛光行动”的一部分，其举办的目的是向乡村学生普及科学知识，激发其对科学的学习兴趣，协助提高乡村学校科学教育质量。

自 2012 年起，民盟乡村少年科学营活动已举办 8 期。第一期于 2012 年 8 月 6—11 日在聊城市水城中学举办。民盟中央副主席李重庵出席开营仪式并讲话，还给学员上了第一课。此后此活动分别在武城二中、武城一中、临沂四中西校区、新泰翟镇中学、枣庄舜耕中学、东明小井镇第一中学、沂源四中举办，基本覆盖了山东省相对比较落后的西部地区。

民盟山师大委员会在自身建设、参政议政、社会服务等方面都发挥着自己的光和热。许多盟员热心参政议政，有 8 人先后担任山东省、济南市民盟组织的领导或政协委员。目前，盟员中有一人任山东省政协常委，4 人任山东省政协委员，3 人任民盟山东省委委员。

2012 年 8 月，民盟中央副主席李重庵为科学营的孩子们讲授第一课

由于出色的教学科研业绩，委员会盟员近年被评为校级优秀教师、师德标兵、教学能手、先进工作者的达 50 多人次，5 人获山东省优秀教师奖，1 人被评为“山东省十大优秀教师”。

山东师范大学民盟组织是一个有着悠久历史和光荣传统的富有活力和战斗力的基层组织。今后，我们要继续发扬山东师范大学民盟组织的优良传统，同心同向同行，团结协作奉献，继续谱写山东师范大学民盟组织的新华章。

（民盟山东师范大学委员会）

民盟海大委员会：为“海”代言，薪火相传

民盟中国海洋大学基层委员会（以下简称“民盟海大委员会”）具有光荣的历史传统。其前身是1952年建立的民盟山东大学支部，也是学校建立的第一个民主党派基层组织。世界著名生物学家、中国实验胚胎学的主要创始人、中国科学院学部委员童第周教授担任第一任主委。

大批名家汇民盟

随着我国政治、经济形势的发展，广大知识分子政治热情高涨。世界著名海洋生物学家、中国海藻研究奠基人、中科院资深院士曾呈奎教授，海藻遗传学奠基人、生物系主任方宗熙教授等一批知识渊博、学有专长的专家学者相继加入学校民盟基层组织。他们在教学和科研中起着带头作用，对青岛市民盟组织的发展和人才培养做出了巨大贡献。这个阶段是中国海洋大学民盟组织的辉煌发展时期。

曾呈奎院士

方宗熙教授

1958 年，山东大学迁往济南，涉海专业在青岛组建山东海洋学院，留下的盟员组成了民盟山东海洋学院支部。党的十一届三中全会以后，基层组织恢复活动，并在加强自身建设的同时，积极服务于国家的经济、文化建设事业，围绕教育体制改革、海上山东建设、港口建设、黄河综合规划治理、黄河三角洲开发等重大建设项目向国家和地方政府提出意见建议，取得了重大成效。其间以海洋化学家、全国教学名师张正斌、海洋捕捞学家马绍先、著名港口专家侯国本，以及刘智白、郑柏林、李嘉泳、薛廷耀、尹左芬、周迪颐、曹钦臣等为代表的一大批优秀盟员知识分子的加入，为民盟海洋事业的发展带来了新的活力。

1987 年，民盟中国海洋大学基层组织改支部为总支；1994 年，改总支为基层委员会。随着党的统一战线政策的不断深入，一批年富力强、政治和业务素质过硬的教学和科研骨干加入盟员队伍中。以王修林、赵广涛等为代表的盟员，为民盟的建设发挥了重要的作用。他们进入各级领导班子以后，带领广大盟员围绕政府各个时期的中心工作积极建言献策。

海洋化学专家王修林教授

进入 21 世纪，尤其是近 10 年来，面对世界百年未有之大变局的加速演进，民盟中国海洋大学基层组织胸怀中华民族伟大复兴战略全局，始终不忘初心，积极参政议政、服务社会。以吴立新、李春虎等为代表的新一代盟员为组织发展带来了新的生机。

近年来，民盟中国海洋大学基层组织先后获得民盟中央“高校基层组织盟务工

物理海洋学家吴立新院士

作先进集体”称号，民盟山东省委“参政议政先进集体”“组织建设先进基层组织”“盟务工作先进基层组织”等称号。

“三个一工程”提升建设水平

在参政议政等方面，民盟中国海洋大学基层组织成绩显著，近5年来其有40多项建议被民盟中央、全国政协、省政协和民盟省委等采用。多位盟员分别获民盟中央“反映社情民意先进个人”、民盟中央“高校基层组织盟务工作先进个人”、民盟中央“思想政治建设和宣传工作先进个人”、民盟山东省委“参政议政突出贡献奖”、民盟山东省委组织建设“高优人才发展突出贡献奖”等。另外，在抗击新冠肺炎疫情过程中，民盟中国海洋大学基层组织积极组织广大盟员捐款捐物和建言献策，并开展抗病毒药物筛选、消杀装置研发和防护知识宣传等，为打赢新冠肺炎疫情阻击战发挥了积极作用。

在2007年的班子年度工作会议上，民盟中国海洋大学基层委员会向班子成员提出了“三个一工程”，即每位班子成员每年需发展或介绍一位新盟员，承担或参与一项调研课题，撰写或反映一项社情民意，以增强盟务工作的主动性，积极拓宽民盟基层组织的发展渠道。充分发动广大在职盟员广泛联系所在院系和部门的党外知识分子，宣传民盟组织的光辉历史及民主党派在参政议政等方面发挥的重要作用。通过加强与学校党委统战部门的沟通和协调，充分利用校党委统战部提供的民盟中国海洋大学党外人士信息，想方设法与他们取得联系，并充分发挥代表性盟员的自身修养、人格魅力和广泛影响力，充分吸引党外优秀教职员工加入民盟组织。

“三个一工程”的顺利实施在基层组织建设方面取得了明显成效。经过细致周到的盟务工作，2007—2020 年民盟中国海洋大学基层委员会共发展新盟员 36 人，在职盟员人数由 2007 年的 34 人增加到目前的 70 人。目前，盟员在全校各院系的分布较为广泛，并在专业领域更趋多样化，从而提高了盟员建言献策的能力。

增强跨党派交流

为增强民盟中国海洋大学基层组织的凝聚力和活力，基层委员会精心组织了丰富和形式多样的盟务活动。如每年组织两次面向全体盟员的外出考察调研活动，以及针对不同的主题开展研讨学习、社会服务、跨组织交流和跨党派交流等多种活动。每次组织活动时，民盟中国海洋大学基层组织都尽可能地发挥各班子成员的积极作用，积极分担主委的工作重担。广大盟员通过参加盟务活动，积极参与考察调研，集思广益，提出了不少好的建议和意见。同时，在活动中主委和班子其他成员也不失时机地运用具体事例，宣讲民盟在参政议政等方面发挥的重要作用。另外，盟员之间的相互交流，也为盟员在业务工作方面提供了很好的合作机会。盟员们都渴望多参加活动，提升认识，增进友谊，增强参政议政能力。

民盟基层组织如同一个大家庭，广大盟员们有“爱盟如爱家”的感觉。比如，民盟中国海洋大学基层委员会十分关心老盟员和盟员的家属。每年班子成员都会去看望老盟员，给他们带去一些慰问品，给他们介绍学校的最新发展及国家的最新政策和变化。对他们在生活中遇到的问题，基层委员会都会积极给予出面解决。在组织的多项盟务活动中，还积极邀请盟员的家属参加，让家属也进一步了解民盟组织，不断增强民盟组织的向心力和凝聚力。

民盟中国海洋大学基层组织积极与民盟以及其他党派的基层组织交流、学习，取长补短。如开展的“1 + X”活动，即民盟组织的盟员外出考察、调研活动，邀请民盟中国海洋大学其他民主党派代表参加，这不仅加强了与兄弟党派的联系，还能集思广益，提升考察、调研的成果。

在喜迎中国民主同盟80华诞之际，基层委员会将带领广大盟员不断增进对中国共产党和中国特色社会主义的政治认同、思想认同、理论认同、情感认同，自觉在思想上、政治上、行动上同以习近平同志为核心的中共中央保持高度一致。

今天，金戈铁马闻征鼓，只争朝夕启新程，不忘合作初心，继续携手前进。

（李春虎）

民盟中科院海洋所支部：传承优良传统，弘扬科学精神

民盟中国科学院海洋研究所支部（以下简称“民盟中科院海洋所支部”）历史悠久，始建于20世纪60年代，是青岛民盟最早成立的基层组织之一。成立之初，支部成员不仅包括中科院海洋所的盟员，还包括农业部黄海水产研究所的盟员。在其近60年的发展历程中，涌现出了一批在全国颇具影响力的杰出科学家，如已故著名生物学家、中国科学院学部委员、原民盟青岛支部第一届主任委员童第周院士，已故著名生物学家、中国科学院院士、原民盟青岛市主任委员曾呈奎院士，著名物理海洋学家、中国科学院院士、原民盟青岛市副主任委员胡敦欣院士等。

德高望重的老领导

我国海洋科研事业的先驱——童第周先生、曾呈奎先生、胡敦欣先生，是中国科学院海洋研究所的老领导，也是青岛民盟德高望重的老领导，是我们的骄傲和楷模。

民盟青岛支部第一届主任委员童第周，是我国著名的生物学家、教育家，中国试验胚胎学创始人，1934年获布鲁塞尔比京大学博士学位，1948年当选中央研究院院士，1951年任山东大学副校长，1955年当选中国科学院学部委员，1977年任中国科学院副院长。童第周曾任第一、二届全国人大代表，第三、四届全国人大常委，第五届全国政协副主席。1953年4月，在民盟青岛市第一次盟员大会上，童第周当选为民盟青岛支部第一届委员会主任委员。1956年8月，民盟青岛市第二次盟员大会召开。会上，民盟青岛支部委员会改名为民盟青岛市委员会，童第周任主任委员。

民盟青岛市第五、六、七届委员会主任委员曾呈奎，是我国著名的海洋生物学家，世界水产养殖学会终身会员，我国海洋科学主要开拓者之一，海藻学研究、海藻化学工业的奠基人和开拓者之一，中国科学院院士，第三世界科学院院士，中国科学院海洋研究所所长、名誉所长，中国海洋湖沼学会和中国藻类学会理事长、名誉理事长，国际藻类学会主席。曾呈奎 1950 年加入中国民主同盟，历任青岛市主任委员，山东省副主任委员，1959 年任全国政协委员，1987 年起任中央委员。1964 年起，历任第三、四、五、六、七、八、九届全国人民代表大会代表，1980 年加入中国共产党，1982 年始任山东省人民代表大会常务委员会副主任。

民盟青岛市第八、九届委员会副主任委员胡敦欣，是我国著名物理海洋学家、中科院院士，曾任中国科学院海洋研究所研究室主任、副所长、学术委员会主任，曾在国际地圈生物圈计划科学委员会等 10 余个国际学术组织任职。2010 年，胡敦欣领衔发起“西北太平洋海洋环流与气候试验”的国际合作计划，并任科学指导委员会主席。这是海洋领域中国领头发起的第一项大型国际合作项目。其主要从事大洋环流、海洋气候、海洋通量和陆海相互作用研究，是我国大洋环流和海洋通量研究的开拓者，是当今国际西太平洋海洋环流与气候研究的引领者。胡敦欣 1988 年加入中国民主同盟，曾任民盟山东省委第六届常委，民盟青岛市委第八、九届副主委，第十届全国人大代表。

真知灼见，助力“海洋强国”

2019 年 6 月 18 日，在纪念曾呈奎先生诞辰 110 周年之际，“民盟中央传统教育基地”在中科院海洋研究所挂牌启用，这是对历史悠久、贡献卓越的民盟中科院海洋研究所支部及其代表性杰出盟员的肯定。

民盟海洋所支部自成立之日起，已走过了半个多世纪的风雨历程。支部全体成员在老一辈优秀盟员的带领下，始终贯彻执行“长期共存、互相监督、肝胆相照、荣辱与共”的方针，积极发挥参政党职能，同时传承民盟“奔走国是，关注民生”的优良传统，秉持科学精神，积极建言献策。

杰出盟员曾呈奎院士以高度的政治责任感、使命感履行自己的职责，为民盟的事业做出了重要贡献。他紧紧围绕国家海洋事业发展的中心问题积极建言献策，从全局出发提出战略性意见。曾呈奎有关“海洋农牧化和蓝色农业”的倡议，不但在

2019 年，民盟中央传统教育基地在海洋所揭牌

中国获得了普遍的认同，被顺利落实，而且还得到了世界范围水产界的一致赞誉。

近年来，支部盟员传承童老、曾老等老一辈盟员科学家的优良传统，积极参与我国“海洋强国”、山东“海洋强省”和青岛“海洋强市”战略，助力海洋大科学研究中心建设，参政议政、履职尽责。在国家层面，提出“关于尽快修订完善《海洋环境保护法》的提案”“关于应重视我国三大河口海域生态恶化问题的建议”“积极开展海洋生态修复技术，持续构建文明和谐生态环境”等；在省级层面，提出“针对我省近海海域水质污染治理的建议”“渤海赤潮和海洋环境现状及变化趋势”“有效降低塑料垃圾危害，全面推进垃圾分类，助力海洋生态治理”等；在市级层面，提出“加强海洋生态修复技术研究，推动实施国家级海洋生态修复示范工程”“加强有机氮磷污染防控，推进青岛蓝色海湾建设”等。

民生领域发声建言

支部盟员不仅在海洋科技领域持续发声、建言献策，同时还关注民生。在第十届全国人大会议上，胡敦欣院士提出了“着力培养创新型人才，努力建设创新型国家”“关于我国科研经费配置的建议”和“关于在全社会倡导求真务实、真抓实干的作风的建议”等多项建议案；在全国政协第十、十一届会议上，周名江研究员提出“关于在民族自治地区慎重处理建制撤设问题的建议”“关于如何提高科研效率的提案”等多个提案。在山东省政协会议上，肖天研究员提出了“关于增加我省教育、科研投入，提高自主创新能力的建议”“关于加强博士后工作推进我省人才工程建设，提升企业创新能力的意见”等一系列提案；庞重光研究员提出了“关于加快推进我省新能源公共交通车辆发展的建议”“关于切实推进电动汽车充电基础设施建设的提案”等一系列提案。

2017 年 1 月，民盟中科院海洋所第八届委员会成立合影

支部盟员积极参政议政、建言献策，得到了上级组织的肯定和表彰，获得的主要荣誉有：民盟山东省委“庆祝中国民主同盟成立 75 周年先进基层组织”，民盟山东省委“思想宣传工作先进集体”；曾呈奎院士入选“山东省庆祝改革开放 40 周年感动山东人物”，胡敦欣院士获“民盟中央纪念民盟成立 70 周年盟务工作先进个人”，周名江研究员获“山东省各民主党派树立和践行社会主义核心价值体系先进个人”荣誉称号；支部盟员多人次获省参政议政突出贡献奖、省优秀盟员等荣誉。

（民盟中科院海洋所支部）

民盟山农大总支：把成果挂在枝头上

中国民主同盟山东农业大学支部（以下简称“民盟山农大总支”）始建于1953年。第一届支部委员会于1953年5月成立于济南，原称为山东省农学院支部，是山东省较早建立的民盟组织，时有盟员21人。1958年7月，民盟山东农学院支部迁至泰安。1995年9月，成立山东农业大学总支部委员会，目前盟员总人数100余人，下设4个支部。

民盟山东农业大学总支寿光科技行活动合影

杰出盟员辈出

民盟山东农业大学总支立足本职工作，充分发挥盟员在实施科教兴国战略和学校的改革、发展、稳定中的重要作用，曾有3人为校级主要领导，1人为院士，10余人为国内知名专家。其承担国家“十一五”科技支撑计划项目、国家自然科学基金重点项目、国家自然科学基金、山东省科技发展计划、山东省自然科学基金等各级政府的多项科研项目，为学校的建设、发展发挥出积极的作用，取得了教学科研双丰收。与此同时，在盟员结构的打造方面，坚持以年轻化、高学历、高层次和高水平的原则发展新盟员，现有盟员高中级职称89人，博士学位者占50%，20余人有国外访学经历。

新老盟员精诚合作、相互借鉴、互为补充，积极参政议政，每年撰写提案并提交至政协会议，每年承担各级政府重点调研课题10余项，完成政协提案、社情民意信息50余件。这些文件有的转化为政协大会发言，有的得到了各级政府领导的肯定性批示。

张春庆带领总支盟员在大棚进行技术指导

总支盟员将产学研相结合更好地服务于泰安经济发展，近几年制定并实施了山东省地方技术标准5项，审定新品种6种；开展技术服务、人员培训、企业技术支持等社会服务近1000次；2名盟员分别被聘为泰山学者、山东省科技领军人才，多名盟员入选国家和山东省现代农业产业技术体系等；盟员围绕疫情防控重点难点和农业生产中的新情况、新问题建言献策，被山东省农业农村厅、省交通运输厅等部门采纳并迅速落实推广。支部先后获得民盟省委的多项荣誉称号，多位盟员也被民盟中央和民盟省委评为先进个人。

中国民主同盟山东农业大学支部自成立以来，发展和培育了一代又一代杰出盟员。在陈瑞泰、李家文、张之光、李文庵、孙金波、余松烈、喻衡、丁巨波、姜广正、温孚江、张宪省等优秀盟员的带领下，支部年均发表高水平论文百余篇，立项国家和省部级课题20余项，年均经费达1000余万元，且每年均有盟员主编或参编各类书籍或教材，申请及授权专利多项，且每年都能获得各级奖励。

农民给小麦专家授勋

1996年6月26日，刚刚获得小麦丰收的滕州市级索镇级索村、淤庄村的农民代表王其金、韩经田，专程来到山东农业大学，将一枚精致的“丰收”金质勋章授予著名小麦专家余松烈教授，以表达滕州120万农民对农业专家的爱戴之情。

早在20世纪70年代，余松烈等山东农业大学（简称山农大）教授就在滕州部分乡村建立了小麦精播高产示范基地。1996年，余教授在级索村、淤庄村一带建立的省良种开发项目获得丰硕成果，50亩小麦高产攻关田，平均亩产高达612.7千克；2000亩小麦丰产方，平均亩产567.15千克。全市84万亩小麦平均亩产428千克，比1995年亩增19千克，创历史最高纪录。

余松烈教授曾获得多项国家级、省部级奖励，但农民向他授勋，还是第一次。

余松烈院士的先进事迹是民盟山农大总支全体成员爱岗敬业、心系“三农”的典型。他代表了全体盟员热爱祖国、热爱人民、热爱“三农”、扎根农村、密切联系群众、忘我工作、无私奉献的高尚情怀，更是全体山东农业大学师生员工和广大校友艰苦创业、团结奋斗、服务“三农”的真实写照。

民盟山农大总支成员展现出了高度的岗位荣誉感和责任感，充分发挥在教学科研、社会服务、文化传承、国际合作与交流、人才培养、学科建设、知识创新中的作用。

论文写在大地上

在社会服务方面，盟员致力于知识创新和科技创新，将科技成果转化为生产力；推动盟员开展科技咨询、讲学、培训与开发、内引外联等活动。主动深入基层，服务“三农”，致力乡村振兴，大力推广新品种、新技术、新成果。深入农户、企业、村庄开展合作，切实提高自身服务社会的能力，真正把成果挂在枝头上，把论文写在大地上，为打造乡村振兴“齐鲁样板”做出新的更大贡献。

刘庄村地处黄河滩区，全村共计181户、547人，是国家级贫困村。经民盟泰安市委机关直属三支部班子成员详细介绍后，2019年1月24日，民盟泰安市委副主委、民盟农大总支张春庆教授带领有关农业专家一行8人，到黄河滩区——泰安市东平县银山镇进行科技援助调研，受到了银山镇委班子及受援村委的热烈欢迎。

调研组详细解问答疑，提出银山镇下一步土地规模经营方向、作物种植种类、种植技术及机械化水平促增创效模式，同时对与会人员进行了适合银山镇农垦养殖业实用技术等科普宣讲，受到了镇委及受援乡村的大力赞同。

2019 年 3 月 10 日，张春庆教授和信息学院副院长、互联网大数据专家柳平增，与东平县银山镇刘庄村刘书记进行了深入探讨与交流。双方达成一致协议后，以张春庆等农业专家、畜牧专家、商务专家及法律专家组成技术服务团，免费为刘庄村的农业振兴提供全方位技术服务，并就下一步的具体合作事宜，包括指导建立农业生产标准技术规范、农业畜牧业生产标准技术规范、建立同一品牌运作、指导建立电商平台等方面，进行了商榷。

民盟山农大总支在新泰市召开科技服务座谈会

2019 年 5 月 29 日，“民盟泰安市委助力乡村振兴科技服务基地”挂牌启动仪式在泰安市东平县银山镇刘庄村举行。张春庆、柳平增、苏鹏程等专家教授和部分盟员十余人出席活动。挂牌仪式后，参会领导就提高农民经济效益、增加收入、加快乡村振兴的具体开展方式等进行了深入的沟通和交流。农业大学信息专家柳平增教授为村民办起了电商培训班，动物科学专家苏鹏程副教授为村民传授了养殖技术。参与活动的领导和专家走进田间地头认真调研粮食种植情况，并就存在的问题给予了技术指导。

2020 年 7 月 26 日到 8 月 2 日，柳平增教授带领研究生，到东平县银山镇刘庄村对村民进行电商集中培训，培训对象大多为 30 岁以上的农村妇女或残疾人士。通过丰富的农村电商技术培训和手把手实战指导等理论与实践融合式教学模式，从根源上消除村民对农村电商业务的陌生感，提高了村民们的认知，受到村民的一致欢迎和好评。

2021 年 1 月 5 日，张春庆教授再次带领盟内农业专家等一行 7 人，到刘庄村进行科技帮扶调研，受到了银山镇委班子及刘庄村委的热烈欢迎。座谈结束后，调研组一行人来到大棚进行实地察看，对棚内的农作物种植进行具体技术指导。盟内农业专家还积极进行后续帮扶，帮助村民联系新品种种苗，在疫情期间通过视频连线的方式进行科技指导。

类似的帮扶活动早已成为民盟山农大总支成员的工作日常，他们的足迹遍布齐鲁大地的每一处田间地头，他们的智慧和汗水滋润着每一方土壤、每一位农民的心田。他们用实际行动践行着余松烈院士的那句话“要把科技成果挂在枝头上，写在大地上，写在农民的笑脸上!”

（民盟山东农业大学总支）

民盟聊城市临清总支：初心不改担使命，砥砺奋进续华章

30多年前，丽春5月，时任民盟山东省委副主委刘玉亭、组织部副部长牛金励一同踏上了临清这片热土，与中共临清市委副书记孙景山、市委统战部部长翁家林共同擘画，揭开了临清民盟事业发展的序幕，经过杨敬亭、马诚、訾永春、周志雯四任主委前赴后继的努力，书写了临清民盟组织从无到有、盟员队伍逐渐壮大、履职尽责成绩卓著、参政议政舞台崭露头角的历史篇章。

雄关漫道真如铁，而今迈步从头越

民盟基层组织在临清历史上一直是空白的，直到1986年5月，民盟临清市小组成立，时有盟员3名：杨敬亭、商敬湖、彭传壁。其中，杨敬亭任组长。民盟临清市小组隶属于民盟山东省委。

盟员3人均为临清一中教师，工作成绩优秀又志同道合。杨敬亭精通俄语，通晓日语，因俄语教学成绩突出多次获奖。民盟临清市小组作为盟省委直接领导的基层组织，是民盟联系群众、组织群众、宣传群众、教育群众、服务群众的桥梁和纽带，但人员太少无法开展工作。因此，当前主要事务是发展盟员，加强组织建设，打造一支素质硬、能力强、水平高的盟员队伍，以壮根基、强基础。于是，从身边熟悉的教师队伍中发展了优秀教师谢秀芳、工业学校胡义明、何九雪为盟员。

年终总结大会上，大家一致通过两条原则：盟组织是优秀知识分子的代表，不能教师队伍一枝独秀，百花齐放才能引来春色满园。杨敬亭主委严把入盟关，从临

临清总支开展京剧进校园活动

清名人、科技界、卫生界、书画界发展盟员。

1988 年 4 月，民盟临清市第一次盟员会议召开，时有盟员 8 名。1991 年 6 月，民盟临清市第二次盟员大会召开，共有盟员 49 人，大会选举产生了民盟临清市总支部委员会，杨敬亭任主委，邱明任副主委。民盟山东省委副主委刘玉亭、组织部部长牛金励、中共临清市委副书记孙景山等领导对盟组织的迅猛发展赞不绝口。

同时，参政议政能力也在不断提升。1991 年 10 月，政协临清市委员会主席许洪海邀请民盟临清市总支部委员会 32 名盟员，在市政协会议室共同学习讨论关于政治协商、民主监督、参政议政的理论与实践。1994 年，秦金江等 4 名盟员被评为省级优秀盟员。民盟临清市总支委员会被评为全省先进基层。

临清总支开展结对帮扶

大贤秉高鉴，公烛无私光

1996 年 12 月 24 日，民盟临清市第三次盟员大会召开，大会选举马诚任主委，邱明、姜之节任副主委，彭传壁、高澄波、张志彩、魏新堂、王振全、马鲁奎任委员，下设 5 个支部。

初识马老，他虽年已古稀，但活力四射，言谈有号召力，很能鼓舞士气。“组织要发展，必须有人才。”这是他一直秉承的原则，盟员唐仁让就是马诚费尽周折“挖”来的。唐仁让 1922 年出生在湖南道县，历经波折，九死一生，曾领导全校师生参加过抗议国民党特务暗杀闻一多、李公朴的示威游行，办过《观察》杂志，后投笔从戎，转业地方带领市文工团起死回生。1949 年 8 月 1 日入盟后仅 3 个月就与组织失去联系，此后整整 47 年都没有消息，其无奈与彷徨可想而知。后来，马诚找到唐仁让了解情况后，立即与盟省委联系，盟省委安排当时任省委组织部部长的

民盟临清总支举办家庭家教家风讲堂

牛金砺主办此事。很快，盟省委的同志与民盟湖南省委取得联系，把唐仁让的档案转到山东，唐仁让终于重回民盟组织的怀抱。

2001 年 9 月，在庆祝新中国成立 60 周年暨多党合作制度 60 周年座谈会上，年过八旬的唐仁让回顾中国民主同盟与中国共产党风雨同舟走过的 60 年光辉历程，激情满怀，遂赋诗一首：“鞭炮齐鸣锣鼓喧，庆祝建国 60 年。全国人民齐努力，建设和谐大家园。”2011 年 7 月，庆祝民盟成立 70 周年纪念大会召开，唐仁让近 90 岁高龄，畅谈改革开放翻天覆地的变化，表达支持共产党英明领导的决心和对民盟的深情，博得满堂掌声。

除了组织发展，马诚还关注民生，挖掘自身资源服务社会。近年来，临清京剧发展呈下滑趋势，引起了马诚主委的警觉。“京剧这门艺术远不及当年叫得响，年轻人不再扑下身子学戏了，京剧面临着断代问题。”年会上，马诚不无担忧地说。于是，他开始起草提案，撰写社情民意，上下齐心，多方呼吁，敦促盟员们一起努力。

马诚深刻地认识到，挽救一门艺术必须从娃娃抓起，遂与盟员、京剧团团长马士利共同谋划，利用京剧进校园、节假日免费培训学员等形式，宣传、普及京剧知识。

民盟临清总支联合市京剧团、市戏剧家协会，承办了首届中国京剧票友艺术节，来自28个省、市、自治区及华人华侨500余名票友参加活动。作为票友，盟员闫铸明多次登上长安大戏院的舞台。

老盟员谢秀芳老师虽已退休，但对于民盟组织的牵念从入盟的那一天开始就没有断过。每次活动谢老师都积极参加，了解组织工作情况和下一年工作计划，用自己订的小本本写好挂在床头，“年终总结我是要对照的，一定要把工作落到实处，老百姓都看着呢”“位卑未敢忘忧国”，这几句朴实的嘱托，盟员们都牢记在心。

利用临清民盟组织平台，组建社会服务队伍，创建社会服务品牌，社会服务工作开展得有声有色。1999年12月，民盟临清总支被盟省委评为“省级先进基层”，5位盟员被评为省级优秀盟员。2001年马诚被省政协授予“先进文史工作者”称号，2003年被省民盟授予“参政议政先进个人”称号。

2000年12月，民盟聊城市委成立，民盟临清总支改属民盟聊城市委领导。

落日心犹壮，秋风病欲苏

2005年5月，民盟临清市第四次盟员大会召开，大会选举匙永春任主委，张志彩、王振全、赵玲任副主委，马保增、刘增国、孔祥义、李焕斗任委员，时有盟员54名，下设6个支部。

“人不率则不从，身不先则不信。”匙永春将这句话与自己的初心和使命联结，注重自己的风向标作用，要求盟员做到的，自己率先垂范，冲在前、干在先，岗位建功，颇多建树。匙永春是民盟山东省委委员，曾任聊城市人大常委会委员、临清市人大常委会副主任、中国管理研究院特邀研究员。在职期间，其推动开展的任命人民陪审员制度、公安工作中构筑的“城区保、农村包、单位防、面上控”的治安防范体系、检察工作强化监督制度、市法院推行“政治建院、制度管院、科技强院”体系至今仍发挥着巨大效能。临清市法院因此被省法院定为“委托执行”定点单位、“人民陪审员制度”试点单位，2004年省法院为临清市法院记集体二等功，为市法院执行局记集体二等功。

临清民盟汇集了临清书画界、教育界、卫生界、科技界的精英。匙永春注重发挥民盟人才荟萃、智力密集优势，为扩大民盟影响和经济社会发展建功立业。2005年、2007年分别在临清张自忠将军纪念馆和傅斯年陈列馆举办了两次“民盟庆七一书画展”，召开“民盟学习社会主义荣辱观心得体会座谈会”和民盟与中国共产党风雨同舟66周年座谈会。2013年9月，庆祝民盟山东省委成立50周年书画展在济南画院举行。京剧表演艺术家、戏画专家徐雪涛，中国书法协会会员陈默，盟员中的书画名家刘儒正等14位作者参会，27幅作品参展，诸作者作品及其个人简介一并收入《庆祝民盟山东省委成立五十周年书画作品集》一书。2014年4月4日，民盟山东省委首个“中国民主同盟传统教育基地”在临清市季羡林先生纪念馆挂牌。省人大常委、盟省委副主委仪平策，省政协副秘书长、盟省委副主委董利忠，省政协常委、盟省委秘书长张继平，聊城市委统战部副部长李超雪等出席活动，匙永春主持揭牌仪式。

参政议政是党派职责所在，匙永春先后在《联合日报》《团结报》《山东民盟》发表《谈自觉服从党委领导意识对民主党派成员政党意识的影响》《民主党派在建设和谐社会中如何履职》《调动基层参政热情，创新党派调研工作》《当前搞好民主党派政治交接亟待解决的几个问题》等数篇理论文章。

2014年清明节，备受病痛折磨的匙永春主委去世，聚会戛然而止。琴绝有时悲逝水，花开频想折春山。唯将缕缕思念化作殷殷祝福：祝愿天堂再无病痛，匙永春主委一路走好！

风好正是扬帆时，不待扬鞭自奋蹄

2015年4月，民盟临清市第五次盟员大会召开，大会选举周志雯为民盟临清市第五届总支主委，王振全、赵玲、姚庆龙为副主委，孔祥义、马保增、李焕斗、刘增国、刘西山为委员，时有盟员71人，下设7个支部。

临清市人民政府副市长周志雯接过了民盟临清总支发展的接力棒。自2012年至今，周志雯分管市教育和体育局、市文化和旅游局、市文化和旅游服务中心、市民政局。

在教育领域，教育教学质量显著提高。高考录取率呈逐年增长态势，连续多年蝉联聊城市首位。义务教育阶段划片就近入学实现全覆盖，小学适龄儿童入学率、

民盟中央批复季羡林先生纪念馆建立传统教育基地并揭牌

初中巩固率、三类儿童少年入学率均达到 100%，农民工等流动就业人口子女在全日制公办学校接受免费义务教育得到保证。实施农村中小学校舍标准化建设工程，安排新招聘教师到农村薄弱学校，城区教师到农村学校交流任教，逐步推进教育机会均等。2016 年，聊城市率先创建为全国义务教育发展基本均衡县。

在文化领域，圆满完成大运河申遗工作，会通河临清段、临清运河钞关列入世界遗产名录。临清市政府被省政府授予“大运河申报世界文化遗产工作先进集体”称号，并得到国家文物局的高度认可。大运河临清段申遗上级补助资金 7000 余万元，争取国家债券资金 2. 92 亿元，有力推动了中洲古城保护、钞关片区环境整治、运河文化产业开发等工作。举办民间收藏精品展、中华海棠园赏花节、运河文化胡同游等活动，丰富人民文化生活，人民群众的获得感、幸福感日益提升。

2016 年 8 月 25 日，中国民主同盟临清市第六次代表大会召开，大会选举周志雯为民盟临清市第六届总支主委，姚庆龙、王金莲、闫铸明为副主委，孔祥义、李焕斗、刘西山为委员，盟员 68 名，设 7 个支部。

周志雯重视家庭文明建设，2016 年倡导创办“家庭家教家风”公众号，经过 5 年推广及发展，“家庭家教家风”公众号已成为民盟临清总支在社会服务实践活动中的一个响亮品牌。

周志雯认真调研，充分挖掘民盟先贤资源，积极筹备推动季羡林先生纪念馆挂牌民盟中央传统教育基地申请工作。2019 年 12 月 2 日，盟省委“不忘合作初心，继续携手前进”主题教育现场活动暨阶段性总结大会在季羡林先生纪念馆召开。在阶段性总结会上，周志雯做了《握指成拳 同频共振 不断推进民盟工作新发展》的典型经验交流发言，民盟省委常委、各市委会主委、盟员骨干 120 余人参加活动。

盟员开展“不忘合作初心，继续携手前进”主题教育活动

每年的政协委员提案都是民盟临清总支的头等大事，提前召开盟员政协委员会议，商讨决定提案方向和内容，分头调研和撰写。由于选题切入点好，找问题准，抓热点及时，调研扎实，提案质量逐年提高，在市、县两级政协委员会议上，所提的提案 16 件、集体提案 5 件都被评为优秀提案。王金莲撰写的《关于跨流域调水

河道慎重实施全段清淤的建议》等 3 件社情民意信息被民盟中央采用，《关于建立京杭大运河“河长制”的建议》等 2 件社情民意信息被全国政协采用，《关于利用清单法构建更加完善的应急机制和公共卫生体系的建议》等 40 余件社情民意信息被省政协采用，并为盟省委征求重点调研课题和重点提案提供素材 20 余件。

2017 年，周志雯任大运河河长，王金莲总结其先进事迹以《政协委员的运河情结》等通讯发表在《中国水利报》。民盟临清总支每年在省民盟网站报送信息 30 余条，“同心聊城”20 余件，“统战快讯”近 10 条。《联合日报》以《叫得响 抓得实 接地气 惠民生》对民盟临清总支履职活动进行了报道。

民盟临清市总支部委员会连续 5 年被盟省委评为全省先进基层、社会服务先进集体和思想宣传先进集体。盟员中有市、县两级政协委员 13 名，14 人担任特约人员，创历史新高。先后有 18 人次被评为省级优秀盟员，22 人次被评为优秀政协委员，52 人次被评为市级优秀盟员。

述往思来，向史而新。民盟临清总支在自身建设、参政议政、社会服务等方面的一件件叫得响、抓得实、接地气的工程已拉开帷幕。潮平两岸阔，风正一帆悬，站在历史的节点，民盟临清总支将乘势而上，再接再厉，发挥优势，再创佳绩，为临清的经济和社会发展贡献力量。

（王金莲）

民盟枣庄市滕州总支：凝心聚力，同心同行，打造一流的参政党基层组织

滕州市民盟 1988 年成立支部委员会，1991 年成立总支委员会。目前，总支有 125 名盟员，下设 5 个支部，在各级人大、政协担任职务的盟员 28 人，其中滕州市人大副主任 1 人、滕州市政协副主席 1 人。

近年来，我们在民盟枣庄市委的领导和关怀下，紧紧围绕党委、政府中心工作，积极履行参政党职能，在思想引领、自身建设、参政履职、社会服务等各项工作中坚持政治引领，不断提高五种能力，按照“四新”“三好”新要求，努力打造一流的参政党基层组织。

民盟滕州总支开展“烛光行动”送教下乡活动

思想建设聚共识，平台建设聚合力

作为参政党基层组织，我们始终把讲政治放在第一位。坚持强化政治理论学习，及时传达落实民盟中央、省、市重要会议精神，认真开展盟章盟史、统战知识的学习；组织全体盟员及时召开时事专题学习，先后举办党的十九大、全国“两会”、第十九届四中全会精神等专题报告会；每年都组织全体盟员到各地党性教育基地、红色基因纪念馆接受现场教育。通过形式多样的学习培训，消除了盟员们政治上的模糊认识，让盟员们更深刻地理解中国特色政治制度、中国特色社会主义制度的优越性，坚定不移地做到“两个维护”，坚定“四个自信”，增强“四个意识”。

思想上的共鸣，带来了行动上的同频。盟员自发创建并负责维护总支的微信公众号，发布总支的活动信息；我们在盟员微信群发布信息总能得到积极响应；在各级各类征文活动中，有多人次获民盟省委、市委奖励；书画界盟员多人次作品参展中央、省、市主题书画展；主办庆祝民盟枣庄市滕州总支成立30周年书画展，并印发盟员参展作品集。

作为一个综合性基层组织，我们致力于为每一位盟员发挥作用搭建平台。老盟员杜宜盼是一位德艺双馨、热心盟务的口腔医生，我们在他的牙科诊所挂牌第一个社会服务基地，常年义务为青少年进行口腔保健诊疗。根据盟员特点，我们先后成立了“爱牙基地”“鲁班研究院”“书画院”三个活动基地，“民盟讲师团”“健康服务团”“法律服务团”三个服务团，“读书协会”“艺术协会”“运动协会”三个协会；组建滕州民盟同心志愿者服务队。以这些基地和团队为平台，盟务活动和社会服务活动有规律地持续开展，盟员们参与热情高涨。民盟滕州教育讲师团坚持开展“烛光教育”活动14年，到农村学校送教；健康服务团坚持开展送医下乡，到偏远农村开展义诊活动；牙齿健康科普教育基地常年坚持“爱牙日”宣传及进校园义诊；连续多年举办艾滋病宣传进校园活动；法律服务团开展法律教育实践活动，举行“法律进校园”“模拟法庭”“法律精准帮包扶贫”等普法活动；书画院坚持开展书画拥军活动。

爱牙科普基地揭牌

制度人才作保障，建言资政有作为

我们坚持以“头雁效应”激发“群雁活力”。对总支班子成员高标准、严要求。现行的“班子量化分工考核指标”，明确了“班子成员牵头完成一项调研课题，牵头完成一个社会服务项目，带头完成提案及社情民意撰写”三项基本任务，完成情况在年底要向全体盟员述职，不断强化班子示范带头作用。现在每到年初制订工作计划时，班子成员和支部主委不再是被动等待，而是积极思考和建议；充分讨论后的工作计划不再是一纸摆设，大家认领完的任务，自己主动思考筹划如何推进。此外，我们还设定了后备干部基本标准，即年内“录用一篇宣传报道，反映一个社情民意，做好一次社会服务，上好一次会课，参与一个课题调研”。

建制度、抓落实是我们有序推进工作的保障。我们多次与兄弟党派和友好基层组织之间开展互访互学，学长知短、学长补短，对总支、支部的各项制度进行立、改、废管理。从学习例会、组织生活、档案管理、财务管理、述职评议、履行职能等方面进行完善。制定涵盖29项重点工作内容的《滕州民盟工作手册》，形成了

“一套制度”统全盘的工作格局。为促进制度的有效落实，细化了“一套办法”明操作、“一套规定”知边界、“一套机制”抓落实、“一张图解”做量化的系统化操作指南，以标准落地促规范提升，以评价为工作导航。

所有的基础工作都是为了更好地履职，在加强自身建设的同时，参政履职成果捷报频传。近年来，在滕州市政协会议上累计提交集体和个人提案100余篇，其中2篇集体提案被列为重点提案；多篇提案被评为优秀提案；多位盟员在政协会议上做大会发言。盟员共上报社情民意190余篇，其中被民盟中央采用2篇，被市政协和民盟省委采用50余篇。总支成员及盟员中的政协委员先后参加各类协商会20余次，在发言中能够依据事实，有的放矢，受到好评。2位盟员当选枣庄市参政议政十大人物。2019年民盟界别被评为2019年“乡村振兴委员行”活动先进界别；5人被评为“乡村振兴委员行”活动先进个人；民盟滕州市总支被民盟省委评为先进集体，多人被民盟省委、市委评为先进个人。

民盟滕州总支组织盟员接受红色革命教育

齐心协力同建设，盟员之家展新颜

畅通党盟关系，获得党委支持是工作开展的必要条件。我们在中共枣庄市委、滕州市委统战部和民盟枣庄市委的关心下，有了固定且充足的活动经费，为总支开展各类工作提供了强有力的保障。我们的“盟员之家”初建于2017年。2020年落实民盟省委创建“示范性盟员之家”和“特色支部”的要求，花费10万元，集全盟之力，耗时100天完成了提档升级。为了建设这个“家”，滕州市统战部副部长梁西城和老主委黄琳克出谋划策；主委刘茜整体调度，坐“家”指挥调度三个多月；各小组织分头行动；材料组的朱桂芬白天忙工作，下班忙孩子，哄睡孩子后再审核整理材料；盟员王珂在基层加班加点忙脱贫攻坚的空隙，不回自己的小家，先来盟员之家；盟员梁军为“家”进行油画和面塑作品创作；盟员杨宝三为“家”进行免费的整体设计；盟员张晓冉将讲解词一遍遍地修改、练习……用盟员们的话说，自己“家”的建设怎能少了自己的一份力量呢！

民盟滕州总支“盟员之家”一角

新建成的“盟员之家”有思想、有温度、有力量、有特色，在作用发挥上突出了六大功能：盟员学校、履职平台、活动中心、联谊驿站、信息枢纽、展示窗口。其在全面建设上实现“十个有”：有鲜明的政治功能，有多元的职能平台，有科学的制度安排，有简便的工作流程，有配套的基础设施，有完善的档案资料，有丰富的图板展示，有掌上的民盟e家，有特色的文化氛围，有专门的管理人员。其在资料建设上实现“八个一”：有一本工作制度汇编，有一套档案资料，有一套影像资料，有一本盟务工作手册，有一本活动台账清单，有一本大事记，有一本学习笔记，有一套电子档案资料。

总支下属的5个支部，都有盟员活动室的钥匙，每次支部活动都有专人负责签到，填写工作手册，写通讯报道，拍照存档，每个支部每年在活动室活动不少于 6 次，各支部盟费收支台账都在这里公开存放。

滕州民盟志愿者服务队开展志愿服务

对此，我们得到上级组织和同级统战部的认可，先后多次被民盟山东省委评为先进基层组织，被民盟中央评为先进基层组织和优秀盟员之家。每年都有 10 多位盟员获得民盟省委、市委表彰。

行者方致远，奋斗路正长。在争创一流基层组织的路上，我们将与时代同行，与梦想同在，与人民同心，团结带领全体盟员，落实上级民盟组织的各项安排部署，积极发挥参政党职能，为经济社会发展再立新功。

（民盟滕州总支）

民盟日照市岚山区支部：发挥优势，走在前列

民盟日照市岚山区支部成立于 1997 年 6 月，现有盟员 21 人，处级干部 1 人，科级干部 2 人，正股级后备干部 2 人，高级工程师 4 人，高级教师 3 人，主任医师、工程师、经济师、书画鉴定师、国家二级演员各 1 人，企业负责人 4 人。近年来，岚山区支部秉承民盟“奔走国是，关注民生”的优良传统，以“内强素质，外塑形象，发挥优势，走在前列”为发展的核心思想，以“创新、作为、跨越”为发展动力，强素质、塑形象，不断推动民盟岚山区支部提档升级。

岚山区支部开展“不忘合作初心，继续携手前进”主题教育活动

凝心聚力，多举措盘活组织新动能

作为岚山区最大的一个民主党派基层组织，如何秉承“立盟为公、参政为民”的初心，在工作中创新作为，树立良好的民盟形象；如何在新形势下找准定位，发挥党派最大优势，让盟组织始终走在前列，一直是民盟岚山区支部发展过程中的首要问题。

欲同力先同心，夯实精神内核。思想是行动的先导，精神是最强大的动力！多年来，岚山区支部在工作中创新，在创新中总结，在总结中提炼，对“内强素质，外塑形象，发挥优势，走在前列”的支部发展十六字核心思想，进行了定义、解读，使之成为支部发展、盟员进步的行动指南和方向引领，进一步夯实了支部组织建设精神内核，并在此基础上查漏补缺，狠抓规范，健全了盟务规范性制度，建立了电子盟务平台，集中展示发展成果。

强本领提素质，凝聚盟员共识。岚山区支部以集体学习、集体活动为载体，通过有针对性的专题培训、学习、社会调研，逐步提高盟员的眼界境界，不断提升盟员参政议政履职能力和水平，不断提高盟员的使命责任感、组织荣誉感，不断提升整体盟员的思想素质。

岚山支部向岚山儿童康复中心捐款捐物

找优势强认同，激发组织活力。岚山区支部根据盟员各自的特点，将盟员分成公益爱心盟员、文化艺术盟员、医药卫生盟员、优质教育盟员四类，充分发挥盟员个人优势，不使一名盟员掉队；坚持“组织活动有意义，参加活动不疲惫”，让盟员感觉自己的付出值得尊重，活动具有吸引力及参加活动时间更有弹性；充分了解和尊重盟员的工作和生活，积极参与盟员单位公益活动，取得盟员单位对盟员工作的最大支持，着力增加组织的凝聚力和向心力。

丰富内涵，多功能定位建盟员之家

以使命定功能，打造盟员5个“家”。“盟员之家”的创建有其“改变现状，塑造形象，展现作为，走在前列”的特定历史使命，也是重塑民盟岚山区支部形象非常重要的一环。近年来，支部以使命定位功能建设，聚力打造五个“家”建设：一是持续创新，高起点谋划，高标准建设，建成功能之“家”；二是讲好盟史，续好民盟精神，写好盟员故事，建成成长之“家”；三是文化为魂，以创新务实、进位争先为性格，建成特色之“家”；四是激发活力，服务中心大局，展风采比贡献，建成有为之“家”；五是建章立制，突出功能定位，强化阵地作用，建成规范之“家”。立志把“盟员之家”打造成为一个“有场所、有主题、有内容、有故事”的思想教育基地；一个有“归属感、认同感、寄托感、自豪感”的心灵驿站；一个能“凝心聚力、共同提高、砥砺前行”的精神阵地；一个能“履行参政党职能，发挥参政党作用，展现参政党形象，实现个人价值追求”的重要平台。

促务实奋进，塑整体“家”风。一是通过为每位盟员编写盟员故事，挖掘提取他们的闪光点，在盟员之家展示盟员风采，激励并鞭策他们不断前行；二是通过在盟员之家盟务电子平台开展“比风采、比贡献、比作为”活动，激发盟员活力，增强盟员心灵归属感、认同感、自豪感，实现盟员价值追求；三是班子率先垂范，上行下效。盟组织和盟员活力互动，盟员先进带后进，后进赶先进，形成你追我赶的良好氛围。如今，“务实、奋进、奉献”已经成为岚山区支部整体“家”风。

“盟员之家”先后作为日照市、岚山区基层统战工作现场会接受观摩，接待市内外交流学习30余次，扩大了岚山统战的影响面，岚山区支部“盟员之家”已成为岚山民主党派基层组织建设的一面旗帜。

创新作为，强载体求实效服务社会

创新启动“知行同心——暖阳”活动。作为支部精品创新服务品牌，针对突遭变故、尚未纳入其他社会救助、身心陷入人生低谷的部分特殊社会弱势群体、敏感人群，制订了关爱老人、关爱儿童计划，为我区社会公益事业提供助力。一是结对帮扶14名留守儿童、24名贫困学生、8名残障儿童，看望老干部、老党员、困难群众43人次，共捐助物资4万余元；二是为敬老院的老人送温暖、送文化，已输送慰问演出6次，慰问物资1.2万余元；三是对岚山区残障儿童康复中心进行公益帮扶，先后捐资近2万元用于中心残障儿童帮扶，并提交《关于进一步完善残障儿童康复医保保障的建议》，呼吁更多关注残障儿童康复问题，完善残障儿童康复医保范围，切实减轻患儿家庭负担，体现社会温暖；四是启动关爱“贫困母亲”行动，已结对3名贫困母亲。

创新开设“知行同心——我为社区送文化”活动。创建社区“履德学堂”面向社区群众组织文化课堂。一是面向老年朋友推出声乐、书画、国学、健康等课程，推动老有所乐、老有所为、老有所得的社区生活；二是面向城区暑假中小学生组织假期“履德公益学堂”，已开办“履德公益书法培训”20讲，受众200余人；三是面向农村暑期中小学生组建社区“履德学堂”，已筹集教育资金4万余元。开办中楼集后“履德学堂”，受益农村学生达140余人。

创新开展“知行同心——我为山区种文化”“书法进校园”“儿童健康讲座”“书画公益联盟”等系列活动。一是结对两所山村小学，专门设计输送书法、绘画、音乐、健康、园艺等课程168次；二是针对我区部分学校书法教学极不规范的现状，每年选取一所中心小学，充分发挥书法协会盟员的力量，选派专业书法教师为学校学生和兼职书法教师输送书法课128次；三是重点针对民办幼儿园，推送《幼儿园病毒感染与核病预防》讲座13次；四是创建民盟岚山区支部文化公益联盟，助力乡村文化振兴，建设美丽乡村文化墙400余米，组织文化下乡16次。

近年来，支部“六个一”服务品牌，开展了“做有风格的民盟人”“关爱未成年人”、纪念“五一口号”发布及“粽叶飘香、端午传情”“迎国庆，贺中秋”“情暖岚山　福送万家”文化下乡等系列活动60余次，做实做深支部品牌，扩大了岚山民盟的社会影响面，以上做法得到市委常委、统战部部长杨留星的签批。

岚山区支部开展文化下乡活动

奉献担当，守初心有始终砥砺前行

危难面前，倾情爱国有担当。在新冠肺炎疫情暴发的第一时间，岚山支部率先组织盟员捐款2万元，盟员个人后续以各种形式捐赠抗疫物资价值20余万元；多名盟员始终战斗在抗疫一线，共参与社区抗疫工作60余天次，下沉农村生产一线16次；积极推动盟员企业全面复工复产，走访盟员企业6次，为其解决口罩3000余个；多名盟员以诗歌、绘画等形式积极参与抗疫活动，绘画作品《光》入选中共山东省委宣传部战疫公益广告，彰显了良好的家国情怀与爱国担当。

主动对焦，精准扶贫有奉献。认真调研，主动对焦，确定扶贫对象和人群，发动捐款近6万元，精准扶贫16人次，扶贫物资2万余元，盟员宋厚杰为区人民医院捐资50万元，盟员王学伦带领企业员工为困难残障儿童爱心捐款1.43万元；盟员徐西亮为解决农村贫困家庭老旧煤气罐存在的安全隐患问题，出资100多万元，免费为100多户农民更换了新式煤气罐。

服务中心，参政议政有作为。近年来，支部共提交《大项目落户如何做好群众工作》《岚山区养老现状调查》《以标准化建设推动岚山茶产业高质量发展》等调研报告8篇，提交《关于以三产融合助力日照茶产业高质量发展的建议》等优质提案68篇，并多次获评市、区优秀政协提案。

岚山支部盟员为山区儿童捐赠新书包

近年来，支部被民盟中央授予“民盟思想政治建设和宣传工作先进集体”“盟务工作先进基层组织”。盟员蓝洁获山东省“三八红旗手”，王顺利获民盟省委先进个人，王学伦获8项发明专利，袁奇军被评为国家一级评茶师、日照市技术能手，荣获科技进步三等奖。荣誉面前，是新的起点，岚山区支部必将在民盟省委、市委的坚强领导下，在统战部门的正确指导下，牢记使命、不忘初心、砥砺前行，着力将岚山区支部打造成一个有特色、推得开、影响大的精品示范点。

（民盟日照市岚山区支部）

民盟烟台市牟平区支部：头雁带团队，本色加特色

民盟烟台市牟平区支部成立于2012年11月，2017年10月换届选举，现为第二届支部委员会，正式盟员28人，其中市政协委员2人、区政协常委2人、政协委员6人。

牟平区支部是一支蓬勃向上、团结进取的盟员队伍。在民盟烟台市委的直接领导和区委统战部的关心支持下，全体盟员脚踏实地、砥砺奋进，各项工作均得到上级领导的充分肯定和高度认可。支部成立以来连年荣获"民盟烟台市委先进集体"称号，2017—2020年连获"民盟山东省委盟务工作先进基层组织"荣誉称号，1名盟员荣获"民盟中央思想政治和宣传工作先进个人"称号，3名盟员荣获"民盟山东省委优秀盟员"称号，11位盟员荣获"民盟烟台市委优秀盟员"称号。2018年9月打造的盟员之家，2019年荣获民盟中央授予的"优秀盟员之家"称号。

以"领头雁"模式提高思想政治意识，促进支部组织建设健康发展

班子成员是整个支部的主心骨、顶梁柱。支部工作要干好，必须先提高班子成员的思想意识和政治素质。一直以来，牟平区支部把班子成员思想政治建设作为第一抓手，要求每位委员定位于主人翁角色，积极树立班子集体责任担当感、委员职务神圣荣誉感和事必有成的信念，充分发挥积极能动作用。班子带盟员齐步走的团队模式，支部全体盟员在班子成员的带领、示范和感召下，集体观念、荣誉感、责任心得到了快速增强，盟员工作积极性显著提高。

民盟牟平区支部为莒格庄镇中心小学送早餐鸡蛋

以“领军令”模式，积极高效完成工作任务，践行盟员使命

作为基层，接受上级市委会下达的工作任务就是领军令。针对市委会部署的每一项工作，支委会第一时间传达布置，研究制定工作方案，在工作限时内及时反馈沟通进展，发现问题及时攻克解决，确保每一次任务都能准确到位、保时保质保量地完成，通过行动和效率切实践行盟员的职责和使命。

支部设立了支部工作群、支委会工作群和文秘联络工作群，统一制定了群规和规范的工作流程。群规为置顶，不设免打扰，不发与工作无关的图文。接到市委会工作通知或支部需布置工作任务时，主委立即根据委员分工在支委群里通知分管的委员，部署沟通好工作步骤要求后，分管委员通过文秘联络工作群的组员，逐一通知传达给各位盟员，传达的通知和统计的结果在支部工作群里接龙查收、反馈和汇总，完成的工作文档则发给分管委员审查修改后再经主委把关，最后集中报送，从而快速高效地完成工作。

此外，支部委员大都来自本职重要岗位，难免有出差、本职工作时间冲突等特殊情形，不能及时完成时限较紧的工作，对此支委会为每个委员推荐配备了1—2名盟员担任委员联络员（相当于助理），在特殊情况下临时代替或辅助委员完成分管工作。

民盟牟平区支部组织开展非物质文化遗产传承基地调研体验活动

以“规矩促方圆”，完善各项制度保秩序、便管理

牟平区支部结合工作需要和实际情况，制定并逐步完善了规范可行的各项制度，具体包括：《支部盟员一提案一调研制度》《组织纪律监督考核制度》《评先树优制度》《会议制度》《联络制度》《档案制度》《财务制度》等。

对于困扰多数支部的活动到勤率低的问题，牟平区支部采取的是时间安排上少数服从多数、考勤纪律先紧后松的方式。

以“本色专业＋特色创新”树品牌，提升支部综合管理水平

找支部优势，树支部特色，只有量身定制适合本支部的工作方法，才能创新促发展。牟平支部盟员分别来自文化、教育、医疗、科技、艺术、政府机关、金融机构、法律服务等专业领域骨干和领导岗位，专业类别丰富，人才集聚，这是牟平区支部的一大优势和特色。2018年起，支部专门成立了组织、宣传、参政议政、社会

民盟牟平区支部开展社区服务

服务、纪律考勤监督、文秘联络 6 大盟务工作组。在大组之下，根据盟员专业特长，分设了各个工作小组。以社会服务工作组为例，分设了医疗服务、乡村振兴服务、文化教育服务、经济法律服务 4 个小组，将每一位盟员科学分配到各个工作组当中，充分发挥其优势和特长，定向定额地完成各项社会服务工作，并在班子外的盟员中推荐专业能力强、工作热情高者担任组长，既给盟员提供人人参与盟务工作施展能力的平台，又为从中发现和培育后备骨干力量奠定了基础。这样，各组成员就能各司其职、各负其责，将每组工作汇总后，形成综合的工作成果。

树品牌可以扩大宣传民盟社会影响力。支部以盟员专业优势和盟员企业助阵优势，打造了小学生“四点半学校”服务品牌，助力当地政府脱贫攻坚的“同心·送温暖”服务品牌，并协助民盟市委设立了“水道镇同心法律服务基地”和“龙泉镇同心实践服务基地”品牌，通过常年坚持多方位树品牌模式打造支部良好的社会形象。

以“爱盟如家”为建设目的，营造工作氛围，凝聚盟员向心力

牟平区支部将盟员之家设置在地理位置优越、交通便利、环境优美的盟员所在企业——烟台丰金集团。集团内的盟员之家硬件设施齐备、功能齐全，主要有三大

民盟牟平区支部与省扶贫开发基金会教育扶贫部联合开展帮扶共建活动

板块：盟员之家会议（活动）室、书画室、国学文化大讲堂。通过有计划地开展形式多样的学习和实践活动，将盟员之家努力打造成为盟员亲切交流的“温馨之家”、发挥作用的“有为之家”、学习进步的“成长之家”，以及与其他盟组织、兄弟党派共同成长进步的“互促之家”，让盟员们“爱盟如家”，更好地发挥支部盟员整体思想凝聚和工作激励的目的。

2019 年民盟山东省十届五次常委（扩大）会议在烟台召开期间，民盟省委领导及各市委会领导专程视察了支部盟员之家，大家对支部盟员之家的评价是：“耳目一新。”而在看完浓缩支部各项盟务工作及成绩的 VCR 后的评价是：“非常感人。”

道阻且长，行则将至；行而不辍，未来可期。正值中国共产党成立 100 周年、中国民主同盟成立 80 周年的重大历史时刻，牟平区支部秉承“爱盟敬党”政治理念，积极践行“承传统、强根基、求务实、有创新”工作精神，努力打造出一支高素养、有情怀、讲奉献、勇担当的民主党派基层组织队伍。

（民盟牟平区支部）

民盟梁漱溟支部：学先贤，担使命

2018 年 7 月 18 日，中国民主同盟滨州市委员会梁漱溟支部在邹平成立，支部现有成员 11 人，其中有 3 位国家公务人员，3 位教育界成员，3 位卫生界成员，2 位企业界成员。梁漱溟支部是中国民主同盟历史上第四个、山东民盟历史上第一个以民盟先贤姓名命名的支部，它在民盟中央的关怀和历史传承中成立，在新时代的奋进中努力，在乡村振兴的道路上成长，在民族复兴的征程中变得强大。

传承历史，支部成立

20 世纪二三十年代的中国，列强疯狂侵略，军阀连年混战，兵匪横行乡里，恶霸欺压百姓，农村急剧破产，中国人民特别是中国农民处在水深火热之中。面对时代危机，中国的志士仁人发出了“拯救乡村”的宏愿，乡村建设的潮流在神州大地涌起。在这拯救乡村的大潮之中，民盟先贤梁漱溟领导的从邹平开始然后扩展到山东大部分地区的乡村建设运动影响最为深远。

从 1931 年年初到 1937 年秋，梁漱溟带领乡建同人走进乡村，迎着风霜雨雪，顶着严寒酷暑，与贫苦的乡民同吃同住、同甘共苦，无论是进行思考还是参与实践，始终立足于乡村建设的艰苦一线。在邹平期间，梁漱溟夜以继日、孜孜不倦地工作，几番病倒、累倒也毫不顾惜，他还把家人接到邹平。后来，他的夫人黄靖贤女士因为难产得不到较好的医治不幸去世。可以说，梁漱溟为了实现救国救民的乡建理想做出了巨大的牺牲，但也取得了相当的成就。

梁漱溟和乡建同人在邹平建立研究院，设立实验县，改革县政，培育乡建精英，兴办乡学村学，发展农业科技，推广合作事业，以乡村自卫保一方平安，以卫生推广谋万民健康，以改良风俗扬社会正气，以特种教育塑自立新人。种种举措，有效得当。数年之间，政风高效，民风向好，经济繁荣，社会安定，可谓影响深远。

作为中国民主同盟的创立者之一，梁漱溟先生以其思想、实践和人格赢得了广大盟员的尊重，也为民盟后人留下了宝贵的文化遗产和精神财富。山东邹平是梁漱溟先生按照自己现代新儒家的理念改造中国的实践之地，是他一生牵挂和热爱的第二故乡，这里有他庄严肃穆的墓园，有全国唯一的纪念馆，更有尊敬、怀念他的乡民。

为更好地激励广大盟员在民盟先贤的精神感召之下砥砺前行、奋斗报国，在民盟中央领导直接关心支持下，民盟在山东邹平设立了梁漱溟支部，并对支部的工作给予了很高的期望。

特色支部，不负使命

自成立之日起，民盟梁漱溟支部的全体成员认真学习贯彻党的十九大和十九届二中、三中、四中、五中全会精神，坚决贯彻执行中共党委决策部署，加强思想政治建设，立足“五位一体”总体布局和“四个全面”战略布局，积极参加政治协商，充分利用政协平台建言献策，深入开展调查研究，稳步提升处理社情民意的工作质量，深化社会服务，扎实推进组织建设，推动各项工作取得积极进展。

在完成各项工作的基础上，民盟梁漱溟支部还在各级领导的支持和鼓励下充分利用支部资源优势，弘扬民盟“奔走国是，关注民生”“出主意、想办法，做好事、做实事”的优良传统，坚持“弘扬爱国传统，坚定合作初心，传承先贤精神，助力乡村振兴”的理念，扎根乡村，服务乡村，建设乡村，在助力乡村振兴的实践中打造特色支部，实现特色发展。

邹平市有光荣的爱国传统，毋庸置疑，深厚的爱国传统也是成立于邹平市的梁漱溟支部的重要精神财富。北宋名相范仲淹在此度过了他的年少时光，初步形成了“先忧后乐”的价值观。梁漱溟先生为了实现救国救民的理想毅然来到邹平为乡建事业而奋斗，更有中国共产党领导的邹平人民在反帝反封建的革命斗争中光荣牺牲。为了从宝贵的历史文化资源中汲取爱国营养，梁漱溟支部组织成员参观范公祠、醴泉寺范公读书处，走进梁漱溟纪念馆、“一马三司令”故居、邹长县委成立旧址以及革命先烈英勇战斗的地方，阅读梁漱溟先生重要著作，发掘保护乡建文物，收集、积累梁漱溟研究相关资料，深入了解梁漱溟先生的生平事迹和主要思想，厚植爱国情怀，弘扬革命文化，传承红色基因。为了更直观地介绍梁漱溟先生以及民盟诸位先贤的奋斗事迹，梁漱溟支部集体创作了诗朗诵节目《致敬先贤，奋进新时代》，并在民盟滨州市地方组织成立30周年文艺会演中进行了展示，得到了领导和观众的一致好评。

梁漱溟支部的成员大多生于乡村，熟悉乡村，热爱乡村，也愿意把自己的智慧和才能奉献于乡村。我们以传承先贤精神，助力乡村振兴为己任，积极投身到服务“三农”的工作中去。全体成员在中共党委的领导下，严格按照“产业兴旺、生态宜居、乡风文明、治理有效、生活富裕”总要求，紧紧围绕农业增效、农民增收目标，以实现高质量发展为主题，以增加农民收入为核心，以壮大村级集体经济为突破口，为全面推进实施乡村振兴战略，推动农业提质增效、农村文明进步、农民增收致富，激发乡村振兴新动力做出自己应有的贡献。

梁漱溟支部的国家公务人员，长期坚守乡村基层，奋斗在“三农”工作的第一线，直面乡村工作的各种难题，任劳任怨，吃苦在先，密切联系乡民，帮助乡民出主意，想办法，带动乡民脱贫致富。

梁漱溟支部的教育界成员，扎根邹平教育，发扬高尚师风，不负家乡人民的期望和国家的厚望，兢兢业业地奋斗在教育一线，为家乡培养人才。

梁漱溟支部的卫生界成员，都是一线医护人员，治疗和救助的对象主体也是乡村百姓，在工作中他们发扬高尚医德，悉心救助每一名患者，为保障乡民的健康呕心沥血。

梁漱溟支部的企业界成员，坚持经济效益、社会效益和生态效益的统一，在发展企业、创造价值、推动一方经济发展的同时，积极吸纳乡村劳动力就业，努力提高低收入者工资水平，想方设法改善工人生活条件，积极参与慈善事业，推动农业供给侧结构性改革，推动城乡融合发展。

今天的邹平，是全国清洁村庄先进县、省级农业绿色发展先行区，成功入选全省首批城乡融合发展试验区、省乡村治理体系建设试点县。邹平市的美丽宜居乡村建设得到省委书记刘家义的认可，智慧农业经验被新华社、中央电视台《朝闻天下》报道，农业农村局荣获全国脱贫攻坚先进集体。2021年2月21日，邹平春季农业生产登上《人民日报》头条。

2018 年，民盟中央授牌梁漱溟纪念馆为民盟传统教育基地

任重道远，砥砺前行

由于成立时间较短，梁漱溟支部还在实践中不断探索特色支部的建设之路，工作中还有很多不完善的地方，所有成员一定会加倍努力做出更好的成绩。

我们将加大学习力度，把盟史学习制度化，通过阅读相关书籍，邀请专家、学者做报告等方式来进一步了解民盟与中国共产党团结奋斗的历史，进一步坚定合作初心。我们将在对外交往中进一步发挥正面引导功能，使更多的同志和民众正确认识民盟历史和民盟人物，在全社会弘扬社会主义核心价值观，传播正能量。

我们将以先贤精神为激励，进一步弘扬民盟优良传统，以更大的热情、更务实的行动投身到助力乡村振兴的实践中去。支部将整合全体成员的人才优势，在发展乡村经济、推动乡村文化教育、保障乡村居民卫生健康方面发挥更大的作用。

我们将更广泛、更深入、更精准地参与到助力乡村振兴的建设中，坚持与产业发展同频共振，有针对性地制定适合乡村发展的特色农业产业发展之路，选派成员中的专家学者成立“专家学者工作站”，延长农业产业链、价值链。

2018 年 7 月 18 日，民盟梁漱溟支部召开成立大会

我们将在今后的工作中，把企业优势和乡村振兴痛点、难点有机结合，为乡村剩余劳动力提供就业岗位，联合村两委共同解决实际问题。我们将以立德树人为根本任务，继续扎根乡村教育，积极参与乡村支教活动，挖掘乡土文化资源，提高教育教学质量，弘扬社会主义核心价值观和革命文化，传承红色基因，在自己的工作岗位上为乡村建设培养更多的人才。我们将深入弘扬高尚医德，深入乡村进行卫生健康知识宣传，开展义诊，送医送药，普及医学常识和健康知识，倡导健康生活方式，让贫困群众在家门口就能享受到优质的医疗服务。我们将为开辟邹平市乡建文化和革命文化旅游线路献计献策，将为编排乡建文化节目尽心尽力，将为相关经营主体用好乡建文化品牌提供协助。我们将定点联系村镇，实地开展美丽乡村的建设实验，为助力乡村振兴积极参政议政，为党和国家各项惠民措施的落地加强民主监督。

“我愿终身为民族社会尽力，并愿使自己成为社会所永久信赖的一个人。”梁漱溟先生的这个志愿已经内化为民盟梁漱溟支部全体成员的志愿，我们愿意效仿先贤，始终做到对党、对人民、对民盟组织忠诚坦荡、诚实可靠、表里如一。

“我生有涯愿无尽，心期填海力移山。”“我是对中国前途充满了希望，绝对乐观的一个人。”梁漱溟的奋斗精神和乐观态度也已经内化成了民盟梁漱溟支部全体成员的奋斗精神和乐观态度，我们愿意为家乡人民勇担责任、奋斗不息，为实现国家富强、人民幸福和民族复兴的初心与使命做出应有的贡献！

（民盟梁漱溟支部）

民盟山东省直新阶层支部：凝心聚力新征程，同心筑梦新时代

党的十九大强调，要做好新的社会阶层人士工作，发挥他们在中国特色社会主义事业中的重要作用。2021 年是“十四五”开局之年，是我国开启全面建设社会主义现代化国家新征程的开局之年。新起点新征程，新机遇新挑战。民盟山东省委审时度势，开拓创新，2020 年 6 月 24 日组建了省内民主党派中首个新阶层支部。在民盟省委的领导下，在各级盟组织的支持帮助下，新阶层支部自成立之初就以高标准、高要求开展各项工作，以民盟盟员为荣，为民盟增光添彩。

提升政治自觉，创新抓实思想教育引领工作

新时代给新阶层带来了新机遇、新挑战，也赋予了新阶层、新使命、新担当。作为新阶层支部的盟员，需要有更高的政治站位、更强的能力素质、更大的责任担当；需要更加自觉地把个人抱负与社会理想、个人专业与国家需求结合起来，把个人才智奉献给社会，在服务社会中建功立业。针对支部盟员构成以新阶层人士为主的特点和年轻化的特点，支部把创新抓实思想教育引领工作作为支部工作的重心，积极引导支部新社会阶层人士持续开展理想信念教育，不断提高政治理论素养，增强政治定力。

新阶层支部将提高政治站位、强化思想引领、找准自身定位、加强沟通联系作为平时的学习和工作重点，组织引导支部盟员自觉用习近平新时代中国特色社会主义思想武装头脑，加强支部盟员的政治学习，提升盟员政治素养；坚持盟员分散自学与支部集中学习交流相结合，座谈会与专题讨论相结合等形式开展学习，学习形式灵活多样，学习内容丰富多彩，富有成效；通过学习，坚持正确的政治方向，结

2020 年，民盟山东省直新阶层支部成立大会盟员合影

合形势政策教育，做到“四个讲清楚”，即把中央对当前形势的判断和应对战略决策讲清楚，把中国特色社会主义制度的优越性讲清楚，把坚持党的领导讲清楚，把新的社会阶层人士的重要使命讲清楚，提升他们与党站在一起、想在一起、干在一起的政治自觉。充分发挥新阶层人士在实现党的历史使命中的重要作用，增强支部盟员的获得感、归属感、责任感，进一步激发和调动新阶层人士的积极性、主动性和创造性。

制度先行，探索建立支部发挥作用的长效机制

民盟山东省直新阶层支部成立以来，不断加强自身建设，在思想政治建设、制度建设、组织建设等方面做出了巨大努力。一是加强支委会班子建设，增强支部盟员凝聚力。针对支部盟员构成年轻化的特点，加强政治学习，积极组织盟员学习政治理论、盟章盟史等，以提升盟员政治素养。二是强化制度建设，支部成立后定期召开盟务工作会议，制定并通过理论学习制度、例会调研制度、轮值制度、盟费缴纳制度等系列制度，为支部发展提供制度保障。针对社情民意信息和提案写作进行

专题培训，提高盟员的参政议政能力。三是加强组织建设，按照计划开展组织发展工作。遵循“人才兴盟”“人才强盟”的原则，努力把支部建成“智囊团”“人才库”，努力把优秀人才吸收到盟组织中来。支部成立以来，努力吸收新阶层优秀人士入盟。

民盟山东省直新阶层支部召开年会，为获得盟组织奖励的盟员颁奖

开拓创新，积极打造特色支部

民盟山东省直新阶层支部作为省内民主党派首个成立的新阶层支部，依托盟员专业优势，积极作为，致力于打造特色支部，突出特色创品牌。支部成立以来，积极组织社会调研，组织社会服务活动，发现社会热点，服务社会需求，开展卓有成效的支部特色品牌创建活动。2020 年 11 月 1 日，在中共山东省委统战部、民盟山东省委领导下，联合各级新阶层社会组织，承办山东首届“新阶层之声”讲坛，在社会各界及盟组织和盟员中引起强烈反响。支部在盟省委的支持下，正逐步将讲坛打造为特色品牌，每年举办一次，以更好地凝聚共识，并在新阶层人士间搭建一个

合作交流的平台。

民盟山东省直新阶层支部举办第一届“新阶层之声”讲坛

新阶层支部实行微信工作群轮值主持制度，是支部成立以来推行的特色制度之一，支部全体盟员参与，每人一周。轮值盟员协助支委完成省委统战部、民盟省委交办的工作；协助支委完成与兄弟支部、社会各界的组织联络工作；就自身工作和社会热点进行分享交流。轮值制度推行以来，工作群切实起到了搭建平台、资源对接、共谋发展的重要作用。

立足本职，岗位建功硕果累累

新阶层支部的盟员，立足本职工作争先创优。他们恪尽职守、兢兢业业，在各自领域取得了优异成绩，做出了突出贡献，彰显了盟员的责任与担当。他们努力把自己的专业做强、做深、做精，积极建言献策，凝聚蓬勃向心力，汇集更多同行者，形成广泛正能量。盟员李树滨担任好活（济南）网络科技有限公司总裁，2019年，好活科技集团与槐荫区政府签订战略合作协议，重点打造好活华北运营中心。2020年，好活华北运营中心线上平台搭建完成，后续将依托济南市的政府服务能力，更好地为华北地区灵活就业者服务。盟员王婷婷担任山东仁丁体育科技有限公司董事长，济南市第十三、十四届政协委员，济南市电子竞技运动协会主席。2019年由济南市电子竞技运动协会牵头，全球首条 QQ 主题街区落户山东国际时尚创意中心，发挥腾讯多元化的服务包、强大流量用户以及 IP 赋能力量，联合济南市体育局、济南市文旅局、历下区政府共同引入《2021 王者荣耀高校联赛全国总决赛》，运用科技和文创资源赋能城市，带动城市发展。盟员李伟心是易搜集团创始人、董事长兼首席执行官，集团员工人数由 3 人发展到近千人，全国设有 7 个分公司，服务近 10 万家中小企业，现已形成互联网广告、直播电商、文化传媒、易搜云科技四大产业链，荣获 2019 年中国创新互联网百强企业荣誉称号，并上榜“2020 年中国互联网成长型 20 强企业”，位列第五，连续荣登“2020 年度云上经济 100 强”“2020 年度数字化转型推动企业 100 强”两大榜单！支部盟员、泰山体育产业集团总裁卞洪峰，带领集团创民族体育产业传奇。40 余年来，泰山体育产业集团坚持“做好人品，做好产品”，从在炕头上缝制体育垫子的作坊起步，历经学着干、自己干、领着干，发展成为制定国际标准的世界知名品牌、全球顶级赛事服务商，在持有同类产品标准方面居世界之首，实现了“从炕头走向全球”的历史性飞跃，成为民族体育产业的传奇。支部盟员翟代强，是山东贝亲教育咨询有限公司总经理。

支部 30 多位盟员以支部作为合作交流的平台，业务互补互联，形成良性共赢机制，都在各自岗位上做出了令人瞩目的成绩。

支部盟员自觉把个人抱负与社会理想、个人专业与社会需求相结合，在服务社会中体现自身价值。2020 年，抗击新冠肺炎疫情期间，支部盟员充分发挥自身优势，调动多方资源，以多种方式为抗击疫情贡献智慧和力量，彰显了新时代盟员的责任与担当。盟员左红斌组织单位捐赠口罩、护目镜、酒精等防疫物资，以及免疫球蛋白、核酸检测试剂等，价值 440 万元。刘恩昊的个人企业分别向医院、血液中心等 14 家单位捐赠价值 46 万元的消杀用品。李伟心捐款 2 万元，捐赠价值 1 万余元的物资，通过集团自主研发的价值百万元远程 AI 智能外呼平台免费解决入济人员的排查工作。蒋冰冰协同盟友和爱心人士，合计向武汉 12 家医疗机构捐赠价值 60 万元的护目镜、3.92 万只口罩。李楠组织所在单位向四省捐赠价值 235 万元的教辅书籍。王海清带领单位向各校园餐厅门店所在学校捐献防疫物资，提供餐饮服务。翟代强为医护子女做公益线上托管，另捐款 2 万余元。李美睿带领单位向长清区捐赠次氯酸原液 1200 升。省直新阶层支部盟员个人及所属企业捐款捐物，价值合计千万元以上。

下一步，省直新阶层支部将围绕民盟省委工作部署，推动支部各项工作再上新台阶。鼓励支部盟员主动开展与各级民盟组织的交流，探索与各类新的社会阶层组织交流合作，进一步增强支部的向心力和凝聚力，不断提升个人素质和支部整体战斗力。在中国共产党成立100周年、民盟成立80周年之际，支部将围绕中心服务大局，回顾党和民盟的光辉历程，弘扬优良传统，不忘初心，继续携手前行！

（民盟山东省直新阶层支部）

民盟济南同心支部：融入新时代，展现新作为

在槐荫区，活跃着这样一群民盟盟员，他们在民盟济南市委和民盟槐荫区基层委员会的引领下，在中共槐荫区委统战部的领导和帮助下，全体盟员团结一心，以习近平新时代中国特色社会主义思想为指导，着眼于特色支部的“同心”宗旨，从与党同心、盟内同心、与民同心三个层面上认真践行新型政党制度和政策，将支部工作开展得有声有色。他们就是民盟济南槐荫区机关二支部，也叫同心支部。同心支部现有盟员 26 人，其中民营科技企业创业人员、私营企业主、个体户和自由职业等人员 14 人，新阶层盟员超过支部成员的 50%，是名副其实的新阶层支部。这个新阶层支部在新时代大胆探索、求实创新，充分体现了民盟盟员有担当有作为的风采。

民盟济南同心支部携手济南特殊教育中心开展活动

与党同心，加强思想建设，筑牢思想之基

支部成立以来，积极组织盟员参加民盟市委、区基层委员会和区委统战部组织的各种线上和线下学习。同时，通过安装“学习强国”“山东统一战线”“泉城统战连心云”“爱济南”等 App，关注中国民主同盟、鲁盟微讯、济南民盟等微信公众号，充分利用上级搭建的学习平台进行理论学习，从党中央和盟内决策部署中找准坐标、把准方向、瞄准靶心，完整准确地领会工作的大政方针。

近年来，支部积极参加统战部门及盟内组织的各项活动，在“自豪吧，济南——全市统一战线纪念改革开放 40 周年暨济南解放 70 周年摄影图片展槐荫区巡展”，区委统战部“汇智同心大讲堂”“大道同心 薪火永传——中国民主党派历史陈列馆全国推介主题宣传活动”“感悟红色记忆 展现时代风采”等主题宣传教育活动中，均有同心支部盟员踊跃参与的身影。

通过不断的学习，支部盟员深刻理解了新时代中国特色社会主义思想的丰富内涵，统一了思想和行动，政治意识树得更牢，政治历练得到加强，政治能力获得提高，切实做到了听党话、感党恩、跟党走，与党同心同行。

盟内同心，践行“同力心约”，探索基层组织管理新模式

为更好地履行民主党派参政议政的职能，做到支部盟员同心同德，心往一块想、劲往一处使，支部不断地探索新的管理方式，形成了盟员间合力互助开展参政议政工作的约定。通过近 2 年的摸索和实践，从约定到公约再到心约，适时调整，不断深入，逐渐成熟。2019 年，同心支部正式制订、实施了“同力心约”，“同力”即合力互助；“心约”即同心履约。通过践行“同力心约”，充分发挥每位盟员的才智，打造出了一个有特色、有作为、团结奋进的基层支部。如今“同力心约”已成为同心支部的特色制度和金字招牌。

与民同心，关注民生，不忘服务之本

同心支部秉承“奔走国是，关注民生”的优良传统，立足本职，充分发挥盟员

的专业优势、智力优势、经济优势，选准切入点，持恒精准开展各色各样的社会服务活动，持续回馈社会。

一是开展专项调研，解决民生难题。同心支部先后多次组织开展交通调研，解决了安澜北路无护栏网、事故多发的难题；推进了经六路延长线铁路桥改造，缓解了非机动车过桥难的问题。开展济阳区垛石镇歇凉寺村农村脱贫调研工作，走访慰问困难家庭。向该村提出复建歇凉寺、打造旅游资源，并结合农业种植、开展采摘活动等增加村民收入渠道的建议，助力脱贫攻坚战。开展复工复产调研，向企业提出拓展市场、扩大经营的建议，助力疫情后的经济发展。

二是奉献爱心，扶贫济困。同心支部积极开展募捐走访活动，为贫困群众送去民盟组织的温暖。2018 年起，每年夏季开展为环卫工人免费贴三伏贴活动，捐赠水杯、食盐等生活物品。2021 年 6 月，河南水灾发生后，支部主委崔连保积极发起捐赠活动，率先行动，解囊相助，奉献爱心和力量，短短两天的时间内筹集到了近 40 万元善款。崔连保带领盟员使用善款购置了大量矿泉水、方便面、即食米线、毛巾、卫生巾、纸尿裤、84 消毒液、免洗消毒剂等急需物资，并亲自跟随配送物品的大货车当天将救灾物资送达河南新乡，交接给当地，为保障灾区群众身体健康和生命安全贡献了一份力量。

民盟济南同心支部开展“靓齿工程”推广活动

三是关爱儿童，护航未来。同心支部积极响应民盟中央“农村教育烛光行动”的号召，向槐荫区周官屯小学的学生捐赠图书，为济南市特殊儿童教育学校的孩子们购买新书包。自 2017 年起，在槐荫区政府支持下，为辖区儿童免费开展牙齿涂氟和窝沟封闭。多年持之以恒开展“靓齿工程”推广活动，得到民盟省委、民盟市委的高度肯定，工作方案被推送到民盟中央并得到民盟中央的认同，下一步将倡议在全国范围内进行推广。

四是立足本职，播种健康。同心支部充分发挥医疗卫生行业盟员众多的技术优势，立足本职工作，积极开展健康教育活动，与槐荫区兴福街道办事处共建协作，每年开展包括口腔保健、骨关节疾病防治、手诊手治等防治知识兼备的健康科普讲座，给社区居民送上通俗易懂的保健知识与贴心的义诊服务，受到了广大居民的热烈欢迎。

五是勇于担当，抗击新冠。新冠肺炎疫情暴发后，同心支部一众盟员义无反顾地投身到抗疫工作中。支部主委崔连保及盟员王进以医疗协会的名义组织 35 名医务志愿者主动进驻密切接触者医学隔离观察点开展疫情防控工作。盟员宫德萍，一丝不苟地开展疫情防控工作检查，确保各项防疫措施严格落实。盟员陈娜既肩负槐荫区新冠肺炎疫情处置专业技术小组热线咨询队队长的职责，又作为区疫情应急处

民盟济南同心支部为困难群众捐赠物资

置队业务指导待命，随时到疫情防控一线。其他非医疗卫生行业的盟员也积极为防疫工作贡献力量，想方设法采购防疫物资，先后捐赠了大量的防疫物资和抗疫资金。

在上级盟组织的大力支持和帮助下，在众多盟员的不懈努力下，同心支部建设取得了阶段性成效，基本实现了“三满意”，即党组织满意、盟内满意、社会满意。

在今后的工作中，同心支部将继续秉承与党同心、与盟同心、与民同心，党组织满意、盟组织满意、老百姓满意、同向同行的原则，充分发挥新阶层的优势，做出新作为，在新时代建功立业。

（陈　娜）

民盟青岛蓝谷支部：打造海洋特色支部，助力海洋强国建设

青岛崂山北麓、黄海之滨、鳌山湾畔，依山面海，环境优美，气候宜人，民盟青岛蓝谷支部就坐落于此。民盟青岛蓝谷支部成立于2018年，盟员平均年龄36岁，83%以上是硕士及以上学历，会聚了来自涉海相关管理部门、科研机构、高校、企业的高端人才。蓝谷支部是一支具有高学历与海洋特色的年轻盟员队伍。

在民盟中央、民盟省委以及在民盟市委的指导下，蓝谷支部盟员们继承发扬民盟前辈“以天下为己任”“奔走国是，关注民生”等优良传统，与国家同呼吸共命运，高质量履职尽责、建言资政，无私服务社会、开创新局面。民盟蓝谷支部聚焦助力山东省海洋强省、青岛市全球海洋中心城市建设，在海洋强国建设的伟大征程中，贡献青春智慧与力量。

提高政治站位，加强自身建设

蓝谷支部通过学术交流、研讨调研等方式加强“党史”“盟史”及党中央、盟中央重要指示精神的学习，深化并凝聚政治共识，增强“立盟为公、参政为民”的使命感、责任感，以实际行动拥护党的领导，坚定地走中国特色社会主义道路。坚定中国共产党领导的多党合作和政治协商制度，贯彻“长期共存、互相监督、肝胆相照、荣辱与共”的方针政策。

近年来，支部积极开展“不忘合作初心，继续携手前进”活动，并通过组织集体学习、座谈交流、专题调研、社会活动等方式，引领盟员将“小我”融于“大我”之中，将爱国之情、强国之志化为报国之行，做中国梦的践行者。引导盟员立足本职、爱岗敬业，把个人梦与中国梦联系起来，既能实现自身价值，又能够为中

民盟青岛蓝谷支部召开盟务工作会议

国梦的实现尽职尽力，切实提高与深化了盟员政治意识、建言资政的能力。

规范管理，制度先行。蓝谷支部根据自身发展需要，在民盟市委的指导下，草拟《民盟青岛市蓝谷支部建设工作方案》《特色支部建设方案》等制度，明确支部发展目标、任务分工，确保各项工作规范管理、高效运行。确立形成盟员“8＋1”和“1＋1”学习制度，及时学习领会中央、省市有关文件及会议精神。一系列规章制度的建立，大大提高了支部的管理水平。“源浚者流长，根深者叶茂。”在上级组织的指导帮助下，蓝谷支部不断吸引高端人才入盟，扩充蓝谷支部队伍。目前形成了由 19 位高学历、多领域、多学科的高层次人才组成的年轻队伍，通过有效的方式吸纳了精英人才，增强了队伍力量。

载兢载惕，履职尽责

古人云：“忧民之忧者，民亦忧其忧；乐民之乐者，民亦乐其乐。”民盟要通过提高人民生活水平，增强中国制度的吸引力、向心力，协助执政党解决好民心向背这一根本问题，这是民盟的政治觉悟和政党意识。蓝谷支部不断践行“为天地立心、为生民立命”的强烈社会责任感，关注民生。

2020 年年初，新冠肺炎疫情在全国蔓延，海洋试点国家实验室勇于担当，精准筛选出 7 个药物靶点向全球免费共享，世界范围内的 180 余家单位下载使用，助力新冠肺炎疫情防控药物研发。民盟蓝谷支部成员夙兴夜寐，积极参与到此项工作中，向社会贡献自己的一份力量。

民盟青岛蓝谷支部会议合影

民盟蓝谷支部秉承“凡议国事，惟论是非，不徇好恶”的原则，积极开展参政议政工作。蓝谷支部提出形成的涉海建议多次被全国人大会议采用；高质量组织开展“关于加强海洋科普教育”“关于加快科技成果转化，推动科研、人才优势服务促进地方经济发展”等相关课题调研，在协同机制、资源共享、政策支持等方面积极建言献策，促进海洋科技成果转化、海洋科学知识普及，以及促进社会发展进步。

以萤烛末光增辉日月的精神，无私奉献社会。民盟蓝谷支部盟员发起国际海洋科普联盟，美国、法国、德国、新加坡等全球 20 多个国家的 50 余家涉海高校、科研院所加盟；开创海洋科普真人秀节目，首期节目在央视少儿频道播出后，激发了无数青少年对海洋科技的兴趣；联合教育部门共同开展《问海讲堂》网络直播课堂活动，弘扬海洋科学精神，普及海洋科技知识。截至目前，累计执行科普活动网络传播量已超过 3 亿人次，在社会上形成了浓厚的爱海、知海、护海的良好学习氛围。

国际海洋科普联盟启动仪式合影

发挥支部海洋特色，助力海洋强国建设

2018 年 6 月 12 日，习近平总书记到位于青岛蓝谷的海洋试点国家实验室调研、考察。在习近平总书记的殷殷嘱托下，民盟蓝谷支部盟员立足本职工作，攻坚克难，创新发展，助力海洋强国建设。

蓝谷支部全体盟员在本职工作中积极构建全球海洋科技交流平台，深入参与全球海洋治理。多年来，支部成员先后参与过许多具有国际意义的重大项目。

海洋试点国家实验室是金砖国家海洋与极地工作组的牵头单位，民盟蓝谷支部主委王宁作为实验室国际部负责人，积极参加金砖国家海洋与极地工作组会议，成功申请金砖国家“极地青年科学家研讨会”在青岛蓝谷举办，大力促进金砖国家高层次科技人才交流。积极推动中俄北极研究中心在金砖国家合作机制框架下的极地合作，为构建金砖国家合作机制贡献力量。

全球海洋院所领导人会议是加强海洋科技合作，推动我国争创全球海洋治理中坚力量的重要抓手，已连续成功组织两届大会，共吸引了来自全球40多个国家和地区的200余家海洋科研院所与国际组织（计划）的负责人及代表参会。对促进海洋科技开放合作、发展全球海洋科技协同创新网络、提高海洋治理能力、助力青岛深度融入“一带一路”、拓展山东海洋强省发展空间、构建人类命运共同体等方面具有重要意义。

世界海洋观测大会是世界范围内影响力最大的国际海洋观测盛会，每10年举办一次。2019年，在美国夏威夷举办的第三届大会上，经过激烈角逐，组委会将下一届大会举办权交到海洋试点国家实验室。第四届世界海洋观测大会将是汇聚全球海洋观测资源，提升全球海洋观测能力的全方位、多领域、大规模、高层次的世界顶尖海洋科技盛会，将大力推进海洋观测联合攻关和协同创新，促进国际大科学计划的发起和实施，加快青年海洋人才培养。

在日常工作中，蓝谷支部全体盟员都在努力讲好中国海洋故事，传播中国海洋文化。为了更好地宣传我国的海洋文化，蓝谷支部紧抓传统媒体与新媒体两翼，充分融合两者的优势力量，建立深蓝融媒体中心。充分挖掘海洋人物故事、海洋科技成果，弘扬海洋科学家精神，传播海洋科技前沿知识；打造海洋领域全方位、多层次的高端宣传平台。蓝谷支部依托国外海洋研究中心，积极与外媒、国际知名科技组织联络，建立国际传播平台，形成国内外同步联动宣传机制，传播中国海洋声音，推广中国的海洋文化。

做好线上宣传的同时，蓝谷支部也在积极开展国内外文化交流活动。支部盟员积极与联合国教科文组织、相关国家驻华使馆等单位加强交流合作，汇聚世界海洋优势资源与力量，构建全球海洋科普文化协同创新网络，同时开展国际海洋科技实习计划项目。

依托国际海洋科普联盟，蓝谷支部积极发挥海洋试点国家实验室及科研高校与院所专业性、科学性优势，持续稳定开展“问海讲堂”“问海夏令营”“问海海洋直播课堂”等品牌海洋特色活动。这一系列的举措，不断增强中国海洋在世界的话语权，在全球的海洋科技领域形成广泛共识，呼吁全球共同关注人类面临的海洋科技难题，携手攻关克难，助力构建海洋命运共同体。

昔日之得不足以矜，后日之成不容以限。2021 年是中国共产党成立 100 周年，是中国民主同盟成立 80 周年，是实施“十四五”规划、开启全面建设社会主义现代化国家新征程的开局之年。奋斗创造历史，实干成就未来！唯有不忘初心，方可善作善成、一往无前！蓝谷支部将按照新时代新征程的新要求，坚持以习近平新时代中国特色社会主义思想为指导，坚持中国共产党领导，坚定不移地走中国特色社会主义道路，并心怀“国之大者”，深化政治共识，认真履职尽责，以奋斗者的姿态、永不懈怠的精神状态谱写新篇章、做出更大的贡献。

（民盟青岛蓝谷支部）

第 二 章

八十年群英荟萃　履职尽责惠民生

海洋篇　开疆拓海耕蔚蓝

“海洋是高质量发展的战略要地，要更加注重经略海洋。”2018 年，习近平总书记在参加十三届全国人大一次会议山东代表团审议时强调。山东海洋资源得天独厚，毗邻海域面积 15.9 万平方千米。今天的山东，与时俱进，充分依靠自身的现代海洋产业优势，提出了建设海洋强省的战略目标。“山东发展的最大潜力仍然在海洋，最大优势仍然在海洋，唯有加快海洋强省建设，让海洋隆起成为战略高地，才能抢占海洋发展制高点。”省委书记刘家义多次强调。

在山东省经略海洋的过程中，山东盟员在海洋领域默默奉献，为实现海洋强省这一战略目标贡献着自己的光和热，助推山东海洋事业不断迈向深蓝。

跨洋学海，筑基新中国海洋事业

新中国成立前，生活在齐鲁大地上的民盟人就为中华民族之崛起努力学习奋斗着。民盟盟员在当时内忧外患的环境下，奋发图强，学有所成。当时，中国的科学研究大都处于停滞状态，处在科学领域前沿的海洋科学更是无从谈起。但是无数民盟先贤很早就认识到海洋对于国家的重要性，尤其是对于沿海地区，有着更为重要的影响。于是，他们漂洋过海，到西方国家学习海洋知识。凭着对祖国的热爱，这些民盟先贤纷纷放弃了国外相关机构的优厚待遇，回到祖国，奉献着他们的青春，为新中国海洋事业的发展打下了坚实的基础。

面对满目疮痍的祖国，已近而立之年的童第周深知当时中国在海洋领域的落后，毅然放弃在国内的舒适工作，漂洋过海去学习西方先进的科学知识。作为老一代盟员，在条件艰苦的年代，凭着一颗赤诚之心，凭着对祖国的责任，凭着对海洋事业的热爱，学成之后的童第周拒绝了海外各大机构的高薪邀约，扎根青岛并创建了中国第一个海洋科学研究机构——中国科学院水生生物研究所青岛海洋生物研究室（中国科学院海洋研究所的前身）。

1930 年，童第周来到比利时布鲁塞尔的比京大学留学。他憋着一股劲儿刻苦努力学习，仅仅用了 4 年时间就获得博士学位。1934 年，童第周以优异的成绩毕业，他谢绝了国外专家的挽留，回到祖国，来到山东大学生物系任教，开始了漫长的科学研究和教学工作，走上了科学报国、科学兴国的奉献之路。

不久，抗日战争爆发，童第周教授跟随山东大学一起流亡，但仍坚持教学。直到 1938 年，山东大学被迫解散，童第周来到四川宜宾一个小镇教书。在紧张的教书过程中，他始终没有忘记科学研究。当时的小镇上没有实验设备，连一架显微镜都没有，很多研究工作都没法开展。有一次，童第周在小镇的一个旧货摊上发现一架旧显微镜，要价很高。夫妻俩倾尽所有的钱还凑不够一半，又向别人借了一些，但还是不够，最后只好把衣服拿去典当，买回了这架旧显微镜。在那个苦难时期，燃料匮乏，经常停电，留给童第周做实验的时间很少。童第周工作之余，一心扑在实验上，忘记了寒冷，忘记了炎热，在低矮的小土屋里，在小小的显微镜下探索着生命的奥秘，并撰写出一篇篇具有学术价值的论文，震惊了国内外科学界。

作为一名坚定的爱国者，童第周始终以民族兴亡为己任，积极参与爱国救亡运动。在 1935 年的“一二·九”运动和 1947 年的“反饥饿、反压迫”运动中，他都尽力保护学生。当他看到国民党军警大肆抓捕、毒打游行学生时，童第周冒险掩护其他教授拍下现场照片，并把这些照片送到各大报社刊发，获得了全国各界的声援。迫于外界的强大压力，当地国民党警备司令部不得不释放被捕学生。后来，有人告诉童第周，他被特务列入黑名单时，童第周只是淡淡一笑，丝毫没有考虑自己的安危。新中国成立前夕，童第周克服重重阻力，从美国回到祖国，又到山东大学和师生们一同迎来了青岛的解放。再后来，童第周带领着他的学生们对海鞘、文昌鱼等海洋生物的胚胎学做研究，成功开创了异种核移植（克隆）的先河。

20 世纪 30 年代，老百姓吃不饱饭是很平常的事情。面对广阔的海洋资源，很多科学家希望能从大海中生产出更多的食物。出生在山东昌邑的朱树屏是这样想的，也是这样做的。朱树屏是世界著名的海洋生态学家、水产学家、教育家。1938 年至 1945 年，朱树屏留学英国，废寝忘食地学习，修完了动物、植物两系课程，并在英国普利茅斯海洋研究所任研究员。其间，朱树屏成功研究了 17 种藻类培养液的配方，并将其命名为“朱氏培养液”，其中的“朱氏 10 号”是至今世界上仍广泛使用的标准经典配方。抗战胜利后，朱树屏冲破重重阻力回到战乱的祖国，来到山东大学创建和主持水产系工作，为祖国培育出首批大学本科水产专业人才。

正是以童第周、朱树屏为代表的一大批民盟人的无私付出，才有了新中国海洋事业的牢固基础。

耕牧近海，助力社会主义建设

新中国成立后，安定的政治环境和国家对海洋事业的重视，让新中国的海洋事业蓬勃发展起来。近海经济更是在解决国计民生方面发挥着巨大的作用。在新中国欣欣向荣的发展过程中，广大盟员也找到了自己为之奋斗的动力。尤其是身处海洋领域的盟员，更是夜以继日地思考着如何通过海洋领域的研究让全国人民的生活水平逐步提高起来，让中国的海洋科学发展起来。在老一代盟员的带领下，无数盟员在海洋领域为新中国的建设添砖加瓦。

新中国成立后，年近半百的童第周终于有了一间宽敞安静的实验室。在他的提议下，中国科学院在青岛设立海洋生物研究室，这让童第周可以更好地带领学生们研究海洋生物。作为一名世界闻名的生物学教授，作为山东大学的副校长，童第周承担着繁重的教学任务和科研任务。他的学生遍布祖国各地，他为中国海洋生物学的发展做出了重要贡献。

42 岁的朱树屏在新中国成立后来到青岛，在中国科学院水生生物研究所海洋生物研究室工作。他和童第周共同组织领导了中国首次海洋渔场调查，并从理论上总结解释了调查结果，在论文中揭示了产卵场属性同地理位置和地形的关系，黄海暖流同鱼群洄游和行为的关系，水温、饲料生物同鱼群分布的关系，渔期同鱼性腺发育的关系等规律。调查结果当年即用于指导渔业生产，并获得中国科学院奖励。在他的直接指导下成长起来的科研人员数不胜数，其中有不少人都成了今天的学科带头人。

新中国成立之初，我国的海带都是自然生长，产量很低，平常人家的饭桌上很少出现海带这道“名菜”。如何让全国人民都能吃上这种近海生长的营养菜成了曾呈奎思考的问题。1950 年，加入民盟的曾呈奎是我国的“海带之父”，他的一系列原创性研究，使我国的海带养殖从无到有。1955 年，曾呈奎等科学家首先建立了用文蛤壳作为培养丝状体基质的紫菜育苗模式，解决了紫菜育苗培养过程中的难题，这一模式至今仍在沿用。海带、紫菜等大型海藻人工栽培取得的成功，直接推动了我国海水养殖第一次“浪潮”的兴起。20 世纪 50 年代，我国的海带只能在北方养殖，如何让南方海域也能养殖海带，让全国人民都能吃上海带呢！曾呈奎带领科研团队进行了一系列研究，成功地将这一冷温带生长的海藻移植到温暖的浙江、福建和广东省沿海亚热带海域，使我国海带的总产量大增。在曾呈奎的带领下，我国海带养殖中的育苗、施肥和南移三大技术从诞生到推广应用历经 10 年。这三大技术使我国一跃成为世界上生产海带最多的国家，把我国乃至世界海洋藻类研究与开发提高到了一个崭新的高度，推动了我国海洋科学事业的大发展。曾呈奎带领的海带养殖学原理研究团队荣获 1978 年度全国科学大会奖。20 世纪 60 年代初，曾呈奎就提出了“耕海”的口号。1962 年，他在主编的《海洋养殖学》一书中，明确提出了“浅海农业”的概念。1966 年，在曾呈奎的领导下，中国科学院海洋研究所组织了“耕海队”。20 世纪 70 年代中期，曾呈奎根据多年的科研和生产实践，总结国内外的经验教训，对海洋水产生产农牧化的设想做了全面、精辟的论述。曾呈奎提出并阐明了海洋生产必须走农牧化的道路，推动了中国海洋水产生产养殖业的发展，对全世界的水产事业产生了巨大的影响，世界水产学会授予曾呈奎“世界水产学会终身荣誉会员”的殊荣。

随着新中国耕牧近海工作的不断发展，我国近海养殖的海产品越来越多，质量越来越高，这些都离不开海洋生物遗传科学的保驾护航。中国海洋植物遗传学专家方宗熙于 1953 年应童第周邀请从国外归来，到山东大学生物系任教。针对当时我国海带产量较低的问题，方宗熙将遗传学理论系统地应用到海水养殖领域，建立了科学的海带育种技术。他带领团队培育出的“海青一号”优良养殖品种和“海青二号”“海青三号”等几个自交系，被作为世界上首例海洋生物优良品种研究报道，为后期海洋生物遗传改良研究奠定了重要的理论与方法学基础。20 世纪 70 年代，体细胞遗传学的发展开辟了植物育种学研究的新时期。在方宗熙的带领下，中国大型海藻遗传研究得到了长足的发展，使之能够与国际植物遗传与育种学研究保持同步。海带、裙带菜配子体无性繁殖系的培育，解决了大型褐藻不能实现长期保存的世界难题。此外，还为大型海洋藻类生物多样性保护提供了有效的技术手段，为开辟海藻细胞工程育种的新时代奠定了重要的基础。方宗熙带领团队建立的海带单倍体育种技术和“单海一号”海带单倍体新品种的培育，不仅成为中国海洋生物细胞工程育种时期的里程碑，而且是中国褐藻遗传育种领先于世界同类研究的标志性成果，得到了国际同行的高度评价。

20 世纪 50 年代，我国周边海洋渔业资源丰富，但是国家基础工业落后，专业的海洋捕捞渔具全靠从国外引入，很多渔民眼睁睁地看着大量的鱼群却打捞不上来，建造拥有自主产权的海洋捕捞工具成为当务之急。我国著名的海洋捕捞专业渔具理论与设计专家马绍先，1951 年从山东大学毕业后就留校任教，一直从事海洋捕捞学渔具理论与设计的教学和科研工作。20 世纪 70 年代初，马绍先受邀下乡做技术指导，在山东荣成的一个渔村为渔民们设计了一张网。当地渔民用原来的网工作 3 天才能捕获一船鱼，但是用了马绍先设计的网，不到两天捕获的鱼就装不下了，产量得到成倍的提高。这张网也被当地渔民誉为“宝网”。

随着我国海藻养殖产业的发展，国内市场需要大量的海藻学专业人才。国内研究海藻学的人不多，可参考的资料也十分有限，为了给国家培养开发利用海藻资源的人才，著名海藻学家郑柏林就与同事一起结合我国沿海实际编写了《海藻学》教材。为了让学生们在实验中能看到我国的海藻标本，郑柏林坚持到祖国各地沿海采集海藻标本。几十年来，郑柏林先后跑遍了渤海、黄海、东海、南海的主要海岛，采集到各种底栖海藻标本两万多件。1973 年，郑柏林参加了《中国植物志》的编写，主要承担《海藻分志》仙菜科和绒线藻类的编写工作。为尽快查清我国沿海的海藻资源分布情况，及早完成编写任务，郑柏林与中国科学院海洋研究所的同志一起到西沙群岛对海藻资源进行了历时半年的考察和标本采集。在西沙群岛的永兴岛，面对大大小小的珊瑚礁和大浪激流，不会游泳的郑柏林戴上潜水镜、救生圈，拿着采集桶走进齐腰深的水中，仔细观察海藻的生长情况并采集标本。功夫不负有心人，经过几个月的艰苦劳动，郑柏林不仅获得了许多的西沙群岛海藻资源、生态、地理分布知识，还采集了 1000 多件海藻标本，其中不少标本在我国是首次采到的。

1951 年，身在海外的著名鱼类学家张孝威冲破重重阻挠回到祖国，全身心投入新中国鱼类学研究的工作中。在中国科学院海洋研究所，张孝威组织领导了烟台鲐鱼渔场的调查研究工作，查清了鲐鱼资源情况和变动规律，对指导生产起到了良好的作用。张孝威还先后领导了我国首次采用生物灭菌净化海水、陶缸培养控制光照、人工培养适口饵料等技术攻关活动，为我国海洋鱼类养殖增产创造了条件，填补了我国海洋鱼类生态学研究的空白。

老一代海洋领域的盟员见证了新中国的诞生，深知其中的艰辛，更了解海洋事业对于新中国的重要性，他们在科学研究中无怨无悔，在为人民服务的道路上一心奉献。

改革开放，走向深海

1978 年，在改革开放的时代大潮下，如何让我国的海洋科学走向深海，融入国际，并在国际海洋科学领域中走在前列，这成为海洋领域中新一代民盟盟员的奋斗目标。

20 世纪 80 年代，国际海洋化学发展势头正劲，国内海洋化学的发展也开始了新的历程。当时，我国海洋化学方面的研究，已经从描述性工作进入元素形态、迁移机制、界面通量和物质平衡的研究，从定性研究发展到定量研究。我国海洋化学学科带头人张正斌就在这一领域埋头耕耘着。20 世纪 80 年代，如饥似渴的张正斌不停地参加或者主持各种国际合作调查研究工作，他提出的“张正斌—刘莲生等温线分类图”是目前国内最完善、最普遍的等温线分类图；他提出的“交换 – 吸附法”提取海水中的微量成分，对蒸发法提取海盐是一次革命；他提出的海水中液固界面分级离子 – 配位子交换理论及普遍等温式，在目前流行的液固界面交换吸附理论的三大理论中，是唯一能全面表达台阶型实验线的理论。多年来，他先后出版了 15 部海洋科学专著，发表了近 300 篇学术论文。直到 1994 年，张正斌患病之前，他都一直坚持早上 6 点钟起床，晚上 12 点以后睡觉。2004 年，已经 69 岁的张正斌还亲自带着两名博士生和几十斤重的实验仪器，千里迢迢赶赴祖国南端大亚湾开展海洋科学实验。2003 年，张正斌因为在科研和教学方面的突出贡献，荣获首届国家级教学名师奖。当时获得此奖的，山东省只有 4 人。张正斌把自己的毕生精力奉献给了海洋化学教育事业，为祖国培养了一代又一代的科学家。

1988 年，日照撤县建市时，费孝通先生指着山东省新版地图对侯国本说：“侯教授，您了不起啊，把日照在地图上由一个小点变成了一个圈。”这位侯教授就是大名鼎鼎的港口专家、教育家侯国本。作为国内知名海洋动力学实验室负责人，他带领团队先后完成 60 多项重大实验任务，获得了当年首届全国科学大会重大贡献先进集体奖。

山东省日照港、东营港的建设和发展，凝聚着侯国本的心血和智慧。1982 年 2 月，日照港主体工程正式开工。1985 年，我国最大的两个 10 万吨级深水煤炭泊位在日照石臼建成。

1982 年，在全国人民代表大会上，原国家石油部部长找到他，希望侯国本在黄河三角洲寻找一个合适的港址，以解决胜利油田石油和其他物资的输入、输出问题。国家现代化建设的需要就是科技工作者的最大课题，侯国本认真对待，立即行动，和科研人员一起在波涛汹涌的大海中认真调查和测量。经过两年多艰苦细致的调查研究工作，侯国本撰写了《关于黄河三角洲海港建设与水运建设的设想》的论文，并在论证会上通过。1989 年东营港竣工，经过 4 年的使用，港池不仅没有淤积，而且航道已冲刷到 5 米深，完全验证了侯国本的理论。两大港口的建成，极大地提升了山东省对外经贸交流的能力，为山东省走向深海开拓了新的基地。

改革开放以来，面对国际社会大环境形势，为加快我省社会主义现代化建设的步伐，广大盟员积极探索，不管是在高校还是相关科研机构，都能看到民盟成员忙碌的身影和耀眼的成绩。

新时代，勇争蓝海领航人

党的十八大以来，我国进一步提出加快建设海洋强国的战略要求。民盟山东省委会借助海洋界盟员专家众多的优势，根据我省发展的实际，积极组织海洋产业调研，先后提交了许多高水平的调研报告，得到了各级领导的认可和鼓励。其中由民盟山东省委会主委王修林主导的《加快推进渤海综合治理由“粗糙盲拼型”向“精准优配型”转变》的建议经民盟中央审定提报，得到国家主要领导人的批示；《关于加快海洋强省建设，推进高质量发展的提案》促成了省港口集团成立、中国海工北方总部落地烟台。在山东省政协十二届四次会议上，民盟山东省委会提出，作为海洋大省和产业大省，山东省应充分发挥自身优势，以建设海洋物联网基础设施为抓手，着力打造现代化海洋物联网协同创新体系，为山东海洋强省建设提供重要引擎。

随着中国海洋科学的不断发展，我国在国际海洋领域越来越有发言权。由著名物理海洋学家胡敦欣院士领衔国内外 22 位科学家发起的“西北太平洋海洋环流与气候试验”（NPOCE）国际合作计划，获得国际同行及研究机构的认可和支持。中国、美国、日本、澳大利亚、韩国、德国、菲律宾、印尼 8 个国家的 19 个研究院所参与了 NPOCE 国际合作计划，这是我国领衔发起的第一个海洋领域大型国际合作计划，为祖国赢得了很高的国际荣誉。

近年来，长期从事大洋环流与气候研究的吴立新院士带领的科研团队发现了 20

世纪全球大洋副热带西边界流区“热斑”现象，系统阐述了副热带环流变异在太平洋气候年代际及长期变化中的作用机理并建立了相关理论；开拓了利用 Argo 国际大计划来研究全球深海大洋混合低频变异的新路径，将深海混合研究推向了全球尺度和季节以上的时间尺度。这些研究成果将中国的海洋科研工作提升到了国际领先水平。

今天的海洋科学不仅局限在海洋中，其整个海洋生态涉及多个海陆循环系统。海洋生物地球化学方向的首席科学家刘素美，多年来在海洋生物地球化学领域进行了深入细致的研究，主要体现在生源要素生物地球化学的定量化和多学科交叉方面。刘素美带领的科研团队从河流输入和边缘海的角度，揭示了我国近海生源要素循环的关键过程，发现了东海沉积物中同时存在多种氮循环的关键过程，解决了国际上多种氮同时存在条件下定量各种氮转化速率的难题，阐明了沉积物氮循环过程对氧气状态的差异化响应；刻画了高强度人类活动影响的近海生源要素的动力学变化特征；首次提出了南海北部陆架区冬季营养盐跨热盐锋面的输送机制；定量分析了黄海春季水华期营养盐的补充渠道及浮游植物群落的响应等。一系列系统性和原创性的研究成果，得到国内外同行的广泛好评，提高了中国在海洋生物地球化学领域的国际影响力，使我国在该领域的研究处于世界先进行列。

今天，世界上仍有近 10 亿人口没有充足的淡水资源使用，世界上 80% 的废水仍不能得到收集与处理，淡水危机成了各个国家共同的难题。中国海洋大学化学化工学院教授，海水淡化技术专家高学理解决的就是这一难题。高学理长期从事膜制备技术和膜分离技术在海水淡化、饮用水处理、污水处理及中水回用、特种分离等领域的应用。2007 年年底，高学理带领的团队联合胜利油田勘察设计院开展了膜分离技术用于处理油田采出水的研究工作，取得了丰硕成果，部分成果已经在全国多个采油单位和位于四川的西气东输项目上得到了应用。

海洋是一种生物与环境、生物与生物之间相互依存、相互制约的复杂生态系统。随着我国经济的发展，海洋污染问题日益严重，赤潮灾害时有发生，严重破坏了原有的生态平衡。中国科学院海洋研究所研究员、赤潮防控专家宋秀贤，主要从事海洋环境富营养化、有害赤潮防控原理和方法及其生态环境效应等方面的研究。宋秀贤带领团队在国内率先系统开展了海洋环境中磷的新形态——磷化氢形成机制及其环境效应、磷化氢在海洋沉积物中的释放通量和转化机制及其对海洋微藻的影响与作用机制研究，取得一系列研究成果，为保护海洋环境做出了杰出的贡献。

80 年来，我省从事海洋事业方面的盟员不管身处哪个岗位，都继承和发扬了民盟先贤艰苦奋斗、同心向党的光荣传统，在本职岗位上深耕细作、建功立业，以海洋人的责任与担当走出了一条发展奋斗之路，在海洋强省建设过程中发挥了民盟作用。

今天，无论是对国家，还是对山东，“蓝色”都意味着更广阔的空间、更强大的动力、更美好的未来图景，而发展这片“蓝色”需要的是眼光和智慧，需要的是无数海洋人的努力奋斗和默默奉献。民盟山东省委会将以更加饱满的参政热情，一以贯之地继续以前瞻性的思维献计献策，以真知灼见助推海洋事业的发展。

（朱振东）

农业篇 脚踏实地兴“三农”

务农重本，国之大纲。山东是“农业大省”“农业强省”，历史上一直有“全国农业看山东”的美誉。在“十四五”开局之年，山东以 2020 年农业总产值 10190.6 亿元成为全国首个农业总产值过万亿省份。山东民盟组织自成立以来，众多盟员为农业发展、乡村振兴、农民富裕贡献着青春、汗水和智慧，积极助力农村生产力水平的提高和农村的全面进步。

艰难探索乡村建设道路

新民主主义革命时期，中国农村经济萧条、民生凋敝的状况日益严重。1921 年中国共产党的成立，给灾难深重的中国人民带来了光明和希望。中共二大提出农民是“革命运动中的最大要素”，并确定了“与贫苦农民联合的无产阶级专政”的奋斗目标。大革命失败后，中共在八七会议、秋收起义、广州起义等一系列会议和斗争中最终确立了“农村包围城市、武装夺取政权”的正确道路，决定在农村扎根，建立农村革命根据地，进行土地革命，开展了热火朝天的“打土豪，分田地”的斗争，充分调动了广大农民发展生产和参军的积极性。“九一八”事变以后，特别是“七七”事变以后，中国社会的主要矛盾由阶级矛盾转变为日本帝国主义和中华民族的矛盾，中共在抗日根据地也相应地调整实施了对农业、农村、农民的政策，实行地主减租减息、农民交租交息的政策。

面对内忧外患、战火连年的国内形势，广大盟员积极投身到挽救民族危亡的斗争之中，代表人物包括梁漱溟、晏阳初、黄炎培等。他们或注重农业技术传播，或致力于地方自治和政权建设，或着力于农民文化教育，或强调经济、政治、道德三者并举，旨在为破败的中国农村寻一条出路，史称“乡村建设运动”。这其中最有代表性的当数山东邹平，河北定县，江苏无锡、昆山四地，尤以 1931—1937 年梁漱溟主持的邹平实验影响最大。

科技创新，为农业插上腾飞的翅膀

新中国成立以后，中国共产党对解决“三农”问题有了更进一步的理解和探索，科技创新是推进农业农村现代化的根本动力。加强农业科技创新、深化农业与科技融合，是实现农业高质量发展的必然选择。民盟盟员中从事科学技术工作的高中级知识分子占较大比例，他们在推动农业与科技融合方面做出了卓越贡献。

1950 年 3 月 11 日，山东省人民政府公布 1950 年山东农业生产计划。根据中央人民政府规定的以恢复生产为主的总方针，山东当年的农业生产任务是增加粮食与扩大种棉面积。山东种植小麦历史悠久，因其营养好，制作花样多，商品率高，面积和总产量均居粮食作物首位。为改善和提升小麦种植水平，我国现代小麦栽培学的奠基人、山东农业大学教授余松烈院士创新了小麦栽培理论和技术，奠定了我国现代小麦栽培学的基础。1976 年，他在山东滕县亲自播种的两亩试验田，亩产达到 638 千克，创下我国北方冬小麦高产新纪录。“冬小麦精播高产栽培技术”为我国黄淮海麦区小麦高产开创了新途径，在全国累计推广 1 亿亩以上。

山东不仅在小麦种植领域成绩斐然，而且在蔬菜种植方面也可圈可点。山东省种植蔬菜历史悠久，在漫长的岁月中，种类逐渐增多，栽培经验不断积累提高，并形成了不少地方种植出的名优瓜菜。产品也由单纯的原始状态向初加工、深加工发展。著名蔬菜专家李家文教授将美国加利福尼亚州、苏联乌克兰加盟共和国和中国山东省称为“世界三大菜园”。

李家文是著名的园艺学家、蔬菜专家。他先后担任金陵大学农学院园艺系副教授兼园艺试验场主任，山东农学院园艺系教授，教研室主任、系主任，全国园艺学会理事，农业部科学技术委员会委员。李家文曾被选为第五届全国政协委员、山东省政协常委。

李家文致力于蔬菜园艺科学的教学、研究和生产推广工作长达40 年，在中国大白菜的理论研究、甘蓝种子繁育、中国古代农业遗产的研究方面做出了突出贡献，其对中国白菜类蔬菜的研究享誉世界。1952 年，李家文受农业部委派，3 次到中国大白菜种植中心之一的山东胶州农村进行调查，并收集了大量种质资源。在对历史资料进行广泛考证后，他提出白菜的杂交起源假说，认为起源于我国白菜类蔬菜的初级变种，大约是在唐代以前由当时南方的小白菜和北方的芜通过自然杂交而成的，并提出结球大白菜的起源地是我国北方。这种综合了历史进化、生态环境和植物形态特性的分类观点和结论，为大白菜的栽培和遗传育种提供了有力的科学依据。

这个时期，山东省在葡萄酿酒方面也取得了突出成就。著名酿造学家、教育家、原山东农学院教授、副教务长李文庵做出了突出贡献。1950 年，他与中央人民政府轻工业部合作，进行葡萄酒酿造试验。在葡萄酒加工方面，他利用“热加工冷处理”加速葡萄酒成熟的研究，使得葡萄酒陈酿提前一年半即可达到成熟，从而使葡萄酒生产在资金周转、容器利用和减少酒窖基建面积上均收到了明显的经济效益。

李文庵是中国济南葡萄实验站的创建者，在他的指导下，试验站曾引进 500 多个葡萄品种，使济南葡萄试验站成为全国葡萄品种最多的单位，对葡萄酒工业的发展起到了很大的推动作用。李文庵曾主编全国高等院校教材《果蔬贮藏加工学》，著有《葡萄酒人工老熟研究》一书，他与朱梅、郭其昌合著《葡萄工艺学》，为酿酒行业技术的进步做出了突出贡献。

新中国成立后，花卉业有了突飞猛进的发展变化。著名观赏花卉园艺学家、山东农业大学教授喻衡长期从事“花卉园艺学”“观赏园艺学”“观赏园艺苗圃学”等课程的教学与科研工作。他主持完成了“中国啤酒花高产优质的研究”课题，取得了啤酒花当年栽培并丰产的突出成绩，扭转了啤酒花生产长期依靠进口的被动局面，做到了自给有余且能出口外销。喻衡在中国牡丹研究方面也颇有建树。他以山东省菏泽牡丹、河南省洛阳牡丹为重点，对中国牡丹的由来和发展，牡丹品种资源调查整理，牡丹生物学特性、开花物候、花型分类、新品种选育、命名等方面进行了大量而系统的研究工作。他用 50 多年的时间查阅了中国 1000 多年来古书中有关牡丹方面的文献史料，并在菏泽市赵楼村牡丹园建立了牡丹科研基地，进行牡丹栽培、品种整理和新品种选育工作，与菏泽花农、技术人员共同选育出牡丹新品种 100 多个。喻衡的研究成果《菏泽牡丹》一书，系统地记载和总结了菏泽牡丹及中国牡丹 1000 多年来的栽培历史、品种演化过程和栽培技术，成为中华人民共和国成立以来第一部牡丹专著。

在这个时期，我省烟草病理学研究及植物病理学研究、植物育种方面，也取得了突出成就。

著名农学家、农业教育家、植物病理学家、烟草科技事业的奠基人山东农业大学原校长陈瑞泰在国际上首次报道了烟草低头黑害病，并发表了《烟草低头黑研究－I诊断与接种方法》论文，他对烟草黑胫病、低头黑、烟草普通花叶病、黄瓜花叶病等病害的病理及防治技术进行全方位研究，把中国烟草植物病理学研究推向了一个新的水平，成为这一学科的领路人。

著名菌物学家、植物病理学家、教育家姜广正德高望重，成就卓著。他长期从事高等农业教育工作，专长于真菌分类学，是国内外研究小煤炱科的学者之一。在高等真菌分类、经济作物病害、食用菌基础理论和开发利用等方面，姜广正均有突出贡献，尤其在真菌群落演替和现代分类体系研究上多有建树。他主持完成的“山东省经济植物病害名录”，获省农业厅科技进步二等奖，煤污菌研究获省优秀科技成果二等奖。此外，他主持完成了山东省经济植物病害调查和病害志的编写工作。姜广正先后参与撰写中国真菌志《小煤炱科》等专著7部，主持撰写了《菌物生态学》并发表论文30多篇。

我国知名的细胞遗传学家和作物育种学家丁巨波，曾任山东农学院副院长、山东农业大学作物遗传育种研究所所长、山东遗传学会理事长、山东农学会常务理事。1952年，在山东农学院任教期间，他从事玉米育种研究，选出了一批优良的玉米自交系。同时，他对我省烟草黑胫病的抗病育种也做了大量卓有成效的研究工作。丁巨波教授于1954年加入中国民主同盟，曾任济南市高等教育委员会副主委，民盟山东农学院第四届委员会委员。他先后编写出版《烟草育种学》《普通遗传学》等专著。1980年，丁巨波为研究生编写的《细胞遗传学》讲义，是当时我国唯一的细胞遗传学教材。

这一时期涌现出的一批又一批家喻户晓的专家教授，他们以民盟人的热血和情怀、智慧与毅力，积极推进农业与科技的融合，奋勇拼搏，为山东农业的发展贡献着智慧、汗水和力量。

改革开放，为农赋能谱新篇

中共十一届三中全会以后，山东省认真贯彻中央的重大决策，大力推行家庭联产承包和统一经营相结合的双层经营体制等多种形式的责任制，使农民获得了生产自主权，调动了广大农民的生产积极性。这一时期，山东民盟组织农业系统盟员积极发挥特长，继承优良传统，坚定不移地走中国特色社会主义道路，深入践行立盟为公、参政为民的理念，不断提高参政议政、民主监督、服务社会的能力，努力为建设经济文化强省献计出力。

余松烈首创的冬小麦精播高产栽培理论和技术，改变了“大肥大水大播量”的常规栽培方法，为中国黄淮海麦区小麦高产开创了新途径。1978 年，他主持的冬小麦精播高产栽培试验，使 11 个实验村的小麦亩产超过 500 千克。1991 年，冬小麦精播高产栽培技术在全国累计推广 10690 万亩，小麦增产 43.6 亿千克。2009 年，他在滕州市级索镇千佛阁村种植的 3.46 亩高产攻关田实打验收，平均亩产高达 789.9 千克，再创我国冬小麦亩产新纪录。

为给“小麦精播高产栽培技术”找数据支撑，余松烈走遍了滕县的丘陵、涝洼和平原，对全县的小麦情况了如指掌，他围绕小麦生长发育的外部环境条件、麦苗群体与个体的差别，分析出了当地小麦无法高产的原因，有计划、有组织地进行小麦精播高产试验，验证并不断完善了小麦精播高产的理论。在进行了 20 多项试验后，余松烈终于总结创立了“冬小麦精播高产栽培技术”，使滕县一跃成为全国小麦高产的典型，这项成果也获得 1978 年全国科学大会奖。此后，余松烈又主持了“山东省黄淮海中低产地区夏秋粮均衡增产栽培技术研究”和“冬小麦精播高产栽培的理论与实践”，分别获 1987 年、1992 年国家科技进步二等奖，所主持项目被农业部定为我国“九五”重点推广项目。

山东蚕业研究所研究员、民盟烟台市三届委员会主委、烟台市政协第九届委员会副主席樊孔彰，主持的桑园亩产 3000—4000 斤，桑叶的高产规律及栽培技术的研究获山东省科技大会三等奖，山东省农业厅技术改进二等奖，桑树新品种“选 792”获山东省科技进步二等奖，桑树新品种“选 792”推广及配套栽培技术获山东省农科院科技进步一等奖。育成的“选 792”属晚生中熟品种，有抗旱耐寒性强、苗条长、产叶量高、秋叶硬化迟、桑叶品质好的优点，受到多个国家的青睐，引进推广 400 余万株。樊孔彰发表论文 20 余篇，主编或参编《中国桑树品种志》等 7 本书，享受国务院政府特殊津贴。

第九届省政协常委、山东农业大学林学院蚕学系教授、山东农业大学林学院原院长牟志美也是桑蚕领域的重要人物。其主要研究方向为家蚕病理与蚕病防治、应用微生物及经济林栽培。牟志美在蚕病综合防治理论与技术、蚕药新产品研制与开发、家蚕溶茧酶分离纯化及其基因克隆等领域也取得了系列成果。其先后主持完成国家及省部级项目 20 余项，在国内外学术期刊发表研究论文 100 余篇，获得国家科技进步二等奖 1 项、山东省科技进步二等奖 4 项。其中历时 15 年主持完成的“桑蚕主要传染病发生规律与防治技术研究”在 2004 年获得国家科技进步二等奖，为我国的蚕业生产做出了突出贡献。

山东省人大常委会原副主任、山东农业大学原校长温孚江主要从事植物分子病毒学及植物抗病虫基因工程研究。1990 年，他在美国读博士后期间，利用植物基因工程技术进行抗病转基因禾本科作物研究，首次成功将克隆大麦黄矮病毒抗性基因导入水稻，获得 150 株抗病水稻转化再生植株，受到国际同行的高度评价。

1992 年 10 月，温孚江带着妻子和 8 岁的女儿离开美国，回到祖国的怀抱。回国后的温孚江迅速进入工作状态，他奋战三天三夜，查阅了大量资料，写出了建立植物抗性基因工程实验室的详细论证报告和仪器购买预算报告。他精心挑选、购置仪器设备，并利用每年去美国合作研究 3 个月的机会，购置设备和药品。经过努力，面积 160 平方米、设备价值 100 万元的一流的基因工程实验室终于建成了，它也是山东省第一个农业生物工程实验室。在这个实验室里，温孚江利用先进的基因工程技术，先后培育出抗病、抗虫的玉米、水稻、大白菜、马铃薯等，取得了多项研究成果，尤其在转基因水稻育种方面卓有成就。他带领课题组成员，利用基因枪和农杆菌把抗虫基因、蛋白酶抑制剂基因、抗白叶枯病基因及抗除草剂 bar 基因导入水稻中，获得了抗虫、抗除草剂的“双抗”转基因水稻新种质。经过连续 3 年的试种，1999 年，转基因水稻在田间表现出稳定的抗虫、抗除草剂性能，茎叶深绿，郁郁葱葱，白穗率（虫害）几乎为零。随后，温孚江继续扩大研究范围。他和山东农科院联合，筛选出农艺性状良好，抗病、抗虫性强，遗传稳定的纯合株系 230 个，获得转基因水稻新品系 6 个，配制了 2 个多抗杂交水稻组合。多抗转基因水稻新品系表现出了很好的抗病、抗虫和抗除草剂性能。与传统品系相比，亩均单产提高 100 千克以上，每亩节约投入 200 元左右。获得的抗病虫水稻新品种，2006 年已申请品种保护，安全评价进入“商品化生产”的前期——“生产性试验”阶段，展现出广阔的应用前景。

温孚江先后主持了国家自然科学基金、美国洛克菲勒基金会资助的项目、国家转基因植物研究及产业化专项、农业部“九五”重点公关项目及省部级科研课题 20 项；获省科技进步二等奖 2 项；在《遗传学报》《中国农业科学》《植物病理学报》等国内外著名学术刊物上发表论文 100 余篇。除此之外，温孚江还明确了 RNA 介导的病毒抗性的特点、性质、产生机制，为高效利用 RNA 介导的病毒抗性策略培育抗病毒转基因植株提供了有力依据。

这一时期，民盟山东省委会针对“三农”中的难点、痛点问题做好资政建言，积极组织调研和撰写高质量提案。2007 年 6 月，在山东省政协召开的提案工作表彰会议上，盟省委提交的《关于建立健全我省农业标准化体系的建议》等 5 件组织提案及朱铭、仪平策、安利国、董利忠等 11 名盟员政协委员提交的个人提案受到表彰。《政府督导乡村旅游，加快缩小城乡差别的步伐》信息得到姜大明省长和才利民副省长的批示。2010 年，盟省委牵头承担了民盟中央课题《发展循环农业，提高农牧效益》，历经三次实地调研，课题获得民盟中央表扬。

改革开放为山东农业的发展创造了良好环境。此时，山东涌现出诸多发展典型，如“寿光经验”“潍坊经验”，为我国解决“三农”问题提供了经验模式，也为后期着力打造乡村振兴的齐鲁样板奠定了坚实的基础。这个时期，广大盟员奋发有为，积极参政议政和参与社会服务，在为农赋能方面谱写了新的篇章。

乡村振兴，推动农业转型升级

2013 年，习近平总书记在山东视察时强调，要为农业插上科技的翅膀。2018 年，全国“两会”期间，习近平总书记亲临山东代表团参加审议，要求山东充分发挥农业大省优势，打造乡村振兴的齐鲁样板。习近平总书记提出的推动乡村产业振兴、人才振兴、文化振兴、生态振兴、组织振兴“五个振兴”，为山东指明了主攻方向和实践路径。山东上下齐心协力，遵循总书记的嘱托，全力推进乡村振兴战略，努力打造“三生三美”融合发展的乡村振兴齐鲁样板。

党的十八大以来，全省民盟各级组织和广大盟员适应新形势任务要求，投身伟大实践，做了大量卓有成效的工作。2015 年，民盟省委承担的民盟中央和中共山东省委的重点课题《新经营模式下现代农业技术需求研究》经多地调研圆满完成。2018 年，民盟山东省委会农业委员会完成的集体调研报告《以产业振兴，促进乡村振兴》获得多方认可。2019 年起，民盟省委积极助推“打造乡村振兴的齐鲁样板”，在淄博、潍坊、泰安、临沂、威海、菏泽分别选取了一个具有代表性的村庄，组织盟员长期蹲点开展了“齐鲁乡村调研”，并在群言出版社出版了《山东省乡村振兴调研》一书。

这一时期，山东农业界的盟员们做出了突出贡献。民盟盟员、全国人大代表、山东农业大学校长张宪省多年致力于激素调控植物干细胞、器官再生机理以及植物授粉细胞识别机理研究，主持建立了山东省第一个植物发育分子生物学实验室，首次揭示了调控植物茎尖分生组织发育的三个关键因子相互作用模式。这是世界上首次从分子水平解析茎尖干细胞激活因子和增效因子相互依存的作用模式，填补了近20年来的研究空白。其研究成果分别在《植物细胞》《植物生理学》《国家科学院院刊》上分表。

近年来，张宪省主持两项“973”课题，找到了植物花粉与雌性组织识别的原因，构建起了植物传粉与受精的分子网络。“植物生殖器官的发育与激素调节”项目获得2012年山东省唯一一项自然科学奖一等奖。2020年，“植物干细胞重塑和维持的调控机理”获得山东省自然科学奖一等奖。为促进基础研究与应用的结合，用理论突破支撑技术创新，张宪省带领团队对小麦分子辅助育种方面开展研究，并成功育出了6个紫粒糯小麦品系、2个蓝粒糯小麦品系。山农紫糯小麦1号已获得国家农业农村部植物新品种权证书。

目前，张宪省是享受国务院政府特殊津贴的首席科学家，入选国家“百千万人才工程”第一层次、第二层次，连续入选山东省泰山学者攀登计划，山东省有突出贡献的中青年专家，同时担任国家实验教学示范中心联席会植物（动物）学科组组长、农业生物学国家级实验教学中心主任、生物化学与分子生物学国家级教学团队带头人。

山东省政协委员、山东农业大学研究生处处长张春庆长期从事种子科学与技术和玉米遗传育种研究，先后主持课题16余项，发表论文60余篇，获省科技进步二等奖1项、三等奖1项，省教学成果一等奖1项、二等奖1项，参加国家技术发明一等奖1项。张春庆兼任中国植物学会种子科学与技术分会副主任、中国作物学会作物种子专业委员会副主任、全国农业推广硕士专业学位“种业”领域协作组副组长等职务。

山东省农科院家禽研究所研究员、山东省健牧生物药业有限公司董事长秦卓明主持国家自然基金项目“鸡脾转移因子调节小肠黏液蛋白MUC2表达的‘TLR－NOD’信号通路（2014—2017）”。经过连续3年的攻关，秦卓明破解了鸡脾转移因子的主要成分，得到了581种小肽分子。秦卓明研发出的“百渡宁”鸡脾脏水解液，不仅能提高家禽的自身抗病毒能力，降低免疫抑制，而且广谱、高效、无毒副作用和残留。同时，他作为子项目负责人参加了农业部国家公益行业专项“种鸡场禽白血病防控与净化技术的集成和应用（2012—2017）”，对培育的鲁禽系列 B_1、B_2、B_3 和芦花鸡等地方良种鸡进行禽白血病净化，已经连续 3 世代 1 日龄胎粪禽白血病病毒检测为 0。另外，他主持的科技部成果转化项目“禽流感和新城疫综合防控暨绿色保健技术集成与示范（2013—2015）”，已于 2015 年 10 月通过专家验收。他的研究成果获得山东省科技进步一等奖 1 项、二等奖 2 项，山东省科技进步三等奖 5 项，农业部神农科技进步三等奖 2 项，厅局级科技进步一等奖 4 项。目前，秦卓明兼任山东省畜禽兽药产业联盟秘书长、中国畜牧兽医学会禽病分会理事、山东省畜牧兽医学会药品和生物制品分会副理事长等职务，也是《微生物学报》《畜牧兽医学报》等期刊的审稿专家。

山东农业大学信息科学与工程学院副院长柳平增教授主要从事计算机智能测控技术及物联网关键技术研究。他先后参与国家 863 课题 2 项，参与国家科技支撑项目 2 项，主持国家星火重大专项 1 项，主持省部级科研课题 12 项，主持横向科研课题 25 项。获省科技进步二等奖 2 项，获山东省高等学校科学技术奖二等奖 1 项，获山东省高等学校科学技术奖三等奖 1 项，获省国土资源科学技术一等奖 1 项，获市级科技进步二等奖 2 项。在国内外学术刊物上发表研究论文 110 余篇，申请国家专利 76 项，已获授权 60 项，获授权软件著作权 60 项。

山东省果树研究所研究员、泰山学者刘庆忠主要从事果树资源、育种研究工作，他主持建立了“山东省果树生物技术育种重点实验室”，先后主持承担了国家“863”项目苹果生物技术育种子课题、国家科技基础性工作项目“核桃、板栗种质资源共享试点建设”、农业部国家保种项目“山东泰安核桃、板栗种质资源圃种质更新和鉴定数据库试点建设”、国家外专局留学归国专家重点资助项目、省重点科技攻关“果树转基因技术育种”项目、省良种产业化工程等 10 余项课题。他主持完成的“转基因苹果抗病育种技术研究”（2001 年）和“甜樱桃矮化砧木吉塞拉的组培快繁研究及产业化”（2003 年）获山东省科技进步二等奖。刘庆忠主持完成的“甜樱桃矮化砧木引进种质创新及矮密栽培技术研究”2005 年 12 月 30 日通过专家鉴定，成果达到国际先进水平。刘庆忠在国内外学术期刊上发表论文 60 余篇。

山东农业大学生命科学学院教授、山东省植物生理学会常务理事兼副秘书长李刚主要研究方向为植物光信号转导分子调控机制：以模式植物拟南芥为研究材料，通过正、反向遗传学等方法筛选光信号转导途径相关突变体，克隆重要的调控基因，进一步阐明其对植物的生长发育调控的分子机制。还有玉米叶型建成分子调控机制：以重要农作物玉米为研究材料，挖掘及克隆控制叶型建成的关键基因。李刚为泰山学者，于2012年2月获得山东省自然科学杰出青年基金资助。近年来，他先后主持承担了国家自然科学基金面上项目、科技部青年973项目、山东省自然科学杰出青年基金等多项课题。李刚在国际著名学术刊物上发表学术论文多篇。

山东省农业科学院植物保护研究所农业害虫研究室主任门兴元长期从事农业害虫综合治理研究，研发出盲蝽、果树食心虫、西花蓟马等重大农业害虫的绿色防控技术，在保障粮食安全和促进农业可持续发展方面做出了突出贡献。门兴元还承担国家自然科学基金重点项目、国际合作项目、国家公益性行业（农业）科研专项、山东省农业重大应用技术创新项目、山东省现代农业产业技术体系项目等国家和省部级研究项目20余项。获山东省科技进步一等奖1项，获山东省科技进步二等奖2项，获河北省科技进步二等奖1项，获山东省科技进步三等奖1项，获云南省自然科学奖1项，获全国农牧渔业丰收三等奖1项，获山东省农牧渔业丰收二等奖2项，获中国植物保护学会科学进步一等奖1项。

农业界盟员们不断为推动国家创新发展、协调发展、绿色发展、开放发展、共享发展凝聚智慧、增添力量；积极主动深入基层，服务三农，致力乡村振兴，大力推广新品种、新技术、新成果；立足社会需求、市场需求确立项目选题，积极与地方合作开发，大力推进科技成果的产业化，服务地方经济社会发展；激发献身农业科技、倾情服务“三农”的积极性和创造性；深入农户、企业、村庄开展合作，切实提高自身服务社会的能力，自觉加深对国家“三农”政策的理解，增强对“三农”的深厚感情，逐步成长为懂农业、爱农村、敬农民的科技人才。

无论是谋划中华民族伟大复兴战略全局，还是应对世界百年未有之大变局，稳住农业基本盘、守牢“三农”基础都是压舱石。作为农业大省的山东，正锚定“走在前列、全面开创”的目标，不断重视农业产业高质量发展，全面推进乡村振兴，实现农业农村现代化，全面提高农村生产力水平，促进农村社会全面进步，助推新时代现代化强省建设。山东民盟一定会在不断助力山东农业高质量发展中做出新的贡献。

（李爱珍）

教育篇　科教比翼育英才

“中国民主同盟是主要由从事文化教育以及科学技术工作的高中级知识分子组成的，具有政治联盟特点的，接受中国共产党领导、同中国共产党通力合作，进步性与广泛性相统一的中国特色社会主义参政党。”民盟章程第一条开宗明义，标明了界别特色。成立80多年来，高教界别已成为民盟的一个优势界别。截至2020年12月底，全国33.06万盟员近六成来自教育界，其中高教界占23.31%。

山东的情况与全国基本同步。20世纪50年代始，山东民盟组织贯彻民盟中央“以文教界为主，以中上层为主”的组织发展方针，广泛联系爱国知识分子，积极发展盟员。截至目前，全省盟员中文化教育界占28.62%，其中高教界盟员3000多人，占比22%。在全省约150所高校中，110所高校有盟员，其中55所高校建立了民盟基层组织。在山东民盟数十年的发展中，内燃机专家丁履德、中国磁学奠基人郭贻诚、著名教育家吴富恒、著名史学家杨向奎、克隆先驱童第周、著名海洋生物学家曾呈奎、著名医学教育学家沈福彭、著名文学史家萧涤非等都是高教界盟员的杰出代表。

内忧外患，立教育救国之志

新民主主义革命时期，中国内忧外患，有志之士无不以自己的实际行动寻找救国道路。早期加入民盟的盟员，大多成长于这个时期，他们胸怀教育救国梦，是后来者学习的对象。

抱着工业救国的思想，日后成为著名内燃机专家、教育家的丁履德1934年12月考取教育部招收的留欧机械生，赴意大利都灵大学航空研究院深造。在目睹意大利报纸上污辱中国人民的文章和照片之后，丁履德愤然于1937年6月提前回国，决心以自己的知识和技术报国图强。1940年，他弃戎从教，选择教育救国的道路，先后在西北工业大学（原西北工学院）航空系、浙江大学机械系、西南联大航空系任教授。为了进一步深造，1947 年 3 月，丁履德赴美国耶鲁大学机械研究院学习，并于当年回国，先后在厦门大学航空系、山东大学机械系任教授。

1931 年，后来成为中国磁学奠基人的郭贻诚到青岛山东大学任物理系讲师。1936 年，郭贻诚获得公费美国留学资格，决心走“科学救国”的道路。1939 年，郭贻诚以优秀的学习成绩获得加州理工学院博士学位。1939 年 9 月，郭贻诚经人介绍到浙江大学龙泉分校任物理教授。当时龙泉分校的条件较差，设施简陋，他把全部精力都投入教育事业。在这地处一隅的敌后，郭贻诚为国家培养了一大批科技人才。

1931 年，著名教育家、原山东大学校长吴富恒升入北平师范大学英文系，并进入北师大附中担任英语教师，结识 20 世纪名震英国、美国的文学批评界大师瑞恰慈教授，并由此得以到哈佛大学游学。吴富恒用不到两年的时间拿到了硕士学位。1942 年，吴富恒回国后筹建了云南大学英语系，任系主任。在昆明任教期间，他与李公朴、闻一多、吴晗等反独裁、反腐败的民主运动先驱们意气相投，过从甚密，并于 1946 年加入民盟。李闻血案发生后，整个昆明都处于国民党的白色恐怖之下，民盟已不能公开活动。1947 年 1 月，吴富恒离开昆明，经中共代表团负责人华岗介绍去了烟台解放区。1948 年 9 月，吴富恒随军进入济南，参加接管山东师范学院的工作。山东师范学院并入华东大学，吴富恒随之进入华东大学任教。

1922 年 6 月，马克先任济南正谊中学史地教员，极力引导学生走革命的道路。1928 年 5 月 1 日，国民党下令严缉马克先。马克先躲避追捕，与党组织失掉了联系。1931 年 2 月，马克先回到济南，担任山东省立济南中学史地教员。抗日战争爆发后，马克先随学生西迁四川。他曾对全体学生演讲，从“天下为公”讲到“世界革命”。

百废待兴，尽教育报国之力

进入社会主义革命和建设时期，历史展开了新的画卷，胸怀教育救国理念的民盟先辈们，有了用武之地。他们推进学科建设，编写教材，在三尺讲台培养国家急需的人才。

1949 年青岛解放后，山东大学机械系改为山东大学工学院，丁履德出任第一任院长。抗美援朝期间，在党的领导下，他鼓励学生积极参加抗美援朝，并领导工学院开展增产节约、捐献飞机大炮等活动。1952 年，全国高校院系调整，丁履德随机械、电机专业师生调入山东工学院，担任院长。在此期间，他始终遵循党的教育方针，在党委的领导下积极参加学校的各项建设，主持了学校的专业设置、教育改革及建校等各项工作。在任民盟山东省委主委期间，丁履德坚持党的“长期共存、互相监督、肝胆相照、荣辱与共”的方针，坚持党的路线、方针、政策，很好地履行了自己的职责。

新中国建立后，郭贻诚看到了国家的光明和民族的希望，兴奋得夜不成寐，决心用自己所学为建设新中国效力。当时国家百废待兴，他意识到国家急需发展工业，特别是发展电力工业和电信工业，于是郭贻诚毅然开始研究磁学。在他的主持和领导下，山东大学较早地建立了磁学教研室和磁学实验室，成为我国磁学教学和科研工作的重要阵地。“文革”时期，郭贻诚也受到了冲击，但这丝毫没有影响他的教学热情。学校招收工农兵学员后，他是第一批给学员上课的教师之一。针对这批学员基础理论薄弱的状况，他编写了《磁性材料物理》讲义。20 世纪 50 年代末期，郭贻诚担负起培养研究生的任务。1951 年，郭贻诚加入了民盟，历任民盟青岛市委委员、民盟山东省委副主委兼秘书长、主委、名誉主委，民盟中央委员。

1950 年，华东大学迁到青岛，1951 年 3 月与山东大学合并，成为新的山东大学。1959 年，吴富恒任副校长。1978 年 6 月，吴富恒出任山东大学校长兼党委副书记。在他的支持下，山东大学 1951 年 5 月创办了全国最早的学术刊物《文史哲》。1963 年，在毛主席的号召下，吴富恒倡导在山东大学建立了由他兼任主任的美国文学研究室。在理科科研方面，吴富恒支持建立了山东大学的晶体研究。吴富恒担任民盟山东省委主要领导那些年，应该是他将“魂系教育、心忧天下”演绎得最为充分而饱满的阶段。吴富恒曾当过民盟省委三届副主委、两届主委。1997 年后，吴富恒担任名誉主委。他切实履行参政党职能，搞好参政议政同推进我国教育事业的改革发展有机地结合起来。他曾说自己：“自参加民盟以来，想得最多的始终还是教育工作。这么多年过去了，我在民盟做了一些事情，也大都与发展教育这个题目有着不解之缘。”

与吴富恒一样投身教育事业的，还有他的一位国际友人——俄籍犹太人金诗伯。金诗伯原名萨姆·金诗伯，一岁随父母来到中国。1932 年在上海震旦大学肄业，1947 年 3 月在烟台参加革命工作，担任英文报编辑。1951 年 3 月至 1985 年 6

月，在山东大学任教。1953 年金诗伯加入中国籍，同年加入民盟；1984 年 11 月，他光荣地成为一名共产党员。金诗伯与吴富恒、陆凡夫妇相识于 1947 年 3 月，同船从上海到烟台解放区。他们从相识到成为朋友，从朋友到成为同志，彼此友情深重。陆凡教金诗伯中文，金诗伯则教陆凡俄文。“金诗伯”3 个字，还出自陆凡的翻译。陆凡告诉他：“金”是金属之冠，希望他意志坚定；“诗”是诗歌；“伯”是对年长人的称呼，“金诗伯”这 3 个字就是有坚强意志的年长的诗人。金诗伯自 1948 年秋被安排到华东大学教书以来，就把教书育人当作自己的终身事业，为国家培养了大批俄语人才。他多次被评为校级先进工作者和优秀教师，在山东省教育界享有盛名。

著名历史学家杨向奎 1931 年秋进入北大历史系，师从著名历史学家顾颉刚教授。1936 年，杨向奎赴日本东京帝国大学读研究生，1937 年 7 月抗战爆发后回国。1946 年，杨向奎到山东大学任教，担任山东大学中文系教授、主任。1950 年，杨向奎加入中国共产党，同年加入中国民主同盟。杨向奎主编的《文史哲》杂志以历史唯物主义为指导，一改过去学术界沉闷的学术气氛，引领全国学术潮流，成为全国学术界的一面旗帜。1957 年，杨向奎调到中国科学院历史研究所（现属于中国社会科学院）工作。“文革”期间，由于不能从事历史学研究，花甲之年的杨向奎以惊人的毅力、锲而不舍的精神，毅然迈进自然哲学和理论物理学的研究领域。

山东科技大学教授白浚仁，在煤化工行业做出了突出贡献。白浚仁 1928 年生于上海，1945 年进入复旦大学化学系学习，后在新组建的山东煤矿学院参加工作，是国内煤化工专业的学术带头人。年轻时的白浚仁来到当时的山东煤矿学院（后改名为山东矿业学院），参加工作后就与煤结下了不解之缘。20 世纪 50 年代，白浚仁瞄准我国储量丰富的乌金资源洁净利用问题，开始从事煤炭的综合利用研究。20 世纪 60 年代后，白浚仁从事煤地质研究，20 世纪 80 年代后期，白浚仁专门从事煤质分析与煤化学利用方面的研究，并积极向学校和当时的煤炭部建议在高等学校设立煤质分析专业和煤化工专业。20 世纪 80 年代，他白手起家，通过举办多期全国煤质分析短训班在山东矿业学院创办了国内第一个煤质分析专业。1987 年，白浚仁在学校创办了煤化工系，自己担任系主任兼任专业课教师，为我国煤炭行业和电力系统培养了大批煤质专业技术人才。

著名的土木工程学家金通尹，毕生致力于土木工程教育事业。金通尹于 1912 年进入北洋大学（天津大学前身），专攻土木工程学。1918 年任复旦大学数学教授。

1921年，复旦大学开始筹办土木工程系，金通尹精心筹划，多方延聘教师，数年之内，复旦土木工程系即赢得了良好的社会声誉。1952年夏，国家新建青岛工学院，金通尹孑然一身离开上海，赴任该院院长。1956年，国家集中同济大学、天津大学、南京工学院、华南工学院、青岛工学院5所院校测绘专业的师资、设备，成立了武汉测量制图学院（1958年划归国家测绘总局，易名为武汉测绘学院）。身为青岛工学院院长的金通尹放弃了留任青岛市副市长的机会，再次赴武汉筹建工作，担任副院长。

1947年，生物学家秦西灿教授，赴美国西北大学研究院动物学系留学。1948年暑假来临时，秦西灿怀揣报国宏愿，放弃即将到手的博士学位回国，任齐鲁大学副教授。1952年夏，全国大专院校调整，齐鲁大学理学院的物理、化学、数学3个系的师生将调整到山东师范学院。秦西灿所学的寄生虫学，更适合在医学院进行科研和教学工作。秦西灿从安定师生队伍、完成调整任务的大局出发，同时考虑到发展山东的教育和科学事业，毅然做出留在山东师范学院的决定，秦西灿为山东师范学院生物系的建设和发展付出了心血。

改革开放，结教育兴国之果

进入改革开放和社会主义现代化建设时期，山东各级民盟组织发挥自身在教育方面的优势，努力创造条件，积极开展社会办学工作，为“四化”建设培养了大批各类专门人才，促进了地方经济的发展。

1994年5月，吴富恒致信中共山东省委、省政府领导，提出准备在肥城搞社区职业教育试点的建议，时任省委书记姜春云批示“意见很好”，省长赵志浩批示“民盟省委及吴老建议很好，总的思路符合国家教育工作会议精神，在肥城搞地方职业学院试点也可行”。

1997年7月，民盟山东省委在时任主委朱铭的带领下，与省建材局联合创办的山东原材料科技专修学院获准招生，次年进入学历文凭试点学校行列。在1997年10月召开的全省社会力量办学工作会议上，民盟山东省委名列榜首，被评为省级统战系统唯一的“全省社会力量办学先进单位”。民盟山东省委与民盟济南市委自1988年联合创办军地两用人才大学，先后招收17个专业3900余名学员，连续三年被军地两用人才大学总校评为全国先进单位。

1998 年，民盟山东省委与肥城市政府联合兴办民办山东职业学院，与寿光市政府联合兴办山东经济职业技术进修学院，7 月，经教育主管部门评审，该学院进入山东省首批学历文凭试点学校行列。8 月下旬，民盟山东省委在寿光市召开民盟全省办学工作研讨会，国家教委成教司、全国民办高教协会、省委统战部、省教委等部门 40 余人出席会议。

1999 年，民盟山东省委与临沂农校联合创办山东农业产业化专修学院。2004 年，该学院改为与山东省煤炭高级技工学校联办，易名为山东农业产业化学院。

2000 年，山东农业产业化专修学院和民盟协助办学的山东滨州职业专修学院双双获得学历文凭试点学校的资格。至此，民盟山东省委参与联合办学和协助办学的 5 所民办高校，全部进入学历文凭试点行列。

此外，各级民盟组织和盟员开办了许多中小学校、技术培训班等，为社会培养了一大批急需人才，取得了良好的社会效益。

在民盟组织的办学方面，值得一提的人物有 1984 年任民盟烟台市委第一届主委的刘菩按，他是著名教育家、社会活动家。自参加民盟以来，他想得最多、做得最多的始终还是教育工作。刘菩按多次组织贯彻义务教育法、普教工作改革等专题座谈会，对烟台市的部分中学进行深入的调查，将掌握的第一手材料写成调研报告，上报至民盟省委和民盟中央，为更高层次的参政议政提供了参考资料和依据。他积极践行吴富恒大力发展职业教育的思想，极力倡导和推行社会办学。1984 年，烟台被国家列为首批十四个沿海开放城市之一。刘菩按带领烟台民盟积极响应中共烟台市委的号召，创办各类外语培训班，为适应对外开放培养外语人才，到 1995 年已开办外语培训班近 30 个，为烟台市培养了数以千计的外语人才，对烟台的改革开放和经济社会发展做出了重要贡献，并受到中共烟台市委的高度赞扬。民盟烟台市委还开办了国际贸易、股票公关、珠算考核、家电维修、服装设计、美容美发、财务会计等培训班和辅导班，创办了行知职业技术学校。办学工作成为民盟烟台市委的亮点，受到民盟中央、民盟山东省委的表彰。

关注高等教育的健康发展，更是山东民盟参政议政的重要方面。2007 年省“两会”上，民盟山东省委会提交《关于化解高等院校债务危机的几点建议》。这一建议得到省政府的积极回应，对减轻高校债务负担起到了推动作用。2010 年，省“两会”上，民盟省委应加快建设高校腐败风险防控机制的建议得到广泛认可。

顺应社会经济大势，推动山东教育发展，这一时期，山东民盟的优秀盟员在不同的岗位上，做出了更加令人瞩目的成绩。

民盟山东省委原主委朱铭，是著名艺术史学家、美术教育家，山东工艺美术学院原副院长。他是一位学识渊博的学者，在数十年繁重的教学和领导岗位上，笔耕不辍，著作颇丰，取得了丰硕的学术业绩。朱铭对我国的艺术教育事业做出了突出贡献。“文革”结束后，朱铭率先在山东高校开设外国美术史相关方面的课程，开创了山东外国美术史教育之先河，在全国也处于领先地位。经过10余年的不断积累和系统总结，他的专著《外国美术史》于1990年由山东教育出版社出版，这是国内较早地系统研究外国美术史的著作，在学术界引起强烈反响，并获山东省人文社会科学一等奖。朱铭对我国设计学发展也做出了突出贡献，特别是在人文学科框架下对设计学学科体系提出了独到见解。在他的带领和指导下，经过20年的发展，山东的设计艺术教育已走在全国前列。

对于山东高教的发展，曾任民盟山东省委主委的温孚江是推动者，更是践行者。他是农业科学家，曾任全国人大常委、山东省人大常委会副主任，民盟中央常委、山东省委主委，山东农业大学校长。担任山农大校长期间，他把“育人为本、学术至上”的治学理念营造成为全校师生的共识，成为山农大发展的立足之基、力量之源。他提出的把山农大建成“全省一流，国内领先，特色鲜明，不可替代”的高水平大学的“农大梦”，激励着山农大每一位师生。正是在这种全面学术观的引领下，学校采取多种措施，为教师专心致志地从事教学科研营造了良好的环境。教师以高尚师德、人格魅力、学识风范教育感染学生，做学生健康成长的指导者和引路人。学生也把学习作为第一要务，把课堂学习和创新思维、社会实践紧密结合起来，山农大校园内充满了浓浓的学术氛围。

曾任山东大学副校长的于修平教授，先后担任过病毒研究室负责人、山东医科大学基础部副主任、基础医学院院长，兼任分子生物学实验室主任。于修平教授非常重视课堂的教学效果。从1981年留校当助教起，他即与其他教师合作，研制编绘了一套“医学微生物学教学投影片”，取代了原来的挂图。他还带领教研室的中青年教师将多媒体网络技术应用于医学微生物学的教学中。他非常重视教学内容的更新，保持着读报、剪报等好习惯，在讲授《医学微生物学》课时，注意将“禽流感”“医院内感染”“手足口病”等与课堂内容相结合。2008年，诺贝尔医学奖获得者德国科学家Harald zur Hausen，他提出了人乳头瘤病毒（HPV）是宫颈癌的病因。于修平教授的研究方向也是HPV，他结合本身的科研工作，将这位伟大的科学家介绍给同学们。他每年给学生讲课时都增加和充实“新的微生物学研究进展”和“新的微生物学先进技术方法”以及“我国现时发生的严重传染病的病原学、流行病学和防治”等内容。于修平教授还十分重视本科生社会实践能力的培养，他带领青年教师指导98级临床七年制学生完成的“新型抗病毒武器构建蓝图”，在中国科协主办的“诺基亚”杯全国高校创意大赛中获得了第二名的优异成绩。此外，于修平教授非常重视学生的海外经历，积极与国外有成就的教授联合培养，为学生提供各种出国深造的机会，丰富他们的人生阅历，提升他们的国际竞争力。

著名学者、教育家、社会活动家姚敦义教授，曾任山东师范大学生物系主任、山东植物学会理事长、政协山东省委员会常务委员等职务。姚敦义学识渊博，对生命科学前沿的把握之准确令人叹服。他的很多学术思想在当时的中国植物学和遗传学领域极为超前，是我国植物发育生物学领域的先驱。他是山东师范大学植物学硕士点的创建者，曾任英国考文垂大学客座教授、博士生导师，是山东省逆境植物重点实验室学科带头人。在担任系主任时，他大胆采取了若干鼓励科研的措施，敢于创新、善于创新，在人才引进方面，慧眼识才、不拘一格。经过几代人的努力，学院的科研水平得到了快速的提高。

曾任山东大学数学与系统科学学院院长的刘桂真教授，出版了《运筹学》等多部著作。2006年刘桂真被评为山东省教学名师，2007年被评为国家教学名师。自1981年研究生毕业以来一直从事图论和组合优化等方面的研究工作，专著《运筹学》获教育部科技进步二等奖。1993年起享受政府特殊津贴，是数学国家教学奖、数学和力学国家自然科学奖评审专家，国家科技部重大项目咨询专家，863项目评审专家等。由于在科研方面的成绩突出，被“美国数学评论”聘为评论员及美国数学会会员，分别被美国和英国剑桥国际名人传记中心认为是有突出贡献的科学家而载入“世界名人录”“世界科技工程名人录”等。

碳纤维是一种军民两用新材料，属于技术密集型和政治敏感的关键材料，在国防军工举足轻重，因此美国、日本等国家对我国一直进行技术封锁。山东大学王成国教授1997年以前一直从事金属材料方面的研究工作，1999年北约轰炸我国驻南斯拉夫大使馆，碳纤维炸弹的威力让王成国受到震动，他改变了科研方向。2000年6月，王成国开始主持山东省碳纤维工程技术研究中心工作，确立了主攻方向为碳纤维及其复合材料。2001年10月科技部决定设立碳纤维专项，王成国入选5人组成的“863”碳纤维专项专家组。经过不懈的努力，王成国带领技术团队成功研制出国家急需的碳纤维及其原丝，并与江苏省连云港市中复神鹰碳纤维有限责任公司合作，实现了工程化和产业化，该项目打破了美国、日本等国家对碳纤维的技术垄断，取得了显著的经济效益和社会效益，获得了2010年度纺织工业科技进步一等奖。在碳纤维研究的基础上，王成国和课题组老师进一步开展了碳纤维复合材料制品的研发，先后成功开发了与碳纤维技术密切相关的一系列高新技术产品，并在多家企业实现了产业化。王成国于1991年加入中国民主同盟，2007年任民盟山东大学基层委员会主委。

在这个时期，山东民盟在教育领域还打造出一批亮眼的公益品牌。

2006年，民盟中央在全盟正式启动“农村教育烛光行动”。民盟山东省委坚持“帮助一名学生、解困一个家庭”的原则，积极发挥自身优势，开展扶贫助学活动。15年来，先后帮助宁津县500余名贫困学生完成学业，帮助50多人走上了工作岗位。尽管民盟山东省委已换届三任，但扶困助学的接力棒一任接着一任传递了下来。

为积极响应民盟中央“农村教育烛光行动”的号召，民盟青岛市委自2007年起把社会服务目标投向了千里之外的边远乡村，开启了“烛光行动”的漫漫探索之路。2007年，民盟青岛市委首先锁定西部地区孩子的求学难、就业难问题，并联合民盟甘肃省委，在青岛拓谱信息技术学院建立“爱心助学站”，先后为260名家境贫困、品学兼优的甘肃学生提供免费的职业教育培训，数十个家庭的命运由此改变。随着助学政策的不断发展，青岛民盟又把目光转向了农村教师队伍建设。2009年，他们再度与甘肃合作，安排甘肃农村教师在青岛南京路小学开展跟班培训，接受教学能手的“一对一”指导。最后，青岛民盟找到一条让“烛光”成为“火种”的新路径：与民盟甘肃省委、国开教育集团、青岛华泰公益基金会签署四方协议，举办民盟“农村教育烛光行动”青岛培训班，培训对象“升级”为乡村校长、后备骨干；培训内容覆盖了现代教育理念、管理理念、学校建设等“校长之道”。

2012年，民盟山东师范大学委员会加入美国科技教育协会（Education and Science Society，简称ESS）发起并资助的乡村少年科学营项目，先后组织了8期“乡村少年科学营”活动，每期都招募近百名农村的初中在校生。活动在暑假期间组织，一般为期5天，指导教师为山东师范大学大学生志愿者，通过丰富多彩的活动，开展科技名人讲座、科学知识学习、科学小实验、科技小制作、科普知识竞赛、参观山东省科技馆和山东博物馆等形式多样的科普活动，激发了乡村少年对科学的兴趣。科学营用“科学在身边”的星星之火，点燃了乡村少年的未来科技梦，为山东省城乡义务教育的发展做出了贡献，并为全国农村基础教育科学教育的发展提供了良好的范例。

面向未来，谋教育振兴之策

2018 年 7 月 4 日，全国人大常委会副委员长、民盟中央主席、中国科学院副院长丁仲礼走访民盟山东省委机关，亲切看望了机关干部职工和盟员代表，了解山东盟务工作开展情况。围绕如何有针对性提高议政建言质量，丁仲礼提出，要着眼于提高山东高等教育质量。山东高校数量多、在校学生人数多，但教育总体水平有待提高。山东民盟要充分发挥自身在高教界盟员多的优势，在高校如何与当地经济社会发展紧密结合、提高办学质量等方面向同级党委、政府提出有建设性的意见建议，积极为党委、政府出谋划策。丁仲礼的期待，恰恰也是山东民盟的努力方向。

在 2016 年的省“两会”上，民盟山东省委作了《借“双一流”建设良机补短板　全面提升我省高等教育质量和水平》的大会发言，2018 年省“两会”上，省政协委员、民盟山东省委副主委侯桂华在发言中建议，“山东应迅速启动‘双一流’后备学科建设计划，推动高等教育内涵式发展，力争在下一轮建设名单遴选中抢占先机”，都得到了与会领导和广大政协委员的一致好评。民盟山东省委的关注，恰是全省高教工作的着力点。2019 年 4 月，一份事关全省高等教育改革发展方向的重磅文件《山东省人民政府办公厅关于推进新时代山东高等教育高质量发展的若干意见》正式发布。可以说，民盟省委对于高等教育的鼓与呼，得到了有力的回应。而这只是山东民盟对于高教关注的一种持续。

2020 年，民盟山东省委完成省委统战部重点考察调研项目形成《关于创新高校科研院所学术评价制度　破除“五唯”弊端的调研报告》，又受到省委和省政府主要领导批示。

参政议政，积极建言，是民盟盟员职责所系。现任山东大学党委常委、副校长兼青岛校区校长的韩圣浩，是中共党员、民盟盟员、理学博士、教授、博士生导师。他曾任山东大学光电所副所长、山东大学物理与微电子学院副院长、山东大学威海分校副校长。作为全国政协委员，同时作为主政一校的校长，韩圣浩在出席全国“两会”时，不吝表达对于教育改革的看法。比如，在研究生大扩招时期，韩圣浩就建议保持一份清醒。

民盟山东省委还多次参加民盟高等教育研讨会，山东盟员积极提交论文，参与讨论，并多次获得不同奖项。

目前，盟员中院士 2 名、长江学者特聘教授 2 名、国家杰出青年科学基金获得者 6 名、万人计划 9 名、教育部新世纪人才 13 名、泰山学者特聘教授 27 名、山东省“突出贡献”中青年专家 23 名、山东省“杰出青年基金”获得者 5 名、山东大学齐鲁青年学者 2 名、山东省智库高端人才 2 名、享受国务院政府特殊津贴 17 名、中国青年科技奖获得者 1 名。多位盟员分别在专业学会担任理事长、主任委员或常委等重要职务。

青年学者于晓，是教育部新世纪优秀人才，“国家自然基金委优秀青年基金”获得者，“山东省杰出青年基金”获得者，齐鲁青年学者，山东大学杰出青年。中国生理学会常务理事，中国生理学会青年工作委员会委员，中国生物物理学会神经生物物理与神经信息学专业委员会委员，山东省高校慢性退行性疾病的蛋白质科学重点实验室主任。于晓教授长期从事糖尿病的研究，聚焦于胰岛稳态和细胞环路。于晓 15 岁就上了中科大少年班。美国博士后研究回国后，建立了独立的研究团队，集中研究胰岛稳态和糖尿病的发病机制，相关研究成果发表在《美国科学院院报》《糖尿病》《神经科学杂志》《美国化学会会志》《生物化学杂志》等国际权威学术刊物上。2011 年建立山东省高校“慢性退行性疾病的蛋白质科学”重点实验室，并担任实验室主任。作为课题负责人主持国家自然基金委优秀青年基金项目，并主持 4 项国家自然科学基金及山东省杰出青年基金等人才项目，参加国家重大科学研究计划首届“青年科学家”专题。自 2011 年起，主持研究生全英文课程“代谢与内分泌疾病的分子基础”，该课程在 2015 年被评为山东大学示范性研究生学位课程。

青年学者李树忱，现任大型地下洞室群教育部工程研究中心副主任，济南市政协常委。获国家“万人计划”科技创新领军人才、泰山学者特聘专家，科技部中青年科技创新领军人才、山东省智库高端人才岗位专家、国务院政府特殊津贴、山东省杰出青年、教育部新世纪人才等称号。他针对桥梁与隧道重大工程结构及施工安全问题，开展施工扰动下复杂结构体灾变机理及控制对策，复杂环境岩土体变形破坏特性、围岩与支护结构协同作用研究。建立了复杂环境不良地质复杂结构病害演化特征及其识别方法，揭示高压多相岩土体变形破坏演化机理及其与结构的相互作用关系，提出复杂环境下高风险隧道安全施工与控制关键技术，研发超细水泥及系列化学注浆材料，开展“水—土—结构”相互作用及其渣土改良的多尺度耦合模型及其分析方法研究，研发控制盾构施工安全的盾尾密封油脂、渣土改良剂等特种工程材料，形成复杂环境隧道围岩与支护体系协同作用理论及其灾害控制体系。其研究成果直接应用于保宜高速、江西高速等多个隧道工程实践中，减少了深部隧道的大变形、塌方等反复维修与加固，避免了重大工程事故的发生。

来自高教、心系高教、关注高教、推动高教，是民盟盟员责无旁贷的使命。站在“两个一百年”的历史交会点，展望新征程，各级民盟组织和广大教育界盟员，将以习近平新时代中国特色社会主义思想为指引，知盟爱盟兴盟、知国爱国兴国，为推动高质量发展凝心聚力、建言资政，为实现中华民族伟大复兴的中国梦贡献智慧和力量！

（王希忠）

医卫篇 大医精诚爱无疆

古语云："不为良相，便为良医。"医者以悬壶济世的情怀保卫着人民群众的生命健康，形成了源远流长的中国古代医药文化，山东更形成了齐鲁医学流派。鸦片战争以后，随着资本主义列强的入侵，各国教会布教施医，加速了西方医学在山东的传播。1860 年，法国、英国教会在烟台建立医院。1878 年，美国长老会在济南开办文士医院。教会医院收生带徒，开始了山东西医医学教育。1911 年，基督教共和医道学堂在济南建成，为当时全国四大医学堂之一。此时，美、英、法、德等国在山东 23 个府县办有教会医院，但广大城乡居民看病仍然主要依靠中医。

随着教会医院的迅速发展，中医步履维艰。山东中医界为此奋起抗争，成立山东省中医药总会，创办国医学校，并提出中西参证、兼取并用的主张，弘扬国医，以进求存。

从中西医之争，到中西医结合、中西医并存，新中国的医学事业在医卫界人士的努力下，取得了超前的发展。在这些业绩中，凝聚着民盟盟员的心血和汗水。

投身抗战救亡的时代洪流

新民主主义革命时期，面对当时灾难深重、内忧外患的国内形势，广大医卫界盟员积极投身于挽救中华民族危亡的抗争之中。

1931 年"九一八"事变爆发后，在上海东南医学院求学的章拯民组织一支 30 名学生组成的"援黑（龙江）医疗救护队"，北上抗日。医疗救护队在上海及沿途南京、济南等车站受到爱国学生和各界群众代表的热烈欢迎。当列车抵达北平时，医疗救护队全体成员受邀下车，参加北平市各高等学校爱国学生会联合组织的欢迎大会。会上，北平爱国青年学生和各界群众代表高度赞扬了医疗救护队同学们的爱国行动。会后，医疗救护队的行动被从东北回撤关内的张学良将军劝阻。这一次未能成行的北上抗日，在当时和后来都产生了广泛影响。

章拯民毕业后在青岛平原路开了一家眼科医院，取名“拯民眼科医院”，表明了为劳苦大众服务的宗旨。医院开展为胶东地区群众和周边小学生普查沙眼工作，定期为青岛聋哑学校盲童普查，打破了日本人在青岛开设眼科医院的垄断局面，大长了中国人志气。

作为我国著名的耳鼻喉科事业开拓者与奠基人之一的孙鸿泉，1937 年抗战爆发时正在齐鲁大学医学院求学，由于学生们的爱国热情空前高涨、纷纷请战，孙鸿泉和同学们被编入空军，任实习军医，在机场担任战地救护。后苏联空军来华助战，使孙鸿泉对共产党有了良好的感性认识。长期以来，他深感中国医学尤其是耳鼻喉科落后，便于 1948 年赴美留学，1949 年 8 月，他抛却优厚的物质待遇，毅然踏上了归国服务的征程。

被称为“骨科圣手”的赵常林，14 岁时考入黄县县立中学，与同学们参加抵制日货运动。1923 年考入齐鲁大学医学院，经历了“五三”惨案，参与救护百姓。1933 年加入抗日救护队并到北京后方医院服务。抗战胜利后，立即回到齐鲁医院担任院长，承担了复院重建的重任。

自小背井离乡的冯雁忱痛恨外国侵略者的卑劣行径，在中学时代就受到了马克思主义影响的刘福龄，参加了“正阳门卧轨”和“南京大请愿”，表现了高度的爱国热情。

1947 年，医学博士江涛声到济南创建民盟组织，并把民盟的火种播撒到了山东，后因积劳成疾，于 1949 年 9 月去世。江涛声 1910 年生于湖北荆门，1926 年加入中国共产主义青年团，与冯仲云、胡乔木同在一个支部，因积极参加革命活动被选为学生领袖。1931 年加入中国共产党，先后到荷兰、捷克、奥地利、瑞士从事宣传中国革命的活动。1946 年在重庆加入民盟。

这些盟员身处各地，互不相识，却都怀抱着为民族的解放而奋斗的理想，投身时代的洪流之中，贡献着自己的力量。

筚路蓝缕，为现代医学事业奠基

新中国成立后，山东省在贯彻中央制定的“预防为主，面向工农兵，团结中西医，卫生工作与群众运动相结合”的卫生工作总方针中，把防治危害人民健康最为严重的疾病作为中心任务，把建立健全医疗预防机构和开展大规模预防接种作为首要任务。这一时期，山东民盟组织中医卫界的盟员以救死扶伤的责任与担当，投身于祖国最需要的地方，战斗在与疾病斗争的最前沿，为山东乃至全国的医卫事业发展做出了突出贡献。

1950 年下半年，抗美援朝战争爆发，山东的民盟组织带动盟员积极投身于抗美援朝运动。济南民盟组织制定了《深入抗美援朝计划》，发动医务界盟员参加抗美援朝志愿医疗队、输血队，米嘉祥、沈元津、孙家禄、肖珙、王其昌、刘万惠、张振湘、仝献昶、曹献廷等盟员参加了抗美援朝医疗队，他们精湛的医术和忘我的服务精神受到志愿军的好评。《青岛日报》先后刊登了王训颎撰写的《医务工作者应负起对祖国应负的责任》、冯雁忱撰写的《我在前线的最大收获》、章拯民撰写的《为抗美援朝保家卫国彻底胜利而奋斗》文章，表达了青岛市医疗卫生界盟员对伟大祖国的热爱和责任意识。青岛市先后组织了三批医疗队，队员共计 126 人，每批都有民盟盟员。民盟青岛支部临时工作委员会还成立了捐献爱国武器委员会。

1956 年，中国大陆的社会主义改造基本完成。盟员们提高了政治觉悟，增强了为人民服务的意识，并且涌现出了一大批可歌可泣的人物。如孙鸿泉、沈福彭、王训颎、冯雁忱、张子圣、赵常林等，这一时期，医卫界的盟员可谓是群星璀璨，为现代医学在新中国的奠基及中西医结合的普及做出了突出贡献。

1951 年，齐鲁医院耳鼻喉科被确定为全国进修基地，委托孙鸿泉教授举办全国高级师资培训班，每年 1—2 期；1953 年，孙鸿泉教授在山东医学院开办了国内首届耳鼻喉科学四年制大学本科班，为国家培养了大批专门人才。在几十年的从医生涯中，他主编有《耳鼻喉科手术学》《耳科学》《耳鼻喉科学》《医学百科全书・耳鼻喉科分卷》等著作，为耳鼻喉科医学知识的普及做出了开拓性的贡献。

新中国成立后，赵常林积极响应党的号召，努力参加各项社会卫生工作和推行中西医结合事业。1949 年 12 月，他和济南市医务界知名人士以团结中西医药人员为宗旨，发起成立济南医学讲习所，招收开业的中西医务人员业余学习中西医药学，为新中国培养了大批中西医药骨干人才。1950 年春，赵常林参加鲁中南灾区慰问医疗队，调查和治疗营养性水肿等多种疾病。1955 年，山东省按国家卫生部指示成立了西医学习中医委员会，由 16 名中西医专家组成，赵常林是其中之一。他在齐鲁医院积极落实党的中医政策，科学研究方面，他注重临床实践，主编了《急诊外科学》，并鼓励大家共同参与，分工协作，为外科培养了大批有科研能力的人才。

齐鲁大学原系教会所办，多年来一切大权为外国人把持。1950 年，刘福龄任齐鲁医院普外科主治医师兼管科内行政事务时，骨科主治医师、英国人贝雅德仗势欺人，对非外工作横加干涉，刘福龄据理力争、寸步不让，酿成了轰动一时的“刘贝事件”。贝雅德串通一部分学生对刘福龄威逼利诱，均未得逞，最后被迫向刘福龄赔礼道歉。“刘贝事件”大煞了洋人威风，长了国人志气。

1959 年，个体行医 20 多年的章拯民响应国家号召，提出“参公行医”的申请，将自家医院的资金、设备全部搬进公立医院无偿使用，也把他的医德和工作作风带到了他所到的每个地方。章拯民在新中国成立后任第四届山东省政协委员，一生致力于医学医疗事业，1988 年去世后遗体捐献给了青岛医学院做科学研究。

出身中医世家的肖珙，参加了 1956 年在上海举办的首届西医学习中医研究班，1962 年作为山东代表出席了在北京召开的全国中医代表会议。他合参中西，编著了《中医学》《内科学》，主持点校了《形色外镇简摩》，主编了《英汉对照实用中医文库》等书籍，充实了中医和中西医结合医学宝库。

沈福彭教授把毕生的精力和心血献给了医学教育事业。1982 年，他逝世后将遗体骨架献给了他所创建的教研室。中共山东省委、省政府号召全省人民学习他的奉献精神，《人民日报》《光明日报》《中国青年报》《科技日报》等报纸杂志，中央人民广播电台、山东电视台等媒体分别以社论、通讯、报告文学、电视剧等形式密集报道他的事迹，《大众日报》以《灿烂的生命之光》为题做了专题报道。

曾任全国人大代表的冯雁忱 1951 年报名参加了中国红十字会国际医院服务队，率领医护人员为抗美援朝前线的伤病员提供医疗服务，此后多次参加支农医疗队，受到广大农民的好评。

张光溥、孙涌泉在口腔医学领域，孙桂毓、张光博在眼科领域，张季兰在解剖学领域，张子圣在生理学科领域，江启元在组织胚胎学领域，王训颎在肝胆外科领域，周显腾在内分泌专业领域都起到了奠基人、带头人的作用。

在市场经济大潮中彰显医学的仁爱之光

党的十一届三中全会以后，全省卫生系统在改革开放中简政放权，加强横向联合，提倡医生集体承包，允许私人开业，促进了全省卫生事业的发展。同时，大力发展医学教育，召开全省医药卫生科学大会，奖励优秀科研成果，鼓励医学科研。

这一时期，山东民盟医卫界的盟员积极发挥专长，在科研工作、参政议政、服务社会等方面做出了卓越贡献。

曾任山东大学病毒研究室负责人、山东大学副校长的国家级教学名师于修平教授，自 1981 年研究生毕业留校任教以来，一直从事病毒学的科研工作。多年来，承担国家级和省部级课题 10 多项，在国内外杂志上发表论文 100 余篇，获得省部级科技进步奖 8 项，近年来，作为负责人连续承担 6 项国家自然基金项目。于修平主编了《医学微生物学》等 9 所高等院校协编本科教材，参编了《医学分子生物学》研究生教材及大型参考书《现代医学微生物学》。

1996 年于修平带头申报并获批本学科的博士点，他也被聘为山东省病原生物学学科的第一位博士生导师。多年来他带领致瘤病毒研究团队，在人乳头瘤病毒的致瘤机制和疫苗方面，研究不断深入，已处于国内领先水平，现该团队正与国外的同行密切合作，力争达到新的高度。

1951 年 7 月，30 岁的傅曾矩以优异的成绩在英国伦敦大学小儿科研究院毕业，怀着满腔报国热情，她谢绝了英国老师、学友的挽留，经过了 28 天的海上颠簸，毅然回到新中国，回到丈夫孙桂毓早年就读的齐鲁大学医学院（现山东大学齐鲁医学院）任教。她对换血治疗新生儿溶血症、营养性贫血的调查与研究、多动症、学龄儿童末梢血血红蛋白电泳的观察研究、胎儿骨髓象的研究等做了大量工作，完成国家水平的科研项目 5 项。她主编和参编了《儿科学》《新生儿症状鉴别诊断》《最新儿科诊疗手册》《儿科讲座》《儿科护理学》《儿科常见肿瘤病》等 7 部著作，发表学术论文 30 多篇，1986 年获科普写作奖。

1991 年退休后，傅曾矩仍继续从事临床工作，造福于广大儿童，把所积累的知识和经验传授给年轻人，直到 90 多岁膝关节受伤才停止了临床工作。从风华正茂到两鬓霜雪，傅曾矩教授从医执教 70 余载，她将自己火热的爱心和美好的芳华都献给了儿科医学事业。鉴于傅曾矩教授在儿科学界的影响力，中华医学会儿科学分会于 2018 年授予她终身成就奖，山东大学聘请她为终身教授。傅曾矩教授还是著名的社会活动家，曾先后担任四届全国人大代表，长期担任山东省红十字会副会长和山东省妇联常委，荣获山东省“三八红旗手”“省先进儿童少年工作者”等荣誉称号，享受国务院颁发的政府特殊津贴。

2003 年，中国部分地区出现“非典”疫情，山东民盟各级组织和广大盟员与全国人民一起同呼吸、共命运，万众一心，共同抗击“非典”。

在山东省人民政府成立的“非典”防治专家委员会中，山东中医药大学附属医院主任医师李燕宁和省立医院副主任医师李怀臣以精湛的医疗技术分别作为咨询专家和救治小组组长，担起了指导全省防治“非典”的重任。民盟济宁市委副主委、山东省寄生虫病防治研究所研究员王培义根据自己多年的研究成果，配制的治疗和预防“非典”的新药——溶纤素制剂配方，经国家中医药管理局防治“非典”专家组论证，被刊载在“中医药在线”上。青岛市市立医院呼吸科主任、青岛市防治“非典”专家组副组长纪霞在抗击“非典”斗争中，始终站在第一线，自 2003 年 4 月 8 日至 5 月中旬，共参加“非典”疑似患者会诊工作 38 人次；5 月 23 日起作为青岛市防治“非典”专家组副组长进驻青岛胸科医院“非典”病房，在那里隔离工作达一个月之久。青岛大学医学院基础学院院长王斌，被聘为青岛市“非典”病原生物学与检测技术专家组组长，直接指导抗击“非典”第一线工作，多次指导并协助青岛市疾病控制中心对“非典”疑似患者进行试验抗体测试，并常常工作到深夜。泰安中心医院呼吸内科主任徐永平以其精湛的医术和高度的负责态度，在工作初期疫情急、时间紧、任务重，医务人员彼此不熟悉等情况下，被泰安市市长提议任命为泰安“非典”治疗中心主任，他从建章立制开始，建立有关预防、治疗、患者诊疗转运等网络体系，使中心很快具备了接纳病员的条件。

2003 年 7 月 16 日，中共山东省委、省政府隆重表彰在全省防治工作中涌现出来的先进集体和先进个人。纪霞、徐永平被评为山东省抗击“非典”先进个人并记一等功。纪霞同时被民盟中央授予全国抗击“非典”先进个人荣誉称号。

社会服务工作也是民盟的一项重要工作。各级盟组织充分发挥优势，积极开展爱心义诊等活动。

2004 年“七一”建党节前夕，民盟山东省委与民盟北京市委、中共临沂市委统战部、民盟临沂市委在沂蒙老区联合开展“送健康、送温暖”医疗下乡活动，进行健康咨询、医疗卫生服务。

2008 年，民盟山东省委组织盟员医学专家赴莱芜举行大型义诊活动，送“医疗卫生”下乡，收到了良好的社会效果。2009 年，民盟山东省委把山东省第一女子劳教所定为社会服务工作联系点并进行了公开挂牌，在该所为干警和学员举办了“关爱女性健康”等大型知识讲座。

民盟泰安市委副主委徐永平带领市中心医院的盟员医疗专家，到泰前办事处下峪村开展“关爱妇女健康”义诊活动，为当地群众义诊查体；在“八一”建军节前夕，为退伍军人、伤残军人和军人亲属义务查体。30多年来，民盟泰安市委会为群众义诊达到6000多人次。

民盟山东省委妇委会面向社会，为妇女儿童做好事、做实事。民盟省委妇委会与省妇联、省政协妇女组两次联合主办由盟员、山医大儿科专家傅曾矩教授主讲的《儿童保健》讲座，会后进行现场咨询，社会反响良好。每逢“六一”儿童节，民盟省委妇委会多次邀请盟内医学等方面的专家、教授到市内繁华地段搞义务咨询。1991年，在济南解放阁搞义务咨询，半天时间接受咨询的人数逾千人，为300多对年轻夫妇进行了儿童保健指导，义诊儿童近600名，开出各科处方400份。省及济南市电视台和《联合日报》《济南日报》等都做了报道，社会影响很大。2008年，“三八”妇女节，民盟省委妇委会举办了“乳腺癌的早期诊断”专题讲座。民盟省委妇委会与民盟济南市委妇委会组织部分医卫界专家、教授到济南回民中学，为在该校学习的藏族学生进行各科义务查体，受到全体师生的欢迎。

新冠肺炎疫情防控中披坚执锐

党的十八大以来，在以习近平同志为核心的党中央领导下，中国实现了从站起来、富起来到强起来的历史巨变。山东民盟充分发挥在政治生活中的重要作用，履行参政议政、民主监督、参加中国共产党领导的政治协商三大职能，为山东的发展做出了重要贡献。医卫界的盟员们更是在新冠肺炎疫情肆虐的时期上演了一曲曲壮歌。

在这场战役中，山东医卫界的盟员们坚决贯彻执行中共中央和中共山东省委的各项决策部署，临危不惧、舍生忘死，有的毅然奔赴湖北抗疫前线，有的战斗在山东抗疫一线，有的以志愿者身份散布在广大的社区、基层，用血肉之躯筑起抗击病毒的钢铁长城，保卫了人民群众的生命安全，受到了党和政府的表彰。

山东第一医科大学第一附属医院的医师周蕾，2020年1月28日参加了山东第二批援鄂医疗队，奔赴黄冈大别山区，牵头新建重症病区；济南市莱钢医院李凤林医师，参加了山东第十一批援鄂医疗队，在一个多月的时间里，他和战友们共同救治重症患者71人；青岛大学医学院附属医院麻醉科大夫柳国强，成了武汉同济光谷院区插管“敢死队”的一员；青岛大学医学院附属医院罗从娟医师，在武汉同济医院光谷分院重症病区，尽其所能地关心着所负责病区的每一个病人；烟台业达医院李静医师，参加了山东第八批援鄂医疗队，在武汉汉阳方舱医院，她除了对患者进行身体治疗，还加入了心理治疗小组，为患者们答疑解惑；济南市东风社区卫生服务中心医生刘德有，民盟黄岛区第一总支主委纪道京，枣庄市市立医院陈赞、周长学、昝金玲，淄博市传染病医院高庆娥等，这些盟员舍小家顾大家，在平凡的岗位上尽着自己最大的努力，谱写了新时代的英雄之歌。这些盟员分别受到中共山东省委、省政府和民盟中央的表彰。

在本职岗位和盟务工作中，医卫界的盟员们牢记医者使命，利用自己的专业知识建言献策。在省政协十一届三次全会上，民盟省委提交集体提案《关于进一步完善山东省农村中医卫生体系建设的建议》被确定为重点提案，由时任省政协主席刘伟亲自督办，刘伟主席、王随莲副省长做了批示。这个提案凝聚着众多盟员的心血。

盟员、山东大学基础医学院实验教学中心教学指导委员会主任侯桂华2008年被推选为省政协委员，迄今为止，在政协这个平台上，她提提案、做发言，充分发挥自己的专业特长。2014年9月，在省政协召开的“深化医药卫生体制改革，提高基本医疗保障水平”专题协商会上，侯桂华就强化乡村医生队伍建设问题做了重点发言；2015年年初，在省政协十一届四次会议上，她提出的《多渠道加强乡村医生队伍建设，促进分级诊疗制度真正实施》被收录为大会发言；2017年，她提交的关于村医队伍建设的提案引起了省领导的重视。目前，省卫健委已经出台了一系列文件，对加强乡村医生队伍建设、乡村医疗机构建设等进行了具体部署和安排。

山东大学临床医学院教授、博士生导师，山东大学手术学教研室副主任，山东省十三届人大常委会委员田兴松。近5年来，他带领的团队取得了诸多研究成果，以第一作者或通信作者身份发表SCI论文20余篇。由于他治学严谨，工作突出，多次获得省科技进步奖，2018年获山东省立医院首届“中国医师节”省医工匠称号，2019年获得优秀研究生指导教师称号。2019年牵头成立了山东省甲状腺癌研究联盟。

山东大学齐鲁医院皮肤科主任、二级教授、省政协委员孙青从事皮肤科临床、教学及科研工作35年，银屑病基础与临床研究20余年。近5年来，主持国家自然科学基金面上项目3项，科技部重点研发计划1项（课题负责人）；以通讯作者在BJD等SCI学术期刊上发表论著20余篇；指导博士、硕士研究生50余名。作为副主译之一参加《Blognia皮肤性病学》第四版的翻译工作，参编多本“十三五”全国高等医学院校《皮肤性病学》规划及配套教材，包括“5 + 3”长学制、研究生、五年制及住院医师规范化培训教材。他获得中华医学会皮肤性病学分会 2010 年度学术奖、2018 年度学术奖。

山东大学齐鲁医院血液科常务副主任、教授、博士生导师，山东大学高等医学研究院副院长，长江学者特聘教授，国家杰出青年科学基金获得者彭军，发表 SCI 收录论文 50 余篇，其中以通讯作者或共同通讯作者身份在国际血液领域最顶尖的杂志 *Blood* 发表论著 14 篇，先后主持国家自然科学基金委重点项目、重大研究计划集成项目、重点支持项目、科技部 973 项目子课题、教育部科学技术研究重点项目等十多项国家级课题，先后以第一完成人身份获得教育部高等学校科学研究优秀成果奖（科学技术）一等奖，山东省科学技术奖自然科学奖二等奖等奖项。

山东省政协委员、山东医学高等专科学校副校长葛淑兰教授，主持完成了全国药师执业资格考试大纲制定、教育部药学专业现代学徒制试点、山东省高职药学专业教学指导方案开发、山东省优质高等职业院校申报等工作；参与做好全国高职高专药学类专业目录修订、药学专业教学标准制定工作；2018 年组织举办山东卫生职业教育发展论坛，2019 年承办山东医养健康高层峰会产教融合分论坛，做好山东省卫生专指委工作和学校教学业务等管理工作。获得 2018 年山东省教学成果一等奖（第一位）；2018 年全国卫生行指委教学成果二等奖（第一位）；2019 年山东省职业教育名师工作室（葛淑兰工作室）主持人；2019 年主编全国“十三五”规划教材 2 部。

迪沙药业集团是国家火炬计划重点高新技术企业、山东十佳民营科技企业，荣获“中国驰名商标”，作为公司首席科学家、技术顾问的高永吉，在公司工作期间，主持承担并组织实施了国家、省级重大科技项目 10 项。围绕“坎地沙坦酯”项目关键技术，申请发明专利 16 项，获专利授权 10 项，获新药证书 2 项，起草国家药品标准 2 项。项目整体获 2013 年省科技进步奖一等奖，坎地沙坦酯片获“国家重点新产品”称号。高永吉荣获国家科技进步奖二等奖（2017 年）、山东省科学技术奖一等奖（2014 年、2019 年）。2018 年被评为省泰山产业领军人才，2019 年荣获国务院政府特殊津贴。

青岛市疾病预防控制中心副主任兼传染病防制科主任姜法春，是青岛市新冠肺炎疫情防控指挥部疫情处置专家和市疾控中心疫情防控组组长，并担任山东省指挥部专家组成员。疫情防控期间，他 3 个多月没有回过家，400 余天没有休息，像一只不知疲倦的陀螺，与时间赛跑，与病毒较量，筑牢抗击疫情的“铜墙铁壁”。进入常态化防控以后，社会层面的防范意识在弱化，青岛几乎每周都有疫情输入，而且随着新冠病毒变异株的不断出现，疫情防控变得更为复杂，姜法春和他的团队与基层疾控融为一体，持续保持应急思维不松懈，时刻盯着每一个风险点，形成了“发现早、处置快、研判准、信息实”的青岛模式。确保了啤酒节等重大活动的成功举办，展示了青岛的开放和活力，助力疫情防控和经济社会统筹发展。

青岛大学附属医院副院长徐岩教授，在医生的岗位上度过了31个春秋，亲眼见证了青大附院从只有2台血透机、不到10个长期透析患者，到全院5个院区血透机超过200台、长期透析的患者800多人的全过程。她和患者建立了如同家人一般的关系。经常有患者说，透析时只要徐大夫在他们就安心了；有的患者临终前要求将遗体送给她以供研究；有的患者弥留之际，最后的遗言竟然是最大的遗憾是没能见徐大夫最后一面……面对这些，徐岩一直认为自己就是这个大家庭的“家长”，有责任为他们排忧解难。

教育部新世纪优秀人才、“国家自然基金委优秀青年基金”获得者、“山东省杰出青年基金”获得者于晓教授，2009年在山东大学建立了独立的研究团队，集中研究胰岛稳态和糖尿病的发病机制，以通讯作者发表论文16篇；被Faculty1000和杂志专题多次评述。总共发表SCI论文57篇，生理学报2篇，总文章影响因子356分，总引用次数1100余次；其中第一作者和通信作者文章22篇，影响因子138分。2011年，建立山东省高校“慢性退行性疾病的蛋白质科学”重点实验室，并担任实验室主任。作为课题负责人主持国家自然基金委优秀青年基金项目，并主持4项国家自然科学基金及山东省杰出青年基金等人才项目，参加国家重大科学研究计划首届“青年科学家”专题。

省立医院王默博士，2017年参加了第九批援疆队伍，担任喀什地区肺科医院副院长，负责医院的医疗、护理、科研工作。面对医院现状，他积极出主意、想办法，探索医院发展新模式，使各项业务工作有了较为明显的改善。9个月之后，王默被任命为喀什地区肺科医院院长。

民盟省立医院支部医生多，他们积极组织下乡义诊活动，鄄城、文登、寿光、滕州、沾化等地都留下了他们的身影，有时进行诊疗活动，有时给当地患者开展较为复杂的手术。民盟省直一支部、民盟省直五支部也充分发挥综合支部优势，多次组织到偏远地区义诊，事迹多次刊载于《联合日报》。

他生前叮嘱献出遗骸，
指定骨架标本在这儿陈摆。
玻璃橱里是他特殊的坟，
玻璃罩外是他浩瀚的爱。
一纸遗嘱直如震世春雷，
一宗心愿想见哲人气概。
让我们脚步轻轻走进大厅，
伫立丰碑之前默默礼拜。

这是著名散文家秦牧在了解了青岛大学沈福彭教授生平事迹后，感动之余，怀着无限崇敬，为沈福彭教授写下的献词。沈福彭教授“鞠躬尽瘁，死而后已”的献身精神，正是山东医卫界盟员“救死扶伤，发扬革命的人道主义”的缩影。

（张　成）

文化篇 百花齐放扬自信

文化自信是一个国家、一个民族发展中更基本、更深沉、更持久的力量。一个国家、一个民族的强盛，总是以文化兴盛为支撑的，中华民族伟大复兴需要以中华文化发展繁荣为条件。山东民盟自成立以来，涌现出诸多为中华民族发展做出巨大贡献的文化巨擘。他们秉承知识分子的社会良知，勇担时代责任，将个人命运与民族命运紧紧地联系在一起，为文化事业的发展奋斗不止。在他们身上，凝聚了心怀苍生的情怀与锐意进取的精神，闪耀着远大的理想之光。

以笔为旗，唤起劳苦大众求解放

民盟组织的成员“大中城市中上层的以文教界人士为主”，在新民主主义革命时期，这是一批早先觉醒的人。为了唤醒民众求得解放，他们拿起手中的笔，身先士卒，发出了埋葬黑暗的怒吼，为针砭时弊而不懈努力。

1919 年“五四”运动时，王统照参加了火烧赵家楼的示威活动。1921 年 1 月他参加发起成立文学研究会，1922 年 10 月，王统照出版的第一部长篇小说《一叶》，被列为文学研究会丛书。1924 年其就任中国大学教授，两年后迁居青岛。在青岛期间王统照出版有长篇小说《一叶》《黄昏》，短篇小说集《春雨之夜》《霜痕》，诗文集《童心》等。1931 年，他赴东北短期教书并游历，将沿途见闻和东北危亡的深切感受写成报告文学集《北国之春》。1932 年出版长篇小说《山雨》，这是一部以军阀掠夺、豪绅压榨、国家危亡、生灵涂炭为主题的小说，反映了 20 世纪二三十年代北方农村的破产和农民的觉醒，风格深厚、沉郁。小说发表后震动文坛，受到了国民党政府查禁，为此，王统照被迫去欧洲各国考察。1937 年，王统照迁居上海，抗战爆发后，他撰文讲演，表现出高度的爱国热情。日军进入上海租界，他愤而辞职，闭门译著，表现出了高尚的民族气节。1946 年秋，他应聘山东大学文史系教授，青岛解放前夕，他大力支持进步师生反内战、反饥饿、反迫害的游行示威，大长革命志气。

著名诗人、学者闻一多1930年受聘于国立青岛大学，抗战后流亡到云南，“时代的逼迫”和“思想的觉悟”令闻一多感到个人力量的渺小，“不得不加入一个团体来奋斗”。1944年他加入民盟，开始投身到民主运动当中，直到1946年被国民党特务杀害。他为《学生报》的《李公朴先生死难专号》题词：“反动派！你看见一个倒下去，可也看得见千百个继起来！”他的吼声振聋发聩，他的精神一直激励着民盟人为祖国的解放而奋斗。

济南“五三”惨案爆发时，解方写下了“安得十万健儿好身手，破敌如驱万火牛，荡涤前耻昭后世，勒石铭功东海头”等诗句。1931年“九一八”事变后，解方举债出游，看到各地广大人民抗日呼声之强烈，共产党倍受劳苦大众之拥护，不由得信心大增，写下了《观碑林》《登黄鹤楼》《登大雁塔》等诗篇。1937年“七七”事变后，解方与北大左翼教授张郁光等联名上书当时的国民党山东省主席韩复榘。韩弃城南逃，解方遂与济南文化界和北京来济南的流亡师生成立山东文化界抗敌后援委员会，解方被选为该会宣传部部长。1938年，解方被聘为第五战区总动员会委员、全国抗敌委员会徐州分会宣传科长、总动员委员会主任委员，创作了《保卫徐州行》《题弯弓集》等诗篇。1938年，行至山东莒南县时，受聘高树勋任师长的国民党新六师代理政治部主任，参与在共产党八路军领导下的军队政治工作，对新六师进行了卓有成效的教育，为1945年高树勋将军率部起义打下了基础。

1940年“琴岛画会”开办的美术班公开招生，青岛出现了从未有过的美术热潮。在民族危亡的时刻，群众被压抑的爱国精神，通过对民族绘画艺术的热爱和追求，找到了一个充分表现和释放的途径。“琴岛画会”因此以战斗姿态出现在青岛海滨，成为文化战线上“抗日”的一支文艺尖兵，文艺战线上与敌人斗争和争夺青年的重要文艺阵地。“琴岛画会”的主要负责人赵仲玉、吕品等后来都加入了民盟。经过他们指导和培养过的青年学生大都具有进步倾向，不少人参加了革命工作。1949年6月青岛解放后，吕品在观海一路的别墅开办了私立青岛美术专科学校，任校长。

抗日战争时期，许多爱国主义文人就用笔做武器，宣传抗日，李天佑就是其中之一。他发表过《论抗战中的商业资本》《日寇在东北的残酷统治》《袁世凯是怎样摧毁民主政治的》《卢沟桥事变的经过》等文章，较早地关注山东地方史的研究，是这一领域的倡导者和组织者之一。李天佑早年参加革命的经历，使他对人民革命有本能的关注，因此他对明清时期的人民斗争和官制的研究很有建树，著有《明末江阴嘉定人民的抗清斗争》《关于清末农民军的联明抗清问题》《明代的内阁内监与君主专制》《论明代的内阁》等著作，对相关领域的研究有着重大意义和参考价值。

1931 年“九一八”事变后，在燕京大学读书的高兰勇敢地参加了北平爱国学生卧轨南下的抗日救亡请愿活动。1932 年，高兰大学毕业后参加了驻设在北平的东北抗日义勇军指挥部工作，投身到抗日救亡的洪流中。1937 年“七七”事变后，高兰写了第一首朗诵诗《是时候了，我的同胞》；同年 10 月，写了纪念鲁迅先生的《我们的祭礼》，在鲁迅先生逝世一周年纪念大会上由著名演员王莹朗诵，反响强烈。后来他又创作了《我的家在黑龙江》《致日本的劳苦大众战斗员》《咱们，立下最后的誓言!》《迎一九三九》《夜行》《山岗上》《十年》等诗篇。这些作品深沉激越的格调和积极战斗的精神，成了唤起民众的号角，成了人民抗战的有力武器。

1936 年，国难当头，学潮迭起。因山大校长易人，被解聘的萧涤非于年底应聘到四川大学任教。1941 年，应闻一多先生之邀，又到西南联大任副教授，其间生活极其艰难。抗战胜利后他于 1947 年回山东大学任教，后一直执教山大。萧涤非是一位有着强烈民族感、正义感的学者。早年在北京读书时就积极参加进步学生运动，发表抗日救亡诗词。在青岛山东大学任教期间，也曾冒险接济中共地下党员。1945 年昆明爆发爱国学生运动，潘琰等人遇难，萧涤非怀着悲痛的心情，写下了《哭潘琰君》二首，痛斥国民党法西斯暴行。1948 年，驻青岛美军提出长期租借山大学生宿舍的无理要求，师生们在校园内示威游行，萧涤非和曾呈奎、沈福彭等 9 位教师共同签名发表宣言，支持学生的正义斗争，最终取得斗争的胜利。

1928 年“五三”惨案发生后，受当时出版的马克思主义著作和进步书刊的影响，我国著名的作家和文艺理论评论家田仲济先生对中国社会形式及其发展认识渐趋明朗，成了一名爱国进步学子。1929 年受当时蒋光慈、钱杏邨的“革命文学”影响，田仲济在青岛创办《野光》文学周刊；1931 年又创办《处女地》文学周刊；1932 年与友人组织青年文化社，在济南创办《青年文化》月刊，后改为半月刊。抗战爆发后，他在西安又创办了《报告》半月刊，1944 年他与陈纪滢、姚雪垠在重庆组织“微波”社，合办《微波》月刊。他秉承“鲁迅风”，先后出版有《情虚集》《发微集》《夜间相》等杂文集，立体地、多侧面地勾画出抗战时期国统区整个社会的丑恶面貌，表现出对现实的敏锐观察，对社会的深刻批判，对历史文化的自觉反思，创作风格朴实、含蓄、挺拔、幽默。同时，他完成了我国第一部现代文学的断代史《中国抗战文艺史》（1947 年上海现代出版社出版），这部专著首次勾勒出抗战文艺的轮廓。该著作既具有珍贵的史料价值，又有较高的学术价值，对推动系统进行中国现代文学史的研究产生了积极影响。

黄孝纾先生出身仕宦之家，其父黄石荪是晚清翰林，曾任青州知府、济南知府，为官颇具政声。1912 年宣统退位后，举家迁居青岛。黄石荪学识渊博，并且非常注重对子女的教育，其青岛寓所“潜志堂”所藏的万卷古籍为黄孝纾先生幼年学习提供了极好的条件。黄孝纾先生自幼好学，受到中国传统文化的熏陶，青年时期就开始了他漫长的弘扬中国历史文化的人生追求与之并行的从业之路，他看的书多得难以胜数，扎实的文学功底造就了他多才多艺的文化底蕴。1934 年他回到阔别十年的青岛，在山东大学中文系任教。由于多年来潜心于中国历史文化，他在古文献学、古典文学、文字学、音韵学、书画和诗词、金石学及文物鉴定等领域都有极深的造诣。其学术著作有《欧阳永叔文》《楚辞选》《两汉金石文评注》《欧阳修文评》《楚辞书目提要》《黄山谷诗选注》等，至今依然在学术界颇具影响力和研究价值。

勤奋耕耘，传承创新歌颂崭新时代

新中国成立后，中国进入了一个新的历史时期——社会主义革命和建设时期，全国人民战天斗地，焕发了建设新中国的高昂热情。这个时期的山东民盟人，也在自己的岗位上不懈奋斗，向时代交出了合格的答卷。

田仲济笔耕不辍，先后出版了《五四新文学运动的精神》《文学评论集》等学术论著；主编《中国现代小说史》《王统照文集》和《中国新文艺大系散文杂文卷 1937—1949 年》等研究性的论著。

著名文学翻译家、社会文学研究家、社会科学家黄嘉德 1952 年被聘为山东大学外文系教授，以独到的教学思维和方法培养了众多新闻界名家，如范敬宜、冯锡良、朱颐云等人。即使在艰难的“文革”时期，他也始终对祖国的发展充满信心。他学术功底深厚，治学严谨，在 60 年的研究翻译生涯中取得了卓越的成绩。代表译作有《萧伯纳传》《乡村求爱》《公民教育》《翻译论集》《乌有乡消息》等。黄嘉德先生在业余时间还积极从事外国文学，尤其是英美文学的研究工作。在 1953—

1979年期间发表了《美国民主诗人惠特曼》《德国民主诗人海涅》《红与黑》《风筝》《寄宿舍里的风波》等40多篇外国文学作品。他对英国现代伟大戏剧家萧伯纳作品有深刻的研究与公认的独到之处，素有“萧伯纳研究专家”之称，并为国人打开了一扇通往世界文学的大门。

在教学之余，吕品不断创作水彩精品。1953年，他的水彩画作品《青岛前海》入选《全国水彩·速写展览会》。1957年，他的《雨后天坛》由上海人民美术出版社出版，同时被选入全国《水彩画选集》大型画册，影响巨大。代表作《雨中》等被中国美术馆收藏。吕品先生一生用手中柔软的画笔，坚守着这块可以弘扬民族文化、颂扬祖国大好河山的阵地。

新中国成立后，在民盟先辈艺术家的感召和鼓舞下，著名山东琴书演唱家，北路邓派琴书创始人邓九如先生于1956年怀着对民盟组织的热爱与向往，申请加入了中国民主同盟。新的政治形势赋予了邓九如更大的动力和热情，他参加了赴朝慰问、全国巡回演出，还多次参加春节慰问解放军演出，灌制唱片数十张，广为流传。邓九如不仅在艺术上精益求精，有较深的造诣，其高尚的艺德和人品更是在曲艺界、盟内得到民众的尊敬和推崇。他为琴书艺术的改革和创新，奉献了毕生的热情和才华，为这门古老艺术的传承和发展，做出了不可磨灭的贡献。

长期从事现代文学的教学和研究工作，以马列主义、毛泽东思想为理论指导，以现代文学为基础，在鲁迅研究方面有较高造诣的刘泮溪先生，1951年加入了中国民主同盟。1958年他在柏林洪堡大学讲授中国文学史。1961—1963年，奉调赴北京参加教育部主持的全国高校现代文学史教材的编写工作。晚年他在学术研究的道路上，对鲁迅的思想和创作进行综合分析与客观评判，形成了自己独具一格的研究方法和观点，令学术界同行所瞩目。另外，他曾搜集整理过当地少数民族的歌谣，为其研究现代文学提供了丰富的材料。此外，刘泮溪先生在报刊上发表过多篇诗评和诗论，如《论黄遵宪的新派诗》《从冀鲁民谣看中国封建农村的妇女》《论鲁迅的诗歌》等。20世纪60年代初，其应邀参加教育部组织编写全国高校现代文学史教材的编写工作，负责解放区文学部分，该教材即《中国现代文学史》，由人民文学出版社于1980年出版。刘泮溪在生命的最后两年里，主要参加国家出版总局组织领导的《鲁迅全集》的注释工作，具体负责《故事新编》的注释，为此他耗尽了生命的最后时光。他为鲁迅文学研究、为现代文学研究、为祖国的文化事业做出的贡献，将永载学术史册。

作为旧中国的茂腔艺人，宿艳琴饱尝了生活的苦难和演出的艰辛。1949 年新中国成立后，宿艳琴重整旗鼓，复兴茂腔。以原“天星剧团”为基础吸收了部分骨干茂腔艺人，组成“郑国戏院”，进行营业演出。1950 年 2 月，经青岛市人民政府批准，正式成立“青岛市金光茂腔剧团”，宿艳琴任团长，从此成了人民的演员。两年半的时间，金光剧团的足迹踏遍胶东半岛，沿铁路线西进，一直演到安丘一带，所到之处，深受群众欢迎。宿艳琴还经常与常香玉、盖叫天、程砚秋等艺术家切磋技艺，汲取京剧等的精华，对茂腔加以改进，对茂腔的发展起到了积极的推动作用。宿艳琴一生执导出演过《新编兰桥》《白玉楼》《六国封相》《梁山伯与祝英台》《罗衫记》等剧目，获得过诸多奖项。除了演戏，还主要做教练工作，一生共培养了孙凤兰、孙瑞秀等 50 多名徒弟，为茂腔戏的传承和发展做出了巨大贡献。

著名书画家关友声、黑伯龙、王凤年、刘鲁生等也对山东的美术事业做出了突出贡献，对山东乃至中国画坛产生了深远的影响。

改革开放，文以载道弘扬中国精神

党的十一届三中全会以来社会发生了巨大变化。这一时期，国门大开，中西方思想交锋，生产力获得解放、社会充满活力；经济腾飞、国际地位提高，社会结构重新改组；民主和法制建设有了相当大的发展，给文化建设带来了前所未有的活力。山东文化界盟员以创作的一大批弘扬中国精神、凝聚中国力量的优秀作品推动着文化的不断繁荣。

1981 年，牵头为山东师范大学取得首批现代文学硕士授权点的田仲济先生，先后为山东师范大学创办“鲁迅研究室”“中国现代文学研究中心”，培养了大批人才。20 世纪 80 年代，他应邀去香港中文大学、美国旧金山州立大学讲学，为传播民族文化，促进中西方文化学术交流做出了重大贡献。

1994 年，朱铭与东南大学张道一、南京艺术学院奚传绩教授联合招收了第一批设计艺术学研究生。他的设计艺术学著作《设计史》《设计家的觉醒》《壶中天地》等为中国艺术设计学的发展筑牢了根基。他 40 余万字的《外国美术史》于 1990 年由山东教育出版社出版，这是国内较早系统研究外国美术史的著作，在学术界引起强烈反响，并获山东人文社科一等奖，为深入研究外国美术史奠定了良好的基础。

山东大学文学与新闻传播学院教授、山东大学文艺美学中心教授仪平策，主要从事文艺学专业美学方向的教学与科研工作。他著有《中国美学文化阐释》《中古审美文化通论》《美学与两性文化》等学术著作10余部，在《文艺研究》《文学遗产》《文学评论》《社会科学辑刊》《文史哲》等核心期刊发表论文100余篇。其独立承担国家社会科学基金项目1项，负责教育部人文社科重大项目1项，作为课题第一方向带头人参加教育部重大攻关项目1项；作为主要成员参加国家、教育部科研项目多项。他的著作及学术视角对中国审美文化的民族性特征做出了新的探索和阐释。

2000年，山东省章丘市枣园镇洛庄村一直以来矗立着一个巨大土堆，修路队在取土的时候，铲出了一大堆古代器物。经考古学家崔大庸查看，封土的面积很多都超过了古代帝王陵墓的面积，初步判断这个土堆可能是古墓封土。后来他带领考古队挖掘出了车马坑，最后推测这是西汉王朝吕后的墓地。作为考古学家，崔大庸于1999年走下讲台、走出校园，来到济南市考古研究所担任所长，俯下身子认真探寻起这座千年古城曾经的辉煌。也正是在济南考古研究所，他与考古的这份“缘分”变得愈加深厚。洛庄汉墓的考古发现被列为2000年度全国十大考古新发现之一。而这也成为崔大庸考古事业的一个重要节点，此后他又先后指导发掘各类墓葬遗址数十处，成为济南市文物考古行业的领军人物，在国内外考古界享有较高的知名度和影响力。

在济南市文物保护方面，崔大庸更是倾注了大量心血。他带领文物部门的同事，克服重重困难，在老城区建设中，为省城济南城市古建筑和历史文化遗产的保护贡献出了自己的力量。济南府学文庙创建于宋熙宁年间，是历代官方祭孔的地方，历经破坏、倾圮，后又被占用，许多建筑被拆除。在崔大庸及多位专家的呼吁和推动下，经过一年多的充分准备，府学文庙千年大修工程于2005年正式启动，由崔大庸主持，经过历时5年的精心修缮后，府学文庙成为省城传播和弘扬传统文化的重要场所。

齐鲁大地文化传统丰厚，气象氤氲。对于山东的作家来说，这实在是得天独厚的条件。曾任《山东文学》社社长、全国人大代表的毕四海著有《东方商人》《皮狐子路》《财富与人性》等6部长篇小说，《毕四海中短篇小说选》，散文集《一天云锦》，中篇小说《苦楝树》《都市里的家族》《泥砚》《选举》等数十部。他的《东方商人》被改编为电视剧在中央电视台播出，剧本获得第十三届飞天奖、第十五届金鹰奖、中宣部“五个一工程”奖。

中央文史研究馆馆员、中国周易学会会长，全国政协委员、山东大学终身教授刘大钧著有《周易古经白话解》《周易全译》《周易概论》《纳甲筮法》，并主编《大易集成》《大易集要》《大易集述》及《象数易学研究》一、二、三辑。刘大钧先生先后主持召开了“第一、三届国际周易学术讨论会”（1987、1997 年）、“首届海峡两岸周易学术研讨会”（1993 年），创办了我国第一份易学研究专刊《周易研究》，发行 28 个国家和地区，在海外产生了极大影响，被国际易经学会会长、夏威夷大学教授成中英先生誉为“推动当今大陆易学研究迈出重大里程碑的人”。

由于历史和时代的原因，20 世纪八九十年代，山东诸城派古琴一度濒临失传。为了将这一优秀传统文化遗产继续传承发扬下去，1984 年高培芬在济南成立了“文革”后山东省第一个琴社“历山琴社”（后更名为山东古琴社）并担任社长至今。经过她的努力，古琴的传承保护逐渐在山东出现一个繁荣的局面。2002 年，中国政府向联合国教科文组织递交《古琴艺术申报书》，确认了全国 52 位（含港、澳、台地区）著名琴家传承人，高培芬名列第十三位。2003 年，古琴成功入选联合国“人类口头和非物质遗产代表作”。2007 年，她被山东省人民政府评为首批非物质文化遗产项目“诸城派古琴”省级代表性传承人。2011 年 9 月，应法国巴黎中国文化中心邀请，由山东省文化厅领导带团，在巴黎举行了高培芬个人专场古琴音乐会，并取得巨大成功。除了古琴教学传承，高培芬还做了另一项与古琴保护相关的工作，就是古曲的整理发掘。她先后打谱复活已近失传的 20 多首琴曲，并始终坚持现代新琴曲的创作。2014 年年初，中华书局为其出版专著《高培芬古琴打谱集》，收录她打谱复活的《碣石调 · 幽兰》《韶》乐等 10 多首古曲，集文、曲、声为一体。这是我国第一本以个人专著形式出版的古琴打谱集，成为古曲破译及抢救性复活和当代琴曲创作的范本，在全国引起强烈的反响。

山东省政协委员、青岛科技大学艺术学院邱振亮教授，在 50 多年的艺术学习与创作实践中，打下了坚实的绘画基本功与全面娴熟的艺术技巧。在美术理论研究方面，他先后参与国家重点科研项目《中国大百科全书 · 美术卷》及《简明中华百科全书》《中国美术百科全书》等多部大型辞书的词条撰写任务。出版作品有《中国绘画美学研究》《中国画与中国文化》《多鱼斋画谈》《中国美术史》等专著 6 部，出版个人画集、画选 5 部，完成多项省部级科研项目。其中，《中国美术史》一书被列入全国普通高等教育美术教科书，并被多所艺术院校列为美术学研究生考试的指定参考书。

2002 年 9 月 10 日，齐鲁非物质文化遗产的面塑陈列馆在济南大明湖风景区建成开馆。开馆之际，从事面塑艺术创作 50 余年的何晓铮向人们展示了他的新作《冲过终点——110 米栏奥运冠军刘翔》。在面塑制作形式上，何晓铮创立了新的高分子共聚“水晶塑”和浮雕形式，从而解决了超大型面塑霉裂问题。其作品《孔子》《穆桂英》获 2006 年天津中国第三届民间艺术精品展金奖，《撒切尔夫人像》及《里根像》被英、美驻京大使馆收藏，《萨马兰奇胸像》《古代足球——蹴鞠》被北京奥组委及北京文物馆收藏。面塑人物系列《杨利伟》《姚明》《刘翔》等被《人民日报》《光明日报》、新华网等媒体报道。何晓铮先生在数十年的从艺道路中收弟子近百人，为传承面塑艺术做出了不可替代的贡献。

山东省女书画家协会主席、山东省政协委员、山东艺术学院王小晖教授创作的《童年的记忆》《山东大嫂》《晴日》等作品，传达了她对人生和社会的思考。同时获得了颇多奖项：全国工笔画大展银奖、铜奖、优秀奖，中国画三百家铜奖，世界女艺术家艺术作品展（美国）优秀奖，《问剑》2010 年获山东省政府第三届“泰山文艺奖”一等奖。

砥砺奋进，务实创新增强文化自信

党的十八大以来，以习近平同志为核心的党中央更加重视文化事业。山东民盟文化界的盟员们以高度的社会责任感，为社会主义文化大发展、大繁荣，为经济文化强省建设贡献着智慧和力量。

诞生于齐国故都、陶瓷名城淄博的中国陶瓷艺术大师、省级非物质文化遗产代表性项目代表性传承人、全国人大代表、全国劳动模范王一君，多次应邀创作党和国家主要领导人外事国礼作品，如《点赞新时代》《愉悦》《三牛》等歌颂新时代的作品。2015 年全国“两会”期间，《人民政协报》刊登《把中国陶瓷推向世界——中国陶瓷艺术大师、山东省政协委员王一君》的报道。此外，王一君还培养出两名中国陶瓷大师、十几名山东省工艺美术大师，还有众多技术能手、金牌工匠、非遗代表性传承人等人才，他为淄博陶瓷闪耀于世界舞台贡献着自己的力量。

山东大学历史文化学院教授、全国人大代表江林昌带领的团队不仅发现了夏商周三代王权都城、宫殿遗址，以及相对应的诸侯方国都邑遗址，而且有系统完整的佐证资料。司马迁《史记》所载夏商周三代的王权世系，不仅有了甲骨文、青铜铭文等出土文字资料的佐证，而且还可以落实到具体的都城遗址及其测年数据之中。20 世纪 90 年代与 21 世纪前 15 年，江林昌参加了国务院主持的以研究五千年文明史为目标的国家重大课题“夏商周断代工程”与“中华文明探源工程”。在此基础上，着重对公元前 841 年以前的具体年代进行多学科论证，并取得了令世人瞩目的阶段性成果。他出版的学术专著有《中国上古文明考论》《书写中国文明史》《考古发现与文史新证》等 10 余部，获国家级、省部级学术成果奖多项。

山东省舞蹈家协会主席孙晓茹 1989 年作为引进人才被调入山东歌舞剧院，她所带的几届学生均在全国“桃李杯”及省级比赛中获得众多奖项。她担纲主演过交响舞剧《无字碑》，饰演武则天。剧目《祥林嫂》在省直青年演员比赛中一举夺魁。她在系列舞剧《聊斋魂》和舞剧《泰山赋》中再次担任主演，并获当年艺术节最高奖——优秀表演奖。她还担任民盟山东省委会文艺委员会主任，参与组织、导演、撰稿、表演、主持多场晚会展演，以及赴韩交流演出和舞蹈走基层演出等重要大型活动。专业演出之余，她担任山东省政府奖“泰山文艺奖”评委，在省委宣传部主办的《大众文艺讲堂》、济南市委宣传部主办的《海右文艺讲堂》等公益活动中任舞蹈主讲嘉宾，是山东舞蹈界的领军人物。

山东体育学院艺术学院阿德华措教授自 2010 年来济南工作至今，带领舞蹈编导专业学生以独立创编原创剧目为突破口争得诸多荣誉；个人原创作品《那片海》《漱玉》《嫣红》《溜溜的她》等，获得全国体育院校艺术展演、山东省舞蹈大赛 10 项金奖，6 项创作奖；《雨中花》获得山东省政府“泰山文艺奖”；指导学生获得单项 10 金、20 银。她参与完成了山东省庆祝改革开放 40 周年感动山东人物和最具影响力事件颁奖晚会“新时代改革开放再出发”演出；参与完成中华人民共和国成立 70 周年人民大会堂“奋斗吧中华儿女”的演出；齐鲁最美人物颁奖晚会演出等。为山东培养了一批又一批具有社会责任感、创新精神和实践能力的优秀人才。

一把剪刀，一张彩纸，一番精剪雕刻后，便呈现出一幅幅栩栩如生的剪纸作品，方寸片纸间，呈现出大千世界。在威海石木轩剪纸艺术工作室，“80 后”的张延茹，剪龄却已逾 30 年。张延茹不仅是“威海纸斗”代表性传承人，也是国家高级剪纸美术设计师。2018 年，张延茹被中央电视台采风中国栏目组评为“中国当代最具影响力剪纸大师”，2019 年，张延茹被 CCTV 智慧中国栏目组评为“2018 年度国际中国公益先锋人物”。

2018 年 7 月，全国人大常委会副委员长、民盟中央主席丁仲礼走访民盟山东省委时指出，山东民盟要重点从什么是文化自信，如何提高文化自信，如何对待中华优秀传统文化和世界上其他民族优秀文化入手，增强人们的文化自信心和感召力。山东作为文化大省，在这一问题上应当有所作为，民盟山东省委要立足党派特色，发挥地方优势，用心开展好理论研究工作，获取高质量研究成果。有幸参加座谈会的刘玉栋备受启发和鼓舞。刘玉栋在创作中始终把自己融入时代和社会中，感受时代的脉搏和社会的变化，感受人及人心之变。作品《我们分到了土地》《给马兰姑姑押车》获得了第一、二届齐鲁文学奖。长篇小说《年日如草》获得第二届泰山文艺奖。

山东省文化创意设计行业协会充分发挥社会组织职能，进一步传承、弘扬中国优秀传统文化，推动山东省文创产业升级与融合发展，为高校在非物质文化遗产项目传承、中华优秀传统文化传承基地建设等方面打下了良好的基础。会长孙美华提出山东文创协会将继续深入服务产业发展，充分发挥文化创意作为“5+5”十强产业之一的作用，释放新旧动能转换活力，以创意设计为突破口，力求与高校和科研院所合作，共同打造文创产业平台，更好地服务高校创新发展。

“80后”的陈琛看起来清秀柔弱，很少有人能想到她是专攻“老旦”的演员。无论是《杨门女将》里的佘太君，还是《李逵探母》中的李母，在她的演绎下，一个个血肉饱满的人物呈现在了京剧舞台之上。她曾荣获山东省泰山文艺奖个人作品一等奖、第七届全国青年京剧演员电视大赛银奖、文化部青年京剧演员折子戏展演金奖。如今已小有名气的陈琛，在京剧这条道路上坚定追梦。

为庆祝中国共产党成立100周年，由中宣部、文化和旅游部、国家广播电视总局、中央广播电视总台等主办的文艺演出《伟大征程》于2021年6月28日晚在国家体育场举行，烟台大学音乐舞蹈学院李忠明教授参与了整体节目创排，并且担任《党旗在我心中》和《行进的火炬》两个情景舞蹈节目主创编导，两个节目的参演人员超过2000人。从创作、排练、彩排直至正式演出，历时8个多月，李忠明与创排团队密切协作，群策群力，克服各种困难，圆满完成了编导和演出任务。

民盟山东省委历来重视文化建设，在政协全会上积极提出提案。2002年，民盟山东省委提交《关于入世后山东文化发展对策的建议》《关于弘扬齐鲁诚信文化，施行诚信强省战略，创建信用体系的建议》，受到全国政协和省政协的表彰。2004年7月，民盟山东省委承接省政协软科学课题“山东省文化产业发展战略研究”的子课题“山东省网络文化产业发展与研究”，他撰写《山东省网络文化产业发展与管理研究报告》，并以《解放思想，开拓创新，大力发展山东网络文化产业》为题，在省政协九届九次常委会上做大会发言，受到广泛好评。

2018 年，由民盟山东省委文化联络委员会常务副主任孙吉国和山东大学管理学院教授潘爱玲就山东省国有文化产业存在品牌少、竞争弱、商业模式僵化等问题提出了《关于推动我省国有文化企业高质量发展的对策建议》，并获得省委主要领导批示。2019 年，民盟山东省委就"好客山东"这一响遍大江南北的旅游品牌提出了《关于以"精细化"理念推动山东文化旅游高质量发展的建议》，获得省委主要领导批示，并转有关部门办理。山东民盟各级组织和广大盟员紧密围绕党委和政府的工作中心以及人民群众关心的"文化热点"问题，通过提案很多有价值的意见和建议，为我省文化事业的发展做出了贡献。

80 载跋涉前行，山东民盟已发展成为一个政治上成熟、组织上健全、在国家政治生活中作用日益彰显的参政党地方组织。站在"十四五"规划的开局之年，站在"两个一百年"的历史交会点上，山东民盟将继续在促进社会主义文化大发展大繁荣、推动文化强省建设上，谱写出新的篇章。

（姜　娜）

非公经济篇　勇立潮头敢创先

我国非公有制经济，是改革开放以来在党的方针政策指引下发展起来的，非公有制经济当前已经成为我国国民经济最具活力的部分之一。非公有制经济是稳定经济的重要基础，是国家税收的重要来源，是金融发展的重要依据，是经济持续健康发展的重要力量。山东经济发展举世瞩目，非公有制经济不可或缺。山东民盟组织和民盟盟员立足自身优势，积极履行参政议政、民主监督、参加中国共产党领导的政治协商职责，参与发展非公有制经济、全面服务社会进步，彰显了山东民盟人的责任与担当、情怀与奉献。

勇做高质量发展生力军

经过40多年的快速发展，山东经济由高速增长转向高质量发展。当前，正处在转变发展方式、优化经济结构、转换增长动力的攻坚期，山东经济正面临着不可忽视的新挑战、新机遇，非公有制经济进入了一个崭新的发展阶段。站在山东经济新的发展节点上，非公有制经济界的山东民盟人积极投身于经济高质量发展热潮，涌现出了一批杰出代表。

“作为一名在孔孟之乡、齐鲁大地上成长起来的高新技术上市公司负责人，科技界别的省政协常委，民盟山东省委常委、经济委员会主任，我需要在科技创新的道路上不忘初心使命，继续携手前行；需要在更大范围、更大限度内发挥自己的作用，会聚政协委员和党派成员的行动力、号召力、影响力，推动各项工作深入开展。”积成电子股份有限公司总经理、研究员严中华说。

30多年来，严中华带领积成电子成功实现产品运营和资本运营大跨越，把一个仅有61.5万元资产的小公司，发展壮大为济南首家土生土长的上市软件企业，总资产超过38亿元。

积成电子目前已走上科技创新发展的快车道，“省级工程技术研究中心”“省级软件工程中心”“省级企业技术中心”的标牌熠熠生辉。随着积成电子的成长壮大，严中华主持和参与了50余项国家标准或行业标准的制定，并取得500多项专利，600余项计算机软件著作权，100余项产品通过省部级科技成果鉴定，获得50多个国家、省部级奖项。

青岛大森酒业有限公司董事长张德森，带领集团发展起集葡萄种植、葡萄酒酿造、销售于一体的产业化葡萄酒酿造企业。6000余亩葡萄基地，年产葡萄酒1万吨，储存达1.5万吨，是全国葡萄酒行业前十强，拥有25个办事处，遍布全国20多个省份。

松立控股集团股份有限公司董事长刘寒松，带领公司发力路内停车场景，打造出拥有自主知识产权的城市级智慧停车管理平台。

作为国家5A级物流企业、全国先进物流集体、中国物流百强企业的负责人，山东佳怡物流有限公司董事长孙倩创建了现代物流与供应链服务的知名综合性企业，集团旗下拥有9大子公司、30家分公司，90多个区域配送中心，为供应链上下游的10万家客户提供现代化、智能化全环节供应链服务。

青岛道安工贸股份有限公司董事长纪道京，2003年创建了景祥国际贸易有限公司，短短几年公司出口额做到2亿美元；2009年创立青岛道安工贸股份有限公司，短短几年时间，公司经营得红红火火，分公司还开到了美国、欧洲。

济南市政协委员、宏葵生物（中国）股份有限公司董事长王保全，自2003年创业以来，带领公司创新发展理念，成功研发项目55项，转化52项，累计产生经济效益1513.46万元。宏葵生物（中国）股份有限公司先后荣获国家高新技术企业、国家科技型中小企业、莱芜市科技创新优秀企业等荣誉称号。目前，宏葵已发展医院600多家，代理商200多家，销售区域覆盖全国10多个省市地区。

淄博市临淄区政协常委、山东梅隆工程项目管理有限公司董事长秦美丽立足淄博，带领公司不断发展壮大，为社会安置就业、增加税收做出了积极贡献。连续10年荣获山东省住建厅颁发的“工程违价咨询企业信用等级A级证书”，多次荣获中价协“工程造价咨询企业信用3A证书”。

山东泰宝生物科技股份有限公司董事长周峰，创立的泰宝生物是一家专业生产和销售多功能新型肥料的国家高新技术企业，其中广西公司占地140亩，年产生物有机肥30万吨，成为全国最大的单体有机肥发酵生产基地。

易搜集团是一家专注互联网精准营销的数据科技公司，年创收超过 4 亿元。近年来，易搜集团董事长李伟心累计投入公益事业资金达 500 多万元。他不仅设立了“民盟易心公益助学金”资助奖励优秀学子、教师，还针对贫困家庭 8 岁至 14 岁儿童，发起了“希望小屋”儿童关爱项目。

服务社会显担当

“关注民生，服务社会”是民盟一直以来的优良传统。民盟先贤费孝通提出“出主意、想办法，做实事、做好事”的民盟工作方针，对多党合作事业的巩固和发展做出了重要贡献。山东民盟人紧紧抓住社会服务这个平台，充分发挥民盟优势，积极参与精准扶贫、疫情防控等社会服务活动，把民盟服务社会这一优良传统发扬光大，扩大了民盟的社会影响力。

青岛大森集团董事长张德森参与民盟中央领导赴贵州毕节王官小学开展的“同心助学”活动，将贫困学生、孤寡老人、留守儿童列为重点帮扶对象，投入公益资金 1500 多万元。

山东君同律师事务所副主任苏文政积极参加民盟山东省委开展的“助力乡村振兴县区行”活动，建立了“民盟同心帮扶法律援助服务站”，为村里的孤寡老人等弱势群体提供法律援助。

参与民盟中央对口支援贵州省精准扶贫工作的陈文武是青岛华泰公益基金会理事长，他投入资金 200 余万元，参与民盟“农村教育烛光行动”，每年都会为来自贫困山区参加青岛培训的校长和骨干教师提供生活用品的资助。

水泊梁山食品有限公司董事长王成允紧盯“黄河滩”，锁定“老病残”，助推乡村振兴和精准扶贫工作，连续 4 年为黄河滩区的 15 个贫困村的 600 多户贫困户 1600 多人实施分红救助，累计达 600 多万元，获评山东省精准扶贫工作先进个人。

临沂福瑞德担保集团董事长毛家传帮助农户、创业者、中小微企业先后建成扶贫户用光伏电站 7000 余座；捐建 100 套户用光伏电站系统及 20 年项目收益；热心公益慈善事业，并累计捐赠 600 万元。

被山东省人民政府授予“全省农村致富带头人”的山东狮克现代农业投资有限公司董事长孟伦，成立了全省首个民盟“同心扶贫”农业科技示范基地，牵手 126 户建档立卡贫困户，年培育新型职业农民 1.4 万人次，年人均效益增收 5600 余元。

2020年3月，烟台燕喜堂医药连锁有限公司荣获第一批“烟台市抗击疫情光荣榜”企业，这是国家发改委认定的“全国疫情防控重点保障企业”。荣誉的取得，公司董事长、烟台民营企业协会副会长李学文功不可没。抗击新冠肺炎疫情期间，李学文积极做好防疫物资协调，保障烟台生物医药供应及爱心捐赠工作。2020年大年初一开始，李学文往返江苏6次，行程1.5万千米采购口罩。李学文的付出得到了社会各界的认可，2020年6月，燕喜堂医药连锁有限公司荣获“爱心公益企业”荣誉称号，同时，李学文个人荣获“民盟山东省委抗击新冠肺炎疫情先进个人”荣誉称号。

胶州市绿城紫薇艺术学校校长、胶州市文旅局挂职副局长苏红，2014年创办胶州市紫薇艺校，在抓好教育的同时，苏红发动学校的教师和学生组建绿城紫薇志愿者队伍，投身于社会公益事业。为抗击新冠肺炎疫情，苏红与民盟胶州总支盟员一起，慷慨解囊，并成立紫薇艺术教育专项金200万元，用于抗疫一线人员的子女教育。

山东祥茂针织时装有限公司总经理马基明，在抗击新冠肺炎疫情时期，主动请缨，勇担社会责任，积极响应当地党委、政府的号召，利用自身纺织企业转产较快的优势，生产防控新冠肺炎急需的普通口罩，昼夜生产，将口罩产品全部调运到县应急局等职能部门统一调配使用，极大缓解了当地口罩短缺的压力。

东营鑫宝路汽车服务有限公司董事长任荫凤，一直热心于公益事业，不仅关心公司职工和社会弱势群体，资助品学兼优的贫困学生，还与“橄榄树公益组织”资助困难群众，在疫情期间积极捐款捐物，慰问多个执勤卡点，深入社区送去防疫物资。

山东新科建工消防工程有限公司总经理、山东新科消防职业技能培训学校有限公司负责人刘同强，在突如其来的新冠肺炎疫情面前，带领公司及时反应，不等不靠、奉献爱心，在确保企业一方平安的同时，积极捐款捐物，彰显了山东民营企业家的责任与担当。

新时代新征程，在推动非公有制经济又快又好发展的道路上，山东民盟组织履职尽责参政议政、建言献策助力发展；广大盟员立足本职，恪尽职守兢兢业业，岗位建功硕果累累。他们或在推动非公有制经济发展中建功立业，或在新冠肺炎疫情期间，或在自然灾害突发之时，勇于担当、默默奉献。他们用行动凝聚起蓬勃向心力，会集了更多同行者，为民盟事业和社会发展增光添彩。

（许玲然）

第 三 章

八十年同心同行　肝胆相照慰征途

心在民盟，魂系教育

吴富恒

吴富恒（1911—2001），河北滦县人，著名教育家、政治活动家、美国文学研究专家。曾任第六、七届山东省政协副主席，民盟山东省第三、四、五届主委，山东大学校长，中国美国文学研究会会长、《美国文学研究》主编。

吴富恒

作为中国民主同盟的一名老盟员，每每回想起半个世纪以来，在中国共产党的领导下，从事民盟工作的经历，就不由得心情激动。我把从事民盟工作以来的主要体会归为两条：第一条是抱着与共产党肝胆相照、荣辱与共的信念积极地参政议政，全力做好民盟工作；第二条是参政议政唯有立足本职，关注实践，才会发挥出更大、更好的作用。

我是做教育工作的，教书育人是我的本职，也是我的理想。所以，我自参加民盟以来，想得最多的始终还是教育工作。这么多年过去了，我在民盟做了一些事情，也大都与发展教育事业有着不解之缘，而且每一步都与共产党的关怀和支持密不可分。这里面有许多值得回顾和总结的，我就重点谈谈发展组织、参政议政、社会办学这几件事吧！

说到民盟的组织工作，就不能不提参加民盟这件事，这是我政治生命的真正起点，同时与我的民盟组织工作紧密相连不可分割。我在 1944 年开始参加民主活动，1946 年正式加入了民盟。当时我在云南大学教书，与中共党员楚图南、周新民，还有吴晗都是同事，他们也都是我的前辈。楚图南是文史系主任，我原来也在文史系，后来当了外文系主任。我加入民盟就是由楚图南和吴晗介绍的，在政治上受他们的影响也很深，记得同时入盟的还有闻一多先生等。那时我对国民党不满意，争取民主，通过学习毛泽东的《新民主主义论》《论联合政府》等，在思想上与共产党比较接近，所以就在中共党员的介绍下入了民盟。说起来很有意思，那时组织民盟的人大多是共产党员。因为进行反独裁求民主的活动，1947 年发生了“李闻惨案”，我也受到国民党的恫吓警告，便在共产党组织的帮助下来到山东参加革命工作。敌人进攻鲁南，我就到烟台参与一家叫《芝罘新闻》的报纸，宣传中共的方针政策。1948 年济南解放，我跟着文管工作队来到济南，接管山师，那时的山师位于现在省委的地方，但因房子已烧毁没接管成功。不久后，便到了华东大学工作。

我从 1959 年以来一直是全国政协委员，是第三届至第七届全国政协会议代表。我在民盟里的工作，重点是在共产党的领导下，发展民盟组织。先是以民主党派身份参加了山东省政协，那时的政协跟人大还是统一的，在那期间我组织成立了民盟济南市委。1950 年我去了青岛，在山东大学工作，华岗同志任校长。华岗也曾在云南大学工作过，那时他主要做西南地区党的统战工作，又兼云大文史系教授，所以我们早就认识。现在我来到他的身边工作，担任学校的教务长，后来向他提出加入共产党的请求。他对我说：“你入了党，是个新党员，而你在民盟里却是个老盟员，你留在民主党派更合适，更能发挥出个人作用。”他要我暂时不要入党。他很有政治经验。就这样，我在青岛民盟担任了组织部部长，继续从事组织发展工作。直到 1953 年我才加入了共产党，是经由当时的中央宣传部部长陆定一批准的。在青岛民盟担任组织部部长时，我介绍了王统照、童第周等著名知识分子入盟，在当时对团结广大知识分子产生了积极影响。童第周当时是山大副校长，我推荐他担任了民盟青岛市委主委，后来他到了民盟中央工作。我在青岛还发展了丁履德、郭贻诚、曲漱惠、谢联芬、徐文园、苗永明等教育界、知识界的同志加入了民盟。这些同志后来大都成为我省民主党派的主要领导。

作为一名老盟员，这些年我比较注重发挥民主监督和参政议政的作用，在政协里积极反映群众意见和呼声，在认真进行调查研究的基础上，提了很多建议和提案，受到了省委、省政府领导的重视和肯定。这些建议和提案基本都是围绕文化教育的问题而提出的，比如“发挥民盟的政党作用和智力优势，为振兴山东教育而努力”“建议兴办初级学院”“发展地区性专科教育，兴办市立初级学院”等。为了倡导新时期的道德教育，我还发表了《生活、学习、服务》《社会主义时期新道德建设框架构想》等文章。我很早就在想，山东是闻名全国的经济大省，又是一个具有悠久文化传统和深厚文化底蕴的省份。由于多种原因，长期以来山东的文化发展滞后于经济发展的情况是比较突出的。我们为什么不能既是经济大省也是文化大省，使经济与文化相互促进共同繁荣呢？所以，我在 1995 年 10 月省委召开的党派负责人会议上就正式提出：“山东应该在文化建设方面走在全国前列，率先建成文化先进省”，因为山东在这方面有着得天独厚的优越条件。在省政协七届四次会议上，我做了《关于从“九五”期间开始在山东建设文化先进省的建议》的大会发言，反响热烈。此前，我曾以省民盟主委的身份将这一建议致信省委领导，省委书记批示：“吴老的建议很有见地，请尽量采纳。”1997 年 3 月出版的《强省战略——山东经济与社会发展报告》一书第 3 编“世纪之交山东社会发展战略研究”中吸收了我的意见，明确提出了“确立文化先进省目标，强化教育的基础地位”这一概念。

社会办学也是这些年来我考虑较多、用力较大的一件事。这与上面所说的建设文化大省的思路也是一致的。我省是经济大省，多项经济指标都居全国前列，可人均国民生产总值却长期在中上水平徘徊。这里面原因很多，但教育的发展严重滞后于经济的发展无疑是一个值得重视的因素。有研究表明，就全国比较而言，山东省的人口素质是不高的。回想山东的教育，那可是有光辉传统的呀！古有孔子的“有教无类”，近有武训的“行乞办学”。自古以来，山东的教育在全国一直是位居前列非常发达的。可现在山东的教育状况在全国已算不上前列了。每年高中毕业生能考上大学的只有 30%，还有大批的学生没有进入大学深造的机会。这是个大问题，如不好好研究和解决，对山东社会经济文化的发展是非常不利的。

1980 年我到美国考察，发现他们在大学之外，还设有社区学院，也叫初级大学，属州辖市一级，专门为地方发展培养人才。我觉得这种地方办学、地方设置学科、地方安排就业的办法很有借鉴价值，可以成为我们解决教育问题的一个思路。回国后，我就在全国政协会上做宣传，可当时反响不是很大。后来，我向省里的领导汇报工作时提出了这种社会办学的想法，梁步庭、姜春云、赵志浩等同志听后都非常重视，都写了支持民盟办学的亲笔批示，还派教委的同志进行具体考察研究。从此，这种大办二年制职业学院以解决地方应用人才问题的工作就开展起来了。先是在肥城成立了“山东职业学院”，现已招收了三届学员，近500人，第一届学员已经毕业，在肥城市政府的全力支持下都走上了工作岗位。然后，又在寿光成立了“齐鲁职业技术学院”，现已招收学员260多名；后又在烟台成立了“山东原材料科技专修学院”。这些职业学院办起来后，反响很好，效果不错，也算是为“科教兴鲁”做了一点贡献吧！这些职业学院聘请我担任名誉董事长，我年纪大了，做不了别的，给他们当当参谋，为他们向社会多呼吁一下理解和支持，这些事还是可以做的。现在这种联系地方政府兴办职业学院的路子正越走越宽，目前临沂、邹平等地方也都申请在当地兴办职业学院。除此之外，由我所参与和提倡的社会办学方式还出现了好多种。据统计，近年来，全省已有十几个地市举办了各种类型的大专院校、职业中专、广播电视学校、补习学校及专业培训、短期培训，受教育者达数万人。

吴富恒主导创办的山东职业学院揭牌

当然，社会办学过程不可能没有问题和困难，如教育体制改革滞后，计划经济思维仍然存在，以及职业学院毕业生分配难等，但这只是前进中的问题和困难，随着改革的不断深化，总会得到解决的。我对社会办学的前途充满了信心，我现在思考如何依靠党的领导，依靠广大群众，办好教育，让更多的人掌握较高层次的知识和技能，使教育真正成为一门产业，真正促进经济的发展和文化的进步。我想，我也要老有所为，在有生之年，争取在山东办10所地方性的职业学院。

（摘自《肝胆相照五十年》中国文史出版社 1999. 9）

半世风雨，一生无悔

孔令仁

孔令仁（1924—2016），山东大学历史文化学院教授，著名社会活动家。第七届全国政协委员，第八、九届常委。曾任民盟中央第六、七、八届副主席，全国妇联第七、八届副主席，民盟山东省第三、四、五届副主委。作为孔子后裔，有着广泛的海外关系，为海外联谊做了大量工作。

孔令仁

我自1951年加入中国民主同盟至今，正好60年了。回首往事，感慨良多，用一句话概括，那就是：半世风雨，一生无悔。

我这一辈子，应当说加入民盟是一件重大的事情。我为什么要参加民盟呢？这与我在西南联大的学习生活，与那里的老师和同学对我的影响是有直接关系的。我于1942年进入昆明西南联合大学学习。那时的西南联大，是由北京大学、清华大学、南开大学在昆明联合组成并共同招生的，确实是英杰荟萃，名人咸集。我的老师，如闻一多、费孝通、钱伟长、吴晗、楚图南、冯友兰、马大猷、闻家驷、金岳霖、贺麟等名学者、名教授，对我一生的影响极为深远。这些老师不仅教我知识，还教会我做学问，更教会我如何做人。我是历史系的学生，不仅听过他们的课，而且都得过他们的学分。我选闻一多的《诗经》课，他讲得非常精彩，不是就诗论诗。他说学诗，首先要懂得诗，会欣赏诗，还要会作诗、写诗，而作诗最重要的是要先学会做人。吴晗讲授《中国通史》，这是一门必修课、重头课。起初，我觉得这门课从小学到高中都学过，还能有什么学头？可听了吴晗的通史课后，却大受教益。他将整个通史分成政治制度、用人制度、刑法、兵法、税法等多个方面、多条线索，从头到尾地讲下来。他为什么这样讲？就是要突出历史前进、时代变革这一主题。所以他在讲课时，常常批判时政，表达对国民党的不满和对未来的憧憬，希望中国向另一个方向发展，其民主政治倾向是非常明显的。吴晗当时是一个很明朗的民主左派，不仅他，许多老师也都是民主人士。闻一多为民主甚至牺牲在国民党特务的枪口之下。西南联大不愧是一个“民主的堡垒”。无论是从治学、做人，还是科学、民主，无不在我的精神世界中打下了深刻的烙印。尤其是这些极为我所景仰尊重的老师都是民盟成员，有的我当时就知道，有的是新中国成立后才了解。这对我最终作出加入民盟的抉择，是一个极大的激励和促动。

除老师外，我朝夕相处的同学对我的影响也特别大。新中国成立后，我发现他们许多都早已是中共党员或民盟成员。如长期担任《中国青年》负责人的黎勤，原国家教委副主任何东昌，全国人大常委会副委员长王汉斌，中央统战部常务副部长李定，《羊城晚报》总编、作家肖荻，新华社长期驻纽约的傅作义的女儿傅东菊，戏曲研究专家张定华，国家贸易部副部长、专门负责中国在美国的国际贸易的邹斯颐，全国妇联主席彭佩云，全国政协副主席孙孚凌，《中国少年报》总编、《北京教育》总编裴毓荪，《今日中国》总编张彦等，都是和我非常要好的同学，有的同学初中时就很熟悉了。我们在一起演话剧，在一次公演《雷雨》中，我演四凤，邹斯颐演周冲，张定华演鲁妈，肖荻是剧务。他们经常教育我，给我讲共产党的事情。虽然当时我不知道他们都是中共地下党员，但由于他们的引导和濡染，我对共产党有了新的认识和信念，从心里认定它就是中国的前途所在，希望所在。中国一定会走共产党指引的道路。

在西南联大时，我虽然思想上倾向于共产党，很向往民主，但从未想到要加入民盟或参加其他党派。老祖宗孔子所讲的“君子群而不党”，是我们孔氏家族的一条祖训。比如，我的伯父孔祥柯 31 岁时就是山东省议会副议长，曾代表山东人民在巴黎和会上，登台大声疾呼，反对将胶州湾割给日本。他的事迹在美国国会图书馆所藏的《中国名人录》中，以大量的篇幅并配以大幅照片的突出形式作了详细介绍。但他从未加入党派组织。我父亲孔祥勉本是学工科、搞电机业的，山东济宁、滕县等地的电机设备最早就是我父亲设计和安装的。但他由于受不了地方政府和军阀的欺压，被迫转行，先是到交通部购买交通器械，后到中央银行。抗战时期，他是昆明中央银行、中央信托局的经理。抗战后回到青岛，担任中国实业银行经理和青岛农工银行的总经理，被公举为银行公会的理事长，一生也没有一点党派色彩。但我为什么加入了民主党派呢？就是因为联大老师和同学的深刻影响，使我对共产党产生了一种特殊的感情，对民盟与共产党长期建立起来的肝胆相照、荣辱与共的密切关系充满了信心，从而最终让我做出了选择，在1951年加入了民盟。

对于这一政治选择，我从来就没有怀疑过和后悔过，即使在后来的政治运动中，我们家首当其冲地遭了殃，我的信念也没有丝毫的动摇。因为我对共产党抱有信心，对祖国的前途抱有信心。吴官正同志任山东省委书记时给我这样的评价：诚实、乐观、刚毅。我觉得他是理解我的。我是诚实的，从来对党忠心耿耿，实话实说；我是乐观的，因为我始终对党抱有信心；我是刚毅的，在任何逆境中都坚韧不拔，因为这是清华大学的校训，我和吴书记都是清华的学子，他这样评价我，让我深深感动。其实，刚毅的性格是建立在信心基础上的。中共十一届三中全会以后，我们全家都被落实了政策，受到了党和政府的关怀。我家兄弟姐妹8人，除姐姐在美国新闻界工作外，其他7个兄弟姐妹中，有6人分别成为全国、省、市政协副主席或委员。这表明我的政治选择是正确的，我的信念和信心是正确的。

这一点，在1985年访美过程中得到了进一步确证。那一年，我应中美学术交流委员会邀请，参加了“中美杰出学者互访项目”，于4月至7月到美国访问。中美学术交流委员会会长对我说，他已邀请了141位中国著名学者，我是第142位。这次访问的内容全部由我决定，所有费用由美方负责。山东省和中央统战部领导对我的出访非常关心，并作了具体安排。中央统战部副部长、我的老同学李定希望我在美国广交朋友，全面地介绍中国。就这样，我带着祖国的关爱和期待来到了美国。一下飞机，就见到中国驻美大使章文晋派到纽约机场来接我的人，并交给我所要途经的11个城市的飞机票和在美国所需的生活费支票，还为我办理了人身保险，总之一切事情都为我安排好了。我在美国的很多亲戚朋友也来到机场，他们告诉我，因我的行程推迟3天，纽约机场的广播每天都报道我的消息，所以人还没到，我已是当地的名人了。这次访美，我是多重身份，孔子的第76代孙女、清华大学和西南联大校友、山东大学教授，还是山东省政协副主席，特殊的身份便于我在美国广泛地结交朋友。尤其是我作为孔子后裔及中国孔子基金会的副会长，在美国文化界、知识界受到了特殊的礼遇，甚至加拿大、日本、印度、新加坡、朝鲜的专家教授也都闻讯而来，进行友好热烈的学术交流，以表达对孔子的崇敬。对此，我在

《访美归来话孔子》一文（见《群言》杂志及《人民政协报》）中做了具体介绍。

这次访美，我见到了许多当年的同窗旧友，有胡适的儿子胡祖望，居正的女儿居密，杨森的女儿杨郁文，龙云的儿子龙绳文、女儿龙国璧，陈纳德将军的夫人陈香梅，原国民党最高法院院长夏勤的儿子夏道泰等。当然还有我的姐姐孔令和及她的女儿董恺悌。恺悌是全美有名的 11 位华裔之一，美国著名的 ABC 电视台黄金时间新闻节目主播人。我的这些朋友过去对新中国，对中国知识分子的境况地位都有一些片面的看法，现在看到我既是大学教授，又是山东省政协副主席，并被美国最高学术机构邀请来访问，而且我在美期间完全可以单独自由活动，都觉得很吃惊。在他们的意识中，像我这样身份的人出国，又是到美国，起码必须得 3 个人以上同行。他们还看到我的穿衣打扮，一点不像想象中的大陆人的样子，也觉得很惊奇。特别是他们从我的介绍中得知了过去从未听过的祖国的真实情况。这一切，都使他们感受到了中国的发展和进步，并相信知识分子在祖国是受重视的，是有地位、有作为、能发挥作用的。他们很羡慕我在祖国的成就。这些人或许有些钱，生活上比较富裕，但社会地位较低，精神上觉得空虚，业余时间无非是凑在一起打麻将、唱京戏等。这样一对比，我越发为自己的人生选择而感到自豪。

有一段时间，我每天在美国图书馆看完书后，就步行到离此不远的姐姐那里。她在美国新闻总署的“美国之音”华语部工作。她的部主任得知我的身份，几次跟我闲聊，最后邀请我在“谈谈中国”节目中讲一讲中国的情况，给我 30 分钟时间。姐姐听后非常吃惊，因为这档节目给嘉宾的时间有 5 分钟就算多的，给 30 分钟的情况是从未有过的。我讲的题目主要是：中国经济的发展、儒学研究的状况、美国对中国的发展能做什么贡献等，分两次播出。我把这件事向中国大使馆做了汇报。当时中国驻美大使刚由韩叙同志接任。他足足用了两个小时，听我谈准备讲的内容，并作了补充。“谈谈中国”节目实际播放时间是 28 分钟，创了美国之音“谈谈中国”节目开播以来华人讲话时间的最高纪录。当时中国刚刚开放，外国人对中国的了解，大都停留在过去的时代。在节目中，我以自己的亲身感受向海外介绍今天的中国，澄清了一些误解，打消了许多人的疑虑。节目播出后，各方面的反映都很好，在海内外产生了很大的影响。回国后，我将这些情况向山大、省政协和民盟中央分别做了汇报，得到了各级领导的充分肯定。

我是教书的，过去只知道搞学问，没有任何政治经验，是共产党培养了我，把我放到现在这样的领导岗位上，使我有机会为社会工作，为人民服务。记得 1983

年3月，山大传闻，我将被安排当省政协委员，我觉得这不可能，因为在山大那么多年，我什么职务也没担任过，甚至连个小组长、教研室主任也都没干过。后来我被推荐为省政协委员，心里很吃惊也很高兴。我参加省政协后，被评选为省政协常委、副主席，当时的心情确实很复杂，觉得压力、责任重大。后来我连续担任三届省政协副主席。1986年我又被选为民盟中央常委，不久又被选为副主席。从1987年开始，我又连续三届担任全国政协委员，两届全国政协常委，倍感肩上的担子很重。我想，党和人民那么信任我，作为民盟的一员，我就要全力做好参政议政工作，多提意见建议，多办好事实事。1983年，我第一次在省政协会议上发言，提出关于教育改革的几条建议：加强教育投入；对社会科学不能偏，应当加强；将大学办社会转变为社会办大学；无论文理科学生，都要学习历史，特别是近代史。我的发言得到与会委员的一致赞同。报纸全文刊发了我的大会发言，还配发了照片。当时的苏毅然书记、梁步庭省长、李子超主席和各位省领导，也都从各方面给我鼓励和关切。我常常想，共产党对我如此充分信任、充分重用，说明共产党领导的多党合作制是很实在的，外国说我们8个民主党派都是些花瓶，这个说法要么是恶意攻击，要么就是不了解实情。从我这些年所作的提案和发言来看，基本是条条有反馈，件件有落实。有关部门常常走访我，征求我的具体意见，进行认真的研究解决。所以我在全国政协会议上讲："不说白不说，说了不白说，到底说不说？说！"自从当选全国妇联副主席后，我关注的领域除了教育外，还放在了妇女方面，重点提出要重视选用妇女领导干部、加强妇女就业措施等问题，引起各方面的反响。我知道，自己做的工作很有限，但得到的却很多。我唯有全力的工作才能不辜负这种神圣的信任。中央领导在中南海亲切地接见全国妇联领导班子，同我们一起合影留念。我把这一切看作党和人民对我的鼓励和鞭策，看作整个民盟的事业和光荣。

（仪平策记录整理，摘自2011年第六期《群言》）

我是怎样走上社会主义光明大道的

徐文园

徐文园（1914—2008），1952 年加入民盟，1954 年加入民建。1937 年参加抗日救亡运动。1942 年在成都金陵大学农学系毕业后留校任教。是第二、三、五、六、七届全国人大代表。山东省第五、六届政协副主席。民建山东省委第一、二届副主委，第三届主委。

值此中华人民共和国成立 50 周年之际，我回忆历历在目的往事，不禁欣喜异常。伟大光荣正确的中国共产党对我的恩情，我会一直念念不忘的。

“四面八方”政策

徐文园

全国解放之初，国民党四大家族的大企业由人民政府接管后成为国企，而私营工商业在国民经济中占了约六成的比重。由于刚刚解放，广大私营工商业者对党的政策不甚了解，心存疑虑。如何调动私营企业的积极性，党的政策起了正确的引导作用。尊敬的周恩来总理在 1950 年 4 月 13 日讲话中曾讲到“公私兼顾”“劳资两利”“城乡互助”“内外交流”（四面八方）的政策。我们听了传达报告后深受教育和鼓舞。如我经营的青岛同泰橡胶厂，原本是个小厂，生产自行车轮胎。新中国成立前，由于国民党反动派对广大解放区采取封锁措施，不许青岛市的工业产品到农村去，产品无销路，导致遣散工人，工厂停产，到青岛解放前夕，工厂已奄奄一息了。1949 年 6 月 2 日，万众欢呼青岛解放。同泰橡胶厂当即召回工人，开工生产，于同年 6 月底就有产品上市了。在贯彻劳资两利政策方面，同泰橡胶厂在有关部门的帮助下，成立了厂劳资协商会，厂工会在民主团结运动以后，发动职工提高生产积极性，提高了产品的质量和数量，从而降低了生产成本，扩大了销售，这也鼓舞了我的经营积极性，比如主动缩短了工人劳动时间和改善工人的劳动条件。厂劳资协商会经常就工厂的重大事项进行协商。中共中央山东分局曾就青岛同泰橡胶厂的经营函告华东分局并号召山东各地学习。在城乡互助方面，同泰橡胶厂除生产自行车轮胎外，为了适应农业生产和矿山运输的迫切需要，增加了手推车轮胎的生产。同泰橡胶厂还参加了青岛市有关方面组织的城乡物资交流大会，推销了产品，扩大了经营范围。

这样，同泰橡胶厂在恢复国民经济的 3 年过程中，发挥了一定的积极作用。经营发展了，也获得了利润。根据国家当时确定的企业利润分配“四马分肥”的原则，股东们也分得了 25% 的股息红利。广大私营工商业者皆大大欢喜，无不赞美党的政策好，誉之为“难忘的 1953 年”。

国家资本主义

同泰橡胶厂自恢复生产以来，得到人民政府有关部门的扶持。开始采取加工订货的方式。由于当时美帝国主义的封锁，从市场上采购原材料日益困难，同泰橡胶厂也乐于与人民政府有关部门签订合同，由有关部门以来料加工方式或以订货方式，提供所需原材料，同泰橡胶厂按质、按量、按期交货，有关部门按照核定的生产成本和利润付给工缴费。如果同泰橡胶厂能购得原材料自行生产销售，有关部门则不加限制。这就是国家资本主义初级阶段采取的方式。

双方合作一个阶段以后，关系更加密切，加上美国封锁加紧，已无法从市场上购到原材料，有关方面进一步采取收购、包销全部产品。这样，原材料供应与产品销售都有了保证，同泰橡胶厂也乐于专一搞好生产，只收取工缴费。工厂由此走上了国家资本主义的中级形式。

过渡时期总路线

新中国经过 3 年的努力，国民经济得到全面恢复和初步发展，进入了社会主义建设和社会主义改造的新时期。

1953 年 8 月，毛主席批示："从中华人民共和国成立，到社会主义改造基本完成，这是一个过渡时期。党在过渡时期的总路线和总任务，是要在一个相当长的时期内逐步实现国家的社会主义工业化，并逐步实现对农业、对手工业和对资本主义工商业的社会主义改造。"（简称一化三改）

国家对资本主义工商业的社会主义改造的具体内容，我亲身的体会，分为：对资本主义工商企业的社会主义改造和对资本主义工商业者的社会主义改造。国家对资本主义工商企业的社会主义改造是通过国家资本主义方式。如前所述，同泰橡胶厂在人民政府有关部门的扶持下，先后经过加工订货、收购包销等方式，已走上了国家资本主义的初级和中级阶段。

国家过渡时期总路线发表后，中共中央华东局在上海召开贯彻过渡时期总路线的会议，我荣幸地参加了中共山东省委统战部李宇超部长率领的山东代表团前往上海开会。在会上听到了陈毅市长的讲话。陈市长的讲话气势磅礴，语重心长，极具感染力，我听了很受启发。回青岛后，便代表青岛同泰橡胶厂申请青岛市人民政府批准，于 1954 年 6 月 1 日为第一批参加公私合营的单位，当时被誉为"摘苹果"。我同全厂职工一样，互相庆祝，欢欣不已。同时，青岛市私营工商业者与全国各地的同业们一样，都群情振奋，纷纷强烈要求参加公私合营。这样，一批又一批的、一个行业又一个行业的被批准了，这就是被誉为的"摘葡萄"。到 1956 年 1 月，全国都掀起了申请参加公私合营的高潮。1956 年 1 月 16 日，北京市民建会、工商联乐松生主委代表北京工商界在天安门向毛泽东主席献上北京市全行业公私合营的喜报。紧接着全国各大城市相继都在敲锣打鼓的热烈气氛中宣布全市实现全行业公私合营。从此，全国私营工商业全部走上了国家资本主义的高级形式。

公私合营后，各厂进行了对私方原有全部资产按当时价值清产核资工作。国家按私方资产数值 5%，每年发给定息，一直连续发了 10 年。这就是说，私方原有资产的一半已回收了。这充分体现了党对资本主义工商业者利益的兼顾。这样，党对资本主义工商企业的社会主义改造已经胜利完成了。

工商业者个人的政治思想改造

前段已谈到，党对资本主义工商企业的改造政策是利用、限制、改造。与此相对应，党对资本主义工商业者的政策是团结、教育、改造，主要是通过学习，引导工商业者进行政治思想改造。

我们都是从旧社会过来的。对新社会的事物和党的政策知之甚少，所以内心都有“我要学习”的迫切愿望。

学习时间安排在每天早晨上班前一小时，晚饭后学习两小时。时间安排虽然很紧，但同业们的学习积极性很高。学习内容方面，既有党的路线方针政策学习，也有理论学习。理论学习方面，我们学习了辩证唯物主义和历史唯物主义等。

通过学习，我们认识到人类社会的发展，是由原始社会、奴隶社会、封建社会、资本主义社会，必然向社会主义、共产主义社会方向发展的客观规律。我们也要求把自己的命运与国家的命运连在一起，决心走社会主义道路，永不反悔。

通过学习，我们认识到党对民族资产阶级与官僚资产阶级区分开来，分别对待。党对民族资产阶级并没有像苏联十月革命时所采取的剥夺政策，而是像周恩来总理 1952 年 10 月讲的，“将来用什么方法进入社会主义？总的来说，就是和平转变的道路。和平转变，是要经过一个相当长的时间，而且要转变得很自然，‘水到渠成’，如经过各种国家资本主义的方式，达到阶级消灭，个人愉快。”这就是说，在进行企业的社会主义改造的过程中，也相伴地进行工商业者个人的政治思想改造。

在个人政治思想改造方面，令我难忘的是，自 1959 年 12 月 16 日至 1960 年 2 月 21 日历时 68 天（其间包括春节）的民建中央和全国工商联联合召开的代表大会。

出席代表大会的代表近 2000 人，会上听了周恩来、陈毅、李先念等领导人的讲话，要求代表们贯彻和风细雨的自我教育、自我改造的精神，以三自（自己提出问题，自己分析问题，自己解决问题）为方针，三不（不抓辫子，不扣帽子，不打棍子）为原则。要求代表们自由交谈，敞开思想，说心里话，实事求是，以理服人。经过 65 天的预备会议，深入细致的讨论，代表们畅所欲言。大家掌握了自我批评的方法，从而提高了更好地进行自我教育、自我改造的积极性。这次会议被誉为“神仙会”，为工商业者进行政治思想改造打下了良好的基础。

结束语

纵观 50 年来，在中国共产党的教育和培养下，我是极其愉快地逐步走上了社会主义大道。

我受到了党给我的极高的政治待遇和生活待遇。这些都不是我所应当得到的，而是党的统一战线政策在我身上的体现。我对中国共产党是终生感恩不尽的。

我要继续遵循周恩来总理“活到老，学习到老，改造到老”的教导，在有生之年，高举邓小平理论伟大旗帜，在以江泽民同志为核心的党中央领导下，在我国建设中国特色社会主义伟大事业中，竭尽绵薄之力，在社会主义幸福大道上继续前进。

（摘自《肝胆相照五十年》中国文史出版社 1999. 9）

孜孜以求，风雨同舟

苗永明

苗永明（1929—2023），山东桓台人，毕业于齐鲁大学天文数学系，1957年加入民盟，1986 年参与筹建民进山东省委。历任山东师范大学副教授、山东省第六届政协副主席、山东省政协常委、民进山东省委主任委员等职务。

苗永明

20 世纪 30 年代，我出生在山东省一个不平凡的家庭，自幼便受到严格的中国文化传统教育。高中毕业后，我考上了当时山东省闻名的高等学府——齐鲁大学天文算学系。1950 年，我从齐鲁大学毕业。从此开始了我漫长而严谨的教学生涯，以及与党风雨同舟的历程。

孜孜以求，严谨治学

1950 年，我从齐鲁大学毕业后，任教于山东医学院，担任高等数学和物理实验等教学工作，兼任了山东医学院物理教研室的秘书工作。1956 年夏，我被调到山东师范学院数学系任助教，一年后任讲师。

高等院校的教学工作中，最繁重的是基础学科的教学。尤其在当时的教材不是非常配套齐全的情况下，凡是自己任教的课程，我都自己动手编写各种教材、讲义。我在数学系主讲“数学分析”课程，同时长期在物理系讲授“高等数学”“数学物理方法”等主要基础课程。在编写这几门课的教材、讲义过程中，我广泛参阅了国内外的有关论著，不断对这几门课程的教学体系进行调整，对教学内容进行深化。当时唯一的想法就是使学生能够从我这里得到更多的、更深厚的知识。

我长期从事高校基础数学的教学工作。后来也涉及一些与数学有关的边缘学科。

20 世纪 70 年代，我在山师数学系任教期间，地理系地下水专业招收了一批工农兵学员，我接受了为他们开设《地下水流向井非稳定流计算方法》新课的任务，由于这门课程是在计算机科学和计算方法的发展和推动下新兴起的一门边缘学科，在缺乏适当教材的情况下，我克服一切困难，自己编教材，写讲义。这门课程的开设可以说是我在数学教学中从基础理论性教学向应用理论性教学转变的标志。

20 世纪 80 年代初，山东师范学院开始招收硕士研究生。生物系生态学研究生需要讲授"数学生态学"和"数值生态学"两门首次开设的主要课程，这一任务主要落在了我的身上。当时国内没有现成的资料，只能把国外的原版书搬来，一边翻译，一边学习，一边讲授。为了进一步搞好这两门课程的教学，在讲授这两门学科的同时，我还进行了与其有关的生态模型结构及野外生态数据多元化分析方法的研究。

由于在教学与科研工作中取得了较好的成绩，我很快被晋升为副教授，20 世纪 90 年代初被晋升为教授。

风雨同舟的历程

我的父亲苗海南，在济南解放前夕和解放后，在中国共产党的教育、指引下，特别是在当时中共山东省的负责同志郭子华等的指导下，走上了与党风雨同舟之路。那时他的思想、抱负和作为给我以很大的影响、教育和鼓舞。虽然我的青年时代，是在风云之时，然而我认定了只有坚定不移地跟着中国共产党走，在党的领导下，才能使自己在政治上成长起来。这种思想跨越是在不断改造自己的主观世界的过程中实现的。树立正确的人生观、价值观、世界观，超越自我，跟上时代，符合党和人民的要求。这是我实现这一跨越的思想动力。特别是 1960 年夏，我参加了山东省青年联合会组织的山东青年代表赴京参观学习团，参观首都十大建筑、游览名胜古迹，祖国的大好河山、社会主义建设的伟大成就，更进一步激发了我爱党、爱国的热忱。

20 世纪 60 年代初，我刚刚 30 岁，被推举为济南市青年联合会常务委员。1962

年起连续四届，被推选为中国人民政治协商会议济南市委员会委员，其中一届为常务委员。在参加省市青年联合会工作、政协济南市的工作中，在不断学习的过程中，我认识到只有学好党的基本理论，学好党的路线、方针、政策，才能真正地把握大局，才能在原则问题上分清是非，方向正确，才能不断提高自己的思想政治素质。从此，我开始走上了与党风雨同舟的光荣历程。

由于组织的安排，时代的需要和个人政治选择，1957 年我加入了中国民主同盟，在盟组织的培养、教育下，深知作为民主党派成员，必须高举社会主义和爱国主义两面旗帜，为党和人民，为国家的兴旺发达尽心尽力，在参与盟组织的活动和工作中不断得到锻炼和提高。

20 世纪 70 年代末期，各民主党派恢复了活动，在民盟山东省第三次代表大会上，我被选为民盟山东省委员会委员。

随着经济的持续发展，社会的全面进步，祖国的政治形势越来越好，党的统一战线工作不断得到巩固与加强，在中共山东省委领导下，山东省各民主党派有了大的发展，工作日趋活跃，发挥的作用越来越大。

20 世纪 80 年代中期，中国民主促进会在山东省尚未建立省级组织。为了使民进在山东省的工作得到更大的发展，更好地发挥参政党的作用，因此中共山东省委和民进中央决定在 1986 年筹建民进山东省的省级组织机构。我荣幸地参与了筹建工作。

1987 年 3 月 7 日，经过紧张的筹备，中国民主促进会山东省工作委员会成立，我被选举为主任委员。1989 年，民进山东省第一届委员会成立，我被选举为主任委员。之后，我又连续在第二届和第三届当选为主任委员，并且连续三届被选为省政协副主席，连续三届被推举为全国政协委员。对于这些荣誉，我深感这是党对我极大的信任，是省政协和全省民进会员给我的荣誉，也是对我的殷切希望，我觉得肩负的担子是沉甸甸的。

在我和其他领导同志的共同努力下，十几年来民进山东省委员会的工作已经走上了一条正确、健康的发展道路。民主党派工作的重点应该放在加强党派自身建设和发挥参政党职能上来。

加强党派自身建设首先应注重学习。学习最重要的是学好邓小平理论，学好党的路线、方针、政策。在学习时，注重理论联系实际，特别是要结合自己的思想和工作实际才能真正将邓小平理论学好。同时，学习必须持之以恒，钻进去、沉到底、深入思考、反复琢磨、经常咀嚼，才能心领神会，真正学懂用好。在学习中，要向周围的人和事学习，到改革开放和现代化建设火热的工作实践中学习，并在实际工作中学会运用科学理论去分析问题、解决问题。

组织上的交替和政治上的交接是党派自身建设的重要内容。自从民进山东省工作委员会建立以来，在组织发展中狠抓了引进新人的工作，将那些有影响、有作用、层次高、有工作能力、热心会务，将来能形成组织凝聚力和号召力的人物，发展到组织中来，以使组织交替和政治交接有深厚的基础。正因为如此，在这世纪之交，民主党派实现组织交替、政治交接的关键时刻，民进山东省各级组织平稳顺利地完成了换届任务，实现了组织上的交替，一大批新人走上了民进山东省各级组织的领导岗位，稳定了山东省民进组织的大局，为进一步开展好党派工作，发挥参政党职能作用有着深远的战略意义。

参政议政是发挥参政党职能的重要方面。对于民进山东省委会每年在省政协会议上的提案或提交的调查报告，十几年来都是按时代和党与政府工作的需要，召开有关会议进行可行性论证，在进行大量调查研究的基础上，确定调研题目和提案的内容。在提案编写中字斟句酌，使提案达到为党和政府决策的科学性、民主化起到作用的目的。近年来，已有两件提案被山东省政协评为优秀提案。

作为民主党派的成员，一定要在长期的学习和工作中，不断地提高自己的政治素质和参政议政的能力。作为全国政协委员，每次到北京开会，我都会在深入调查研究的基础上，充分利用材料，进行深入思考和理性分析，认真写出提案，并尽可能地提出具有前瞻性和可操作性的措施。

社会每发展到一个时期，所出现的问题也不尽相同，只有不断深入基层，做认真细致的调查研究，才能发现问题，写出有见地的提案。前些年，我到农村去调查，发现鳏寡老人的赡养问题没有保障，我就此写了提案。后来与市民生活息息相关的生猪定点屠宰问题也引起了我的关注。而当乡镇企业异军突起时，由此而引发的环境污染问题则令我担忧。于是，在全国政协七届五次会议上，我提出了解决问题的七项措施，这个关于环境保护的提案，得到了提案委员会和有关部门的重视。《中国环境报》记者为此采访了我，并在头版显著位置发表了专访。在这次采访中。除谈了许多环保问题外，还涉及了我对长江三峡大坝工程建设的看法：大坝水库泥沙淤积问题如何解决；长江中上游各支流的水土和森林植被的保护等问题。

我还多次对素质教育及提高教师素质问题提过提案。近年来，当我意识到知识

2011 年民盟山东省委领导看望苗永明，并向其颁发“杰出老盟员”奖章

经济已成为市场经济中主要经济发展的增长点，而知识经济是以知识为基础，以高科技产业为支柱的经济，我为知识经济呼唤，并把知识经济有关的理论运用到提案、建议和有关讲话中，引起了关注。当前在建设有中国特色的社会主义伟大事业中，在建设社会主义市场经济过程中，知识已成为市场经济中主要经济发展的增长点，具有其他经济增长点不可替代的作用。充分理解知识经济的导向作用，对促进经济结构调整和促进经济持续快速发展具有重要的意义。

作为民主党派的成员，一定要时刻将人民群众的疾苦挂在心间。最近我在广播中得悉下岗女工的离婚率在增长。由此我想到，这可能与他们双方的心理疾患有关，在我们民进会员中，有心理学专家和治疗方面的医生，组织起来搞一个心理咨询和治疗诊所为他们解除心理上的障碍，提供优惠和方便，为他们再就业创造条件。这方面的工作正在顺利地进行着。

做人就要严、实、真

我认为对一个人来说，无论是做人还是对待工作，都应坚持 3 个字：严、实、真。具体来说，就是做人要正派、正直，要光明正大、严以律己。不要要手腕，不要搞假动作，不要有两面性。工作上要讲究严谨，要实事求是。这也是我对自己的基本要求。

4 年前，我患了眼疾，这给我的工作带来了很多不便。于是我获取信息、掌握材料的途径，由看变成了听。我通过听广播、听会议、听念书读报，了解国内外大事，掌握社情民意。如果是开会需要我发言，我就事先把要讲的内容，反复推敲、思索，在脑中多过几遍，比较重要的内容，就做到强记在心，以免挂一漏万。

我虽年近古稀，但我和大家一样都是在中国共产党培养教育下成长起来的教师，是从青年时代起坚持接受中国共产党的领导，坚持认真学习贯彻党的基本路线、方针、政策，使自己能跟上党的步伐，真心实意为党的事业多做工作、多做贡献。几十年来，这是我始终不渝的信念。

这一届我能再次当选为省政协副主席，是党对我的极大信任，是省政协委员和全省民进会员给我的无上荣誉，是对我的殷切期望。我一定不辱使命，不负众望，继续高举社会主义和爱国主义旗帜，牢牢把握团结民主两大主题，创造性地开展工作，决心在中共山东省委的领导下，一如既往，在邓小平理论指导下，沿着党的十五大指引的方向，努力开拓、履行职责、团结奋斗，为党的统一战线工作、民主党派工作、人民政协工作做出更多的贡献，谱写更加光辉的新篇章。

（摘自《肝胆相照五十年》中国文史出版社 1999. 9）

磨砺与成长

朱　铭

朱铭（1937—2011），曾任全国政协常委、山东省政协副主席，民盟山东省第六、七届主委，山东工艺美术学院副院长、资深教授，山东省美术家协会副主席等职。主要著作有《外国美术史》《设计史（上下）》等。

朱　铭

在中华人民共和国成立50周年的喜庆日子里，回顾自己走过的道路，也正是从一个12岁的懵懂少年，在党的教育下，逐步成长为能够自觉地与党同心同德，为中国的社会主义现代化事业贡献全部的——尽管是微薄的——力量的建设者的曲折过程。50年前的战争年代，革命前辈们出生入死，抛头颅洒热血，完成了创建中华人民共和国的伟大业绩。他们的理想、他们的愿望、他们终身追求的目标，就是要让我们的祖国富强起来，要让我们的人民富强起来，要让社会主义的中国屹立在世界的东方，永放光芒。这个伟大的任务，在中华人民共和国成立之后，就历史性地落到了我们这一代人的肩上。但是，回顾自己，在相当长的一段时期中，是没有意识到自己肩负的历史责任的。因此也不可避免地走了一些弯路，受了一些挫折，经受了一些锻炼和考验。正是由于有中国共产党的坚强领导，有党的耐心教育和帮助，有许许多多共产党人的关心和培养，同心协力，患难与共，加入到为实现建设有中国特色的社会主义这一宏伟目标而奋斗终生的这支伟大的队伍中来。

回顾一生中，坎坎坷坷、磕磕碰碰的事儿实在不少，每一次坎坷，每一次碰撞，都是一次锻炼，都有一次进步。在这里简单地叙述一二，做一交流，并求得大家的帮助，我想也是十分有益的。

一

我降生到这个世界上来的时间似乎有些不巧，那是1937年7月，卢沟桥的枪声刚刚拉开全面抗日的序幕，我的故乡苏北不久也沦为日寇占领区。自家的房子被当作日寇的军粮仓库，祖父谢世，在泰州读高中的父亲被投入日寇的牢狱。到了1942年，一把大火将日寇的军粮烧得精光，父亲连夜出走，从此杳无音信。这个家，同当时许许多多的家庭一样，破灭在日寇的铁蹄之下。1945年8月，抗战胜利、日寇投降的消息传到我们这个小镇的时候，我们家的情景是这样的：年近七旬的祖母、刚刚8岁的我和6岁的妹妹，在妈妈的支撑下，依靠亲戚的接济，过着食不果腹的日子。

大约在1946年春，终于得到父亲的消息，他在经过3年多的颠沛流离之后，落脚在浙江乐清县的长林盐场。于是，把祖母托付给几位姑母之后，全家迁徙乐清，投奔父亲去了。我从小学五年级到初中一年级，都是在乐清读的。直到1949年，我们在乐清迎来了全中国的解放。也就是在这里，我第一次见到共产党、解放军。记得那是深秋的一个早晨，我们学校的全体师生，排着整齐的队伍，在校长的带领下，徒步出城，排列在距城东五六公里的大路两边，和各界代表一起，欢迎解放军入城。大约10点钟左右，身着黄色军服，脚上一律穿着草鞋的解放军队伍，高举着红旗，唱着歌曲，沿着大路，在我们的欢呼声中，浩浩荡荡向城里开来。不久，盐场来了军代表，我记得是两个人，态度都很和蔼。当时，父亲患肺结核已经非常严重，长期住在医院里，家里的一点积蓄都花在治病买药上。母亲的首饰，父亲的手表、钢笔、照相机，都变卖一空。祖母叫人接连不断写信来，一定要全家回老家来。一方面因为交通阻断；另一方面也因为囊空如洗，无法成行。在这种情况下，军代表来到家中，向父亲说明军管会对留用人员的政策："留者欢迎，去者欢送"，由公家发放路费和安家费，介绍回原籍安排。父亲当然选择了后者。在全家人处于绝境的情况下，党的政策给了我们一线光明。这是我一生中面对面地接触到的第一位共产党员，可惜，我不知道他的名字。

1949 年 8 月，我们在军管会的安排下，千里迢迢回到苏北老家——溱潼。不久，父亲便去世了，全家生活陷入绝境。虽然父亲的临终遗言是要我和妹妹好好读书，但是，连吃饭都成问题，怎么有钱上学呢？就在这时候，我生活中的第二位共产党人——傅鸿渐，伸出了他有力的手。他是溱潼中学的校长，一位很有威信的教育家。由他决定，免除我的学费，还享有高额助学金，全部住校，如同参军、参干一样待遇。1951 年，我在溱潼中学初中毕业。为了减轻家里的负担，早一点参加工作，协助妈妈养家糊口，我考入了江苏省立如皋师范学校。在这里，我受到许多优秀教师的教导，而一位杰出的教育家朱仕远副校长，却是使我的世界观得到升华的指路人。他体质瘦弱，说话很轻，因为不上课，平常和学生接触不多。当时我担任学生会的宣传委员，负责出黑板报，他常常一声不响地站在我身后，检查错别字。待我写完，他便问我读过些什么书？随即也告诉我应该读些什么书。他的夫人是图书馆的管理员，所以我总是借他推荐的书。3 年中，经他推荐，我陆续读完了艾思奇的《大众哲学》、黑格尔的《小逻辑》、果戈理的《密尔格拉得》和鲁迅几乎全部的作品。他是我成长过程中最有影响的第三位共产党员。

1954 年，如师毕业后，我幸运地得到报考高等师范院校的机会，考上山东师范学院艺术系，攻读二年后，留校任助教，从而踏上了专心治学的道路。

1960 年夏天，我从农场回到学校，继续担任教学工作，这时山师艺术系已与山东省艺术学校合并成立山东艺术专科学校，并且增设了工艺美术专业，我便在这个新专业担任教学工作。重上课堂，作为一个年轻的助教，本来是一件高兴的事，但是我的心情却十分沉重。一是劳动两年，业务荒疏，又担任一些新的课程，唯恐学生提意见；二是右派上讲堂，是要在群众监督下好好改造，不是让你去指手画脚的，确实很难做人。但是，学校党委的态度却很快消除了我的顾虑，党委书记刘盛春亲自到北京的中央艺术院校把一批右派老师招聘到山东来任教，听说我上课有顾虑，又派我到南京艺术学院去进修。在后来的教学中，我从来不曾受到过来自党委领导和学生的歧视和刁难，放心、放胆、放手，在工艺美术教学上努力闯新路、攀高峰，同大家一起，使新建的工艺专业办得有声有色。山东艺专在 20 世纪五六十年代为全省培养出大批优秀的艺术人才，不能不归功于刘盛春书记正确地执行了党的文艺方针和教育方针，正确地执行了党的知识分子政策，全校形成了一种团结向上、奋发图强的积极氛围。在全省各地的工厂、农村、兵营、水库工地，到处活跃着山东艺专的师生，同工农兵交朋友，塑造他们的英雄形象，宣传他们的伟大业绩，同时创立了山东艺专的校风，树起了山东艺专的形象，至今仍然令人留恋不已。

1966 年，被那一场“史无前例”搅乱了的学校此后一蹶不振。直到通过拨乱反正，落实党的十一届三中全会决议，学校方才重振雄风，走上一条健康发展的道路。我在这所学校工作了整整 35 年，度过了人生最宝贵的青年时代。回忆往事，百感交集，但总体来说，我感到欣慰，因为我在这里所做的一切：研究学问、培养人才、服务社会、造福人民，都得到了党和人民的肯定，也都得到了如今遍布天南海北的一届届毕业生们的肯定。每当听到他们亲切地叫一声“老师”时，我的心里会立即勾起数不清的酸甜苦辣、数不清的喜怒哀乐，以及兴奋的眼泪和由衷的嗟叹。我高兴地看到，在这片繁花似锦的土地上，有我洒下的汗水，有我播下的种子，有我创下的事业，有我赢得的欢乐。当然，也有同我风雨同舟、患难与共，一起走过这一段人生旅途的许多共产党员，同我共享这友谊的芳香。

二

我是 1984 年加入中国民主同盟的。但是，我对民盟的认识和了解，却是从学生时代就开始了。著名爱国民主人士、民盟领导人李公朴、闻一多用鲜血和生命唤起民众，为推翻蒋介石、建立新中国，做出了不可磨灭的贡献。在山师艺术系求学时，我的老师中就有不少人是中国民主同盟盟员，如戴秉心先生、王企华先生、吕品先生、刘家裕先生；后来在山东艺专时，又有关友声、黑伯龙、刘鲁生诸先生，也都是民盟盟员，他们都是德高望重的艺术家，在师生中享有崇高的威望。所以，在那时，我已经对民盟有很高的崇敬之情。

在学生时代，我便是共青团员，毕业后留校任教，还担任过教师团支部的委员。

党的十一届三中全会以后，各民主党派恢复活动，并注意发展比较年轻的成员，这时，我的老师吕品先生向我提起入盟的事。吕先生是 20 世纪 50 年代初在青岛加入民盟的，曾担任青岛民盟市委的领导，当时是民盟山东省委委员。1984 年，经他和杨健的介绍，我也成为一名民盟盟员，参加民盟山东艺术学院支部的活动。当时，刚刚恢复高考，大批社会青年和回城知青积极准备报考高校，文化补习班一时十分火爆，民盟省委社会服务部的同志们，为满足这一要求在市内办了多处夜校，由盟员教师分担教学任务，美术班设在省实验小学，由我负责组织老师来上课。大家不分寒暑，顶风冒雪，全心全意为学生着想，给美术院校输送了不少新鲜血液，有不少人已经成为很有成就的画家。不久，我被选为支部的主委，并在1987年第四次全省代表大会上当选为省委委员。由于参加民盟的工作，我接触到了许多民盟的老前辈、老领导，如费孝通、钱伟长、丁石孙、谈家桢、马大猷、罗涵先、吴富恒、曾呈奎、孔令仁、蒋士和、方运承、阎长泰、张振湘、喻衡、余松烈和已经去世的楚图南、李文宜、高天、王统照、丁履德、张汇泉、郭贻诚、臧燮元等。他们在政治上的坚定，道德上的高尚，学识上的渊博，治学上的严谨，待人上的谦逊，处世上的通达，在我的心目中树立起一个个崇高的榜样。

1991年，我正积极要求加入中国共产党，却接到通知，到社会主义学院参加党外干部学习班，接着，被调往山东工艺美术学院担任副院长，从一个普通老师，走上行政领导岗位，而且是非党领导职务，实在地说，思想上的压力是很大的。虽然，关于统战理论的学习，使我认识到用马克思列宁主义武装头脑，坚定不移地跟共产党走，不管在党内、党外，都是可以一样发挥作用的。但是，以一个党外人士的身份，开展起工作来，必然会碰到许多特殊的问题，最核心的问题就是“能不能说了算”。在同学校党委一班人合作共事的过程中，我深深体会到，归根到底，还是一个是不是依照党的政策办事的问题，依照党的政策办事，符合客观规律，你就会说了算；而不按照政策办，违背客观规律，不论你是党内、党外，都一样说了不算，即使暂时“算”了，将来也还是要被否定的。在这一段工作中，我同党委一班人的团结协作、互相支持、互相尊重，是我能顺利完成任务的关键，同时，也是我学会去做领导工作的根本保证。

1992年，民盟山东省第五次代表大会上，我又被大家推举为副主委，在吴富恒主委的耐心帮助和指导下，努力学习做好党派工作的特殊规律。这就要正确把握民主党派的性质特点，努力学习党的统一战线理论和政策，依照邓小平建设有中国特色的社会主义理论，把党派工作做好。中国民主同盟是以文化、教育和科技界的高中级知识分子为主体的民主党派，成员大多是学术造诣较高的教授、专家，知识层次高，理论水平高，文化修养高，是我们国家的宝贵财富。在1992年召开的第八届全国政协会议上，我被推举为民盟界的全国政协委员，参加了对国家大事的政治协商，这使我更感到自己肩负的政治责任重大，就更需要学习。1994年，我得到了到中央社会主义学院学习的机会，得以系统地学习了邓小平建设有中国特色的社会主义理论、新时期统一战线工作的理论，以及民主党派的历史使命等内容。在学习过程中，来自各省市、各党派的学员，还联系自己的实际，谈了各自工作和学习中碰到的问题，以及解决这些问题的办法。参加这一期学习班的成员，都是民主党派中既有一定专业所长，又兼任一定党派工作的同志，所以，互相交流的内容，特别具有针对性。对我这个党派工作上的新兵，启发就更大了。

1997 年，省民盟第六次代表大会召开，吴富恒主委因为年事已高，退了下来，我被推选为民盟山东省委的主委，并代表民盟参加山东省政协的领导工作。因此，作为一个已经 60 岁的人，我又一次面临着再学习的任务。中国人民政治协商会议，是老一辈无产阶级革命家毛泽东、周恩来、刘少奇等亲手缔造的、最广泛地团结一切爱国力量，共同致力于把我们的祖国建设成繁荣富强的社会主义国家这一伟大历史使命的统一战线组织。1949 年，在中国人民解放军打垮蒋介石，解放全中国之后，毛泽东主席邀集各民主党派，成立中国人民政治协商会议，共商建国大计。从而确定了新中国的建国纲领，包括国家的性质、道路、政体、政纲和中央人民政府的组成。1954 年，中华人民共和国第一届全国人民代表大会召开，《中华人民共和国宪法》颁布实施，中国人民政治协商会议仍然继续存在，继续承担着政治协商、民主监督、参政议政的重要任务，从而体现出我国社会主义民主政治的优越性。在政协恢复活动之际，邓小平同志指出，中国的社会主义现代化建设事业，继续需要政协就有关国家的大政方针、政治生活和四个现代化建设中的各项社会经济问题，进行协商、讨论。现在，政治协商作为我国基本政治制度的一项重要内容，已经载入宪法，写入中国共产党和各民主党派的党章。也就是说，应当成为我们共同遵守、努力执行的任务。近年来，山东民盟围绕“大力发展教育事业，提高全民文化素质”这一主题，就推进素质教育，提高教学质量，促进教育改革，发展民办教育等方面，从理论探索到社会实践，做出了一些力所能及的努力，取得了一些受到社会肯定的成绩。以此为基础，在今后的工作中，还要在大力发展民办高等职业技术教育问题上，为国分忧，满足人民群众日益增长的精神文化要求。

在庆祝中华人民共和国成立 50 周年、人民政协成立 50 周年之际，作为一名民主党派的成员，作为一名政协委员，我一定要以高度的历史使命感、责任感，认真学习邓小平理论，努力做好各项工作，为实现建设有中国特色的社会主义的宏伟目标而不懈努力，鞠躬尽瘁，死而后已！

（摘自《肝胆相照五十年》中国文史出版社 1999. 9）

不忘初心，胸怀大局，勇于担当

温孚江

温孚江，1955 年生，山东龙口人，理学博士。曾任全国人大常委会委员，民盟中央常委、山东省第八、九届主委，山东农业大学校长、教授、博士生导师。享受国务院政府特殊津贴专家，国家有突出贡献的中青年专家，全国优秀工作者，全国优秀教师。

党的十八大以来，习近平总书记多次就人才工作发表重要讲话。在今年全国“两会”期间，习近平总书记参加民进、农工党、九三学社委员联组讨论时再次强调，伟大的事业更加需要知识和知识分子，更加需要知识分子为国家富强、民族振兴、人民幸福多做贡献。总书记的讲话充分体现了党中央对知识分子的高度重视和殷切期望。民盟是以从事文化教育及科学技术工作的高中级知识分子为主体的民主党派，落实总书记的要求，充分发挥知识分子的作用责无旁贷。

温孚江

引导广大盟员始终胸怀大局，坚守正道，身体力行，做社会主义核心价值观的模范遵循者和践行者

中国传统知识分子历来有浓厚的家国情怀，“位卑未敢忘忧国”，有强烈的社会责任感，重道义、勇担当，“为天地立心，为生民立命，为往圣继绝学，为万世开

太平”。20 世纪民族危难之际，民盟诸位先贤创立民盟的初衷，也正是家国情怀和坚守道义的体现。

在新时代下，家国情怀的新内涵就是习近平总书记强调的“坚持国家至上、民族至上、人民至上，始终胸怀大局、心有大我”，把个人价值实现同国家和民族发展紧密联系在一起，同人民群众的期待紧紧联系在一起。中国民主同盟是爱国统一战线的组成部分，是具有政治联盟特点的，接受中国共产党领导、同中国共产党通力合作，进步性与广泛性相统一、致力于中国特色社会主义事业的参政党。民盟盟员和民盟所联系的知识分子，是党外知识分子的重要组成部分，理应承担起国家和社会赋予的重任，自觉做践行社会主义核心价值观的模范。民盟山东省委将以民盟传统教育为抓手，积极引导广大盟员不忘合作初心，在民盟历史的学习和优良传统的传承中，知晓来路、明确方向，将老一辈盟员的历史选择内化为当代盟员的自觉选择，更好地与中国共产党继续携手前进。通过继续深化坚持和发展中国特色社会主义学习实践活动，引导广大盟员不断增强中国特色社会主义道路自信、理论自信、制度自信、文化自信，坚守正道、追求真理，从自我做起、从现在做起、从日常生活做起，身体力行地带动身边的人遵循社会主义核心价值观，把承担的社会责任融入民盟履行职能的历史责任中去，把个人的价值实现融入中华民族伟大复兴的中国梦中来。

引导广大盟员积极投身创新发展实践，立足本职，扎实工作，主动担当，积极作为，为全面建成小康社会、建设世界科技强国做出更大的贡献

创新是民族进步的灵魂，是一个国家兴旺发达的不竭源泉。当前国家之间的竞争，越来越体现为创新能力的竞争。目前，我国正处于经济发展新常态，发展模式的转型期、发展动力的切换期，国家对科技支撑的需求比以往任何时期都更加迫切。知识分子积极投身创新发展实践，就应想国家之所想、急国家之所急，紧紧围绕经济竞争力的核心关键、社会发展的瓶颈制约、国家安全的重大挑战，不断增加知识积累，不断强化创新意识，不断提升创新能力，不断攀登创新高峰。这是知识分子义不容辞的使命，也是知识分子大显身手的重要历史机遇。曾任民盟中央副主席、名誉主席的著名数学家苏步青教授，在 90 岁高龄时仍以“丹心未泯创新愿，白发犹残求是辉”来表达自己生命不息创新不止的心声，成为我们广大盟员的行动楷模。民盟山东省委将竭力引导盟员投身创新发展实践，并通过参政议政、民主监

督、参加中国共产党领导的政治协商等各种方式，围绕我省深化科技体制改革和创新驱动发展等重大问题积极建言献策。

进一步加强自身建设，不断提高山东民盟履职能力和水平

当前山东民盟市级组织换届基本完成、省级组织换届在即，我们将以换届为契机，加强学习教育，确保人事继替中盟的政治方向不变、优良传统不变、优势和特点不变，努力换出新干劲，换出新气象，推动民盟事业和我省多党合作事业能够更好地发展；继续推进全面从严治盟，进一步加强思想建设、组织建设、制度建设，特别是领导班子建设，努力提高政治把握能力、参政议政能力、组织领导能力、合作共事能力、解决自身问题能力。2017 年是实施“十三五”规划的重要一年，也是推进供给侧结构性改革的深化之年，民盟省委将积极创新盟务工作方式，紧扣“十三五”规划实施和经济社会发展目标，继续发挥“全盟参政”的优势力量，坚持问题导向，深入调查研究。按照“不调研不发言”的要求，进诤言、献良策、做挚友，为我省加快经济文化强省建设和在全面建成小康社会进程中走在前列做出应有贡献。

（摘自《山东统一战线》2017）

国家的需要就是我的志愿

胡敦欣

胡敦欣，1936年生，民盟盟员，中国科学院院士，著名物理海洋学家，中科院海洋所研究员、博导。中国海洋湖沼学会名誉理事长，国际黄海研究会名誉会长，“西北太平洋海洋环流与气候试验（NPOCE）”国际合作计划科学指导委员会主席。曾任中科院海洋所副所长、学术委员会主任，在国际地圈生物圈计划（IGBP）科学委员会等10余个国际学术组织任职，第十届全国人大代表。

胡敦欣

1956年，我在山东省即墨一中读高三，即将毕业。由于我力学学得很好，班主任建议我报考北京大学数学力学系。当时，正赶上国家制定《十二年科学技术发展规划》，党中央提出“向科学进军”的号召，就在填报高考志愿时，山东大学海洋系的两位招生老师来到即墨一中，挑选品学兼优的学生报考海洋系。两位老师向我们介绍，海洋专业是与国防事业有关的保密专业，国家建设急需这类人才。国家的需要就是我的志愿，既然国家需要这样的人才，我便要响应国家的号召！三个毕业班共挑了20余名，我也在其中，这是我进入海洋科学研究的第一步。

大学期间，我潜心学习，对物理海洋产生了浓厚兴趣。1961年，大学毕业后我考取了中国科学院海洋研究所的研究生，师从著名物理海洋学家毛汉礼院士。毛先生 1954 年从美国斯克里普斯海洋研究所回国，后开创和发展了我国的物理海洋学研究。他治学严谨、一丝不苟，要求年轻研究人员周一至周五晚上都到研究室学习外文和业务，要有“像胶一样黏在椅子上”的精神，坐下就不起来。在毛先生的严格要求下，我练就了一个法宝——一坐下来就能集中精力到学习上，心无旁骛，极其有效，并称其为“科学上的意守丹田”。这个法宝终生有效，终生难忘，希望现在的年轻人也能用上这个法宝！

胡敦欣参加国际学术研讨会

从近海迈向大洋深处

1979—1982 年，我受国家委派去美国麻省理工学院、伍兹霍尔海洋研究所、华盛顿大学做访问学者。20 世纪 80 年代以前，我国的海洋科学调查研究基本上局限于中国近海。在美期间，我目睹了国际海洋科学的迅猛发展，萌发了“走出中国近海，挺进大洋”的想法。

1982 年，如期回国后，我和我国大气、海洋界的科学家一起向国家有关部委和中国科学院提出组织西太平洋环流与海气相互作用调查研究的建议，因为西太平洋海洋环流与气候研究对于理解全球气候变化，提升我国气候预测能力至关重要。20世纪80年代中期，“中美赤道西太平洋海气相互作用联合调查研究”和中国科学院6个研究所的合作项目“热带西太平洋海气相互作用与年际气候变化”相继启动。中国的海洋环流研究由此从中国近海走向了大洋。作为这两个项目发起人之一，我参与了项目计划的设计、制订和实施。

20世纪八九十年代，TOGA/WOCE计划期间，中国是计划参与者之一，在其实施过程中发挥了重要作用。我作为首席科学家，连续5年每年组织实施一次西太平洋考察。经过长期考察积累，我和团队发现菲律宾第二大岛——棉兰老岛以东的太平洋棉兰老海流之下有一支和上层流向相反的潜流，并命名为“棉兰老潜流——MUC”，这是半个世纪以来在西太平洋的两大海洋科学发现之一，也是当时唯一一支由中国人发现并命名的洋流，获得国际上广泛承认，是中国海洋科学研究从近海走进大洋的标志性成果。

结缘民盟，关心盟务，议政建言

1988年，著名的海洋生物学家，中科院海洋所的名誉所长曾呈奎院士时任民盟青岛市委主委，推荐我加入民盟。入盟以来，我先后担任过民盟海洋所支部主委，民盟青岛市委副主委，也曾是市政协常委、省政协委员、全国人大代表。2006年全国人大会议上，我提交了《着力培养创新型人才，努力建设创新型国家》的议案。议案从我国教育和人才培养的现状入手，明确指出建设创新型国家关键在于人才培养，详细分析了我国教育和人才培养过程中的问题，并提出了意见和建议，引起了各大媒体和与会人员的密切关注。此外，我就循环经济、能源环保、研究生教育等众多问题向大会提交提案、议案，将自己实地考察和科研教育工作中遇到的情况总结反映、建言献策。2007年全国“两会”上，我提交了《关于我国科研经费配置的建议》和《关于在全社会倡导求真务实、真抓实干的作风的建议》。

入盟以来，我一直关注着盟组织的自身建设，参政议政和政治协商工作，以及新盟员的发展和盟组织领导班子的建设。每一个组织的发展都免不了更新换代，但在更新换代的过程中存在着不变的东西——民盟组织的优良传统，这个传统不仅不应改变，而且还应在盟组织发展的过程中不断得到充实，进而成为维系广大盟员的无形纽带。盟组织的领导和大学教授有共同之处，那就是要有责任感，要把民盟组织的发展当成自己重要的责任，积极主动地想方设法把盟组织和广大盟员带进一个良性的发展轨道，只有这样才能履行好参政党职能，才能配合好党委、政府的工作，才能真正实现自己的价值。任何一个组织的成员，对本组织最好的贡献是应带着使命感和责任感做好本职工作并作出突出成就！

重视人才建设

从事海洋研究60年来，我曾多次提出培养创新型人才的重要性。一个单位包括科研院所，要有几个顶梁柱，像中科院海洋所已故的童第周、曾呈奎、毛汉礼老先生就是当年中科院海洋所的顶梁柱。一个时期，有这么几个人就可以带动大家开展创造性的工作，就能培养出高水平的人才。青年人要想成为顶梁柱，非用心下功夫不可，一要刻苦钻研，二要持之以恒，二者缺一不可。青年科研人员要耐得住寂寞，循序渐进，精力集中，做到科学上的“意守丹田”；有效地利用时间，没有淡泊名利的心境和严谨的治学态度，就难以在科学上做出突出的成绩。另外，我也不提倡给业务上冒尖的年轻科研人员过早戴上这“长”那“长”的帽子，以保证他们有更多的时间潜心钻研业务，攀登世界科技高峰。在山东省“十四五”科技创新规划编制建议中，我再次指出要培养和引进有引领能力、有突破可能的高端人才。早期我最期盼看到的就是在海洋所培养几个在国际上有显示度的中青年科学家，能和国外最先进的研究团队相比拟并实现超越，后来逐渐意识到仅在海洋所范围实现这一目标有一定局限性，应放眼全国，在整个海洋科学研究领域捕捉并培养强有力的顶尖人才和领军人物，代表中国海洋实力驰骋在国际赛场上，实现历史性突破！

立足前沿，探索不已

2010年历经6年的国内外奔波、交流和研讨后，我领衔国内外22位科学家发起“西北太平洋海洋环流与气候试验”（NPOCE）国际合作计划，获得国际同行及研究机构的认可和支持。中国、美国、日本、澳大利亚、韩国、德国、菲律宾、印尼8个国家的19个研究院所参与了NPOCE国际合作计划，这是我国领衔发起的第一个海洋领域大型国际合作计划，我担任这一计划的科学指导委员会主席。我国应在已有的基础上，积极推进中国深海大洋观测试验研究，提高中国大洋观测能力和在国际上的地位。而巩固和加强中国在 NPOCE 国际合作计划实施过程中的主导地位，这是践行这一发展思路的重大举措。

在 NPOCE 国际计划实施过程中，我领导团队通过 ADCP 实测海流数据证实三支潜流棉兰老潜流（MUC）、吕宋潜流（LUC）和北赤道潜流（NEUC）的存在，并揭示了其季节内变化特征和机制等，多项研究成果在相关期刊发表。

2015 年，我领衔 17 位国内外海洋学家和气候学家撰写的《太平洋西边界流及其气候效应》评述文章在《自然》杂志正式发表。文章评述了已有研究成果，并指出今后研究方向，特别是环流变化影响暖池，进而影响气候（东亚季风和旱涝等）的问题。这是《自然》杂志首次发表有关太平洋环流与气候研究的评述性文章，也是中国在该杂志发表的首篇海洋领域研究综述文章，进一步提升和巩固了我国在西太平洋海洋环流与气候研究方面的国际学术地位和引领作用。

60 余年的海洋科研，我先后发表了论文 230 余篇，出版专著 7 部。获得中国科学院重大科技成果奖一等奖、自然科学二等奖、中国科学院杰出科技成就奖、中国科学院“竺可桢野外科学工作奖”奖章“全国十大海洋人物”称号、国家海洋局“终身奉献海洋”纪念奖章、山东省科学技术最高奖、国防科工委科技进步奖等多项奖励和荣誉称号。

我在民盟基层服务20年

林育真

林育真，1937 年生，山东师范大学教授，研究生导师。多年担任动物学硕士研究生点专业负责人，长期从事动物生态学及动物地理学的教学与研究。个人撰写、译著及参编出版图书 26 部，在国内外发表论文 52 篇。一贯热心科普工作，致力于科普创作，获山东省第二届优秀科普书及科普短文两项一等奖。曾先后被国务院及民盟中央表彰为全国先进工作者。现为中国科普作协会员，山东省青少年科普专家团成员。

历史巨轮滚滚向前，在举国欢庆中国共产党成立100周年、中国民主同盟成立80周年的美好日子，回顾民盟与中国共产党肝胆相照、亲密合作的光辉历程，重温民盟前辈立盟为公、参政为民的优良传统，我作为民盟一员，尽管年逾耄耋，民盟组织给予的教育和温暖，民盟活动带给我认知的提高，至今铭记不忘。

我从1985年入盟，到2007年民盟山东师范大学总支部换届交接，在基层担任支部委员、副主委、总支部主委前后历时20多年，这是学习、锤炼服务精神的20年，也是人生丰富经历的20年。

先贤前辈的指引

青少年时期，我依靠国家奖学金获得学习机会，庆幸自己大学毕业得以分配到高校工作，只想好好捧着教师这只饭碗，让养育了我和我要养育的亲人有个安身之所，从未想到我会被选为这所大学的民盟主委。

20世纪80年代初，改革开放的春风吹遍神州大地，在民主党派恢复重建的新形势下，我加入了民盟。我的入盟介绍人是田凤翰先生，当时他是山师生物系知名教授、民盟支部主委，而我只是地理系的一名普通副教授。记得1985年年初，田老师让人送给我“盟章、盟史”材料，经过认真学习，我加深了对张澜、黄炎培、闻一多、李公朴、史良等民盟创始人光辉业绩的了解，敬佩民盟前辈勇当中共诤友，是伟大的民主革命家、教育家；同时感受到，民盟组织从成立起就是教育、科技界爱国知识分子的精神家园。1985年2月，我递交了入盟申请书，很快盟省委批复。当年5月，我被增补为盟支部委员，从此加入民盟基层服务的行列。

实际上，早在1958年我来山东师范学院（现山东师大前身）工作时，初次见到田老师，他正蒙冤长年受辱打扫教学楼走廊，但我知道，田凤翰先生是学风朴实的饱学之士。后来我学习山师大民盟历史时，才得知他是本校盟员第一人，也是唯一因新中国成立前加入民盟而享离休待遇者。济南解放前他曾参与创建民盟济南地下组织，与中共组织同心同德，投入为解放战争胜利的斗争。济南解放后，田老师获选民盟济南市委委员、济南市政协委员。1957年，他被错划为右派，“文革”期间被关进“牛棚”。种种打击没有摧垮他热爱民盟的初心，一旦党和民盟需要，他依然赤诚如故，1956年、1981年、1985年他担任三届山东师院民盟支部主委。

入盟后，我也才了解，由于我在“文革”后期中央“抓革命，促生产”方针号召下，曾先后应邀为省内一些工矿企业、研究所、大学和医院翻译了数十万字西德进口设备、仪器的应用、保养指南和专利说明书等，当年这种工作责任大、无报酬。老支委认为，我是一个勇于承担、热心公益的人，因此积极发展我为盟员。田老师是我的入盟引领人，也是我学习研究生态学的良师益友。我为有这样的先贤前辈感到荣幸。

组织的信任和支持

我在民盟基层的服务从负责支部宣传工作开始，当时毫无经验，眼见盟员分散在不同系科部门，想让盟员共享信息、凝心聚力，却不知从何入手。支部老支委苗永明先生（后来加入中国民主促进会，成长为副省长）建议：“依靠盟员投稿，创办支部盟讯”，并指点我去约田仲济先生写稿。田老是民盟老领导，1952年任山东师院首届主委，1962年民盟中央委任为筹建民盟山东省委的筹备委员。我想，他会为基层这份油印“盟讯”拨冗撰稿吗？令我意外的是，当田校长得知我的来意后，一口应允，而且第一个交稿。他审时度势，写了题为《发挥优势，为建设两个文明而努力》的文稿，观点鲜明，号召力强，正好作为《山东师大盟讯》第一期的开篇。有了田老的带头示范，支委和盟员也热情投稿，并积极参与支部的工作。《山东师大盟讯》和《支部简讯》，成为当时我们盟内加强联系、交流思想、推动学习、传递信息的良好媒介。

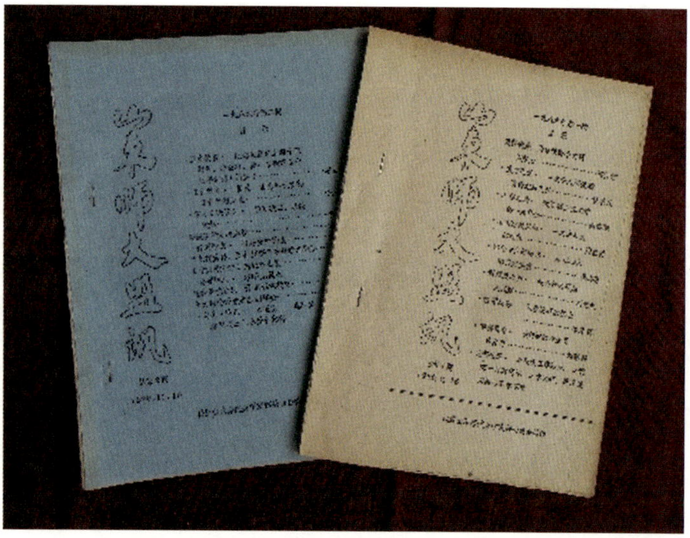

1986 年，民盟山师支部编印的《山东师大盟讯》

参加支委会的工作锻炼了我，也增强了我服务基层的信心，更主要的是使我领悟到，改革开放后民盟的党派属性及盟员职责，要牢记贯彻中共领导的多党合作和政治协商制度，积极宣传中国共产党的一系列路线、方针、政策。

在我担任支部委员和副主委期间，支部的各项工作和盟务活动依靠主委和老支委出主意、想办法，我尽力做好分担的任务，工作遇有困难，找领导、靠组织，就能解决。我感觉支部是一个团结和谐的基层组织，我在服务基层的同时，学到许多前所未知的事物。

1987 年我调入生物系，1990—1995 年，三次作为高级访问及研究学者公派德国，前后近 3 年缺席了副主委的职责。1995 年年初我第三次“海归”返校，支委和盟员同志们依然热情欢迎我重返盟支部工作。这时支部主委是武殿勋教授，他在学校外语建系初期就当过系主任，改革开放后得以重返教学岗位，担任民盟省委第四、五届委员。这年秋季他以民主协商方式召集全体支委、小组长和骨干盟员，共商换届改选事宜，推举我为候选主委。当时我知道武老师教学、行政、党派工作都富有经验，而我无此优势。我曾诚挚请武老师继续担任主委。武老师坦言，因身体原因不能继续为盟员服务了，勉励我“尊重盟员的选择”！

公派西德时的林育真

就这样，在武老师的举荐下，各方协商并经全体盟员大会投票，将我推到主委的职务上。后来得知，为了做好新老交接工作，武老师带着病体，骑着自行车，协助校统战部、盟省委做了大量认真细致的工作。1999 年，癌魔夺走了武老师的生命，我也失去了一位谦和诚恳为盟员服务的良师楷模。

心系民盟，尽力而为

承担支部全面工作的担子，担任民盟山师支部主委 11 年，我的心态是：不可辜负广大盟员和组织的信任，心系民盟，尽力而为。在盟支部里带头贯彻执行校党委、盟省委的各项指示要求，积极开展各项活动，团结支部委员和全体盟员，与时俱进，开展好组织建设、思想教育、宣传工作、妇女工作、参政议政、社会服务等各项事务。有几件工作我至今记忆清晰。

首先通过各种活动和渠道我认识了支部每一位盟员，采集了盟员的基本信息，制作完整的盟员信息表，并适时更新。这项工作便于盟省委遴选人才组织活动的参考，在支部内部印发给支委和小组长，便于互相联系。

1999 年 3 月，我接受民盟山东省委的建议，排除思想障碍和种种阻力，成功组建了包括山东师大两个附中支部盟员在内的总支部，组建了 4 个新的支委会，理顺组织结构，活动更加活跃。

领会民盟省委通报，关注基层组织老化情况，采取有力措施，多层次、多渠道发展盟员，一方面依靠盟员的推荐；另一方面请学校统战部提供信息、帮助协调，两三年间发展了 30 多名中青年骨干盟员，其中硕士生或博士生导师多名，这批素质好、学术造诣高、年轻肯干的盟员，后来有很多人成长为省盟或市盟的委员或领导人。组织发展使总支部盟员数达到 101 人。

教育学博士李剑萍，当年他到山师大报到后，来到民盟支部报到，我立即向民盟省委举荐他，不久组织部牛部长组织团队到青岛调研，李博士发挥专业特长，写出内容翔实的调研报告。后来，李剑萍成长为全国政协委员。

在思想建设方面，总支部有意识地结合“三点”（民盟的特点、时事的热点、学校工作的重点），精选材料，突出特色，吸引广大盟员积极参加总支部组织的学习活动，定期传达民盟中央、民盟省委重要会议精神，向盟员推介学习《人民政协报》《联合日报》和《山东盟讯》的文章。

在新老交替、新生代盟员日益增多的情况下，总支部坚持要求每位新盟员，都要参加一期民盟省委举办的新盟员学习班，因故缺席者下一期补上。集中培训对于本职繁忙的盟员深入学盟章、懂盟史大有助益。宣传教育、提高盟员自身素质，使盟总支保持积极活跃同时稳定团结的好局面。

2004 年民盟山师总支被评为“山东省民主党派为经济建设服务先进集体”，2006 年获得“中国民主同盟先进基层”光荣称号。成绩是全体盟员共同努力的结果。我个人除定期向盟省委撰写提交工作汇报外，几年间在《联合日报》《山东民盟》等刊物发表多篇专题文章，如《基层组织工作大有可为》《提高盟员整体素质，开拓参政议政新局面》《立足本职，创新奉献，努力为社会主义经济建设服务》《我们民盟总支部的火炬手》《加强自然保护区建设，进一步发展生态文化》《树立终身教育观念，推动社会力量办学》等。

盟友情谊，山高水长

1988 年，我荣幸膺选参加民盟第六次全国代表大会，并结识了曾呈奎院士，有机会向曾老请教，得到的不仅是真诚的答案，更是我从这位德高望重的院士盟员身上汲取奋进的力量，向他学习，活到老工作到老的实干精神。退休后我没有停顿，不断推出教科书、译著、科技及科普图书，举办公益科普讲座，为科普事业尽绵薄之力。

1997 年年底，我再度膺选参加民盟第八次全国代表大会，赴京前省委统战部领导嘱咐我，负责照顾孔令仁先生。那时孔先生精神好，对会议程序、作息一应事宜了然于心，反倒是她照顾我了。我还记得，孔先生交代我，收集女同胞的诉求。她是全国妇联副主席，时时心系妇女工作，让我很有感触。

2001 年我需到美国数月，一名研究生的毕业论文野外工作不能延后，请求临沂老盟友郑斯仁的帮助，他提供给学生一辆自行车及食宿，帮了我们的大忙，使这名学生顺利考入中科院动物所读博。

尽管我舍得花费时间和精力做基层工作，但由于当年交通不便，尚无手机，很多情况要靠双腿传递信息，忘不了吴俊良、谢勇等盟员，帮我分担了许多工作，感谢所有支委盟员团结协作，我才能走完服务基层的征途。

新冠肺炎疫情暴发后，盟友程道平、耿越顾念我年事已高，多次代购帮买生活物资送达家门，使我们老两口安全、放松地生活。

盟友情谊，山高水长！

改革开放带来“科学的春天”

吕柏源

吕柏源，1942 年生，广东惠阳人，民盟盟员，曾任青岛科技大学高分子材料加工机械研究所所长，教授、博士生导师，山东省化工工程机械重点学科学术带头人，兼任中国橡胶工业协会技术经济委员会会员，并担任山东省人民政府参事。曾任民盟第八届中央委员，民盟青岛市第九届副主委，第七届山东省政协常委、第八届山东省政协委员，第九届青岛市政协常委。先后获得“全国化工劳动模范”“全国化工科技先进工作者”“山东省专业技术拔尖人才”“化工部首届跨世纪优秀拔尖人才”“山东省突出贡献奖”“全国归侨侨眷先进个人”和“中国侨联新侨成功人士”等荣誉称号。1992 年起享受国务院颁发的政府特殊津贴。

吕柏源

我出生于新中国成立前，见证了中国共产党领导中国人民从站起来、富起来到强起来的波澜壮阔的光辉历程。尤其是改革开放 40 多年来，我国由一个大国逐渐发展为在国际舞台上举足轻重的强国，中华民族屹立于世界民族之林。作为一名与共和国共同成长起来的知识分子，我感触良多！

改革开放开启科学的春天

改革开放落实知识分子政策前，社会上不重视科学，不尊重知识分子的观念广泛存在。广大知识分子大部分是在压抑中工作着、生活着。要建设社会主义现代化必须调动广大知识分子的积极性，让他们充分发挥出聪明才智。

邓小平同志高瞻远瞩，抓住主要矛盾，首先在科技教育领域进行拨乱反正，给广大知识分子重新定位。中共十一届三中全会召开以来，随着党的指导思想的拨乱反正，一系列长期以来制约我国科技发展的主要矛盾已经解决，党的知识分子政策逐步转变。套在知识分子身上的枷锁被彻底卸掉，社会上出现了“尊重知识，尊重人才”以及“科教兴国”“人才强国”的浓烈氛围。

投身科研大潮

这种“尊重知识，尊重人才”的浓厚氛围在知识分子集中的高校十分显著。我所在的青岛化工学院（青岛科技大学的前身）的知识分子觉得展现自己才能的机遇到来了，教研室中呈现出一种“科教兴国”“人才强国”欣欣向荣的景象。大家都投身到教学和科研的大潮中。教研室第一次制定了《密炼机的研究》《冷喂料挤出机的研究》和《轮胎定型硫化机的研究》等研究课题；我们自己动手编写没有的教材，积极准备参加全国行业会议、青岛科学大会等。

当时，轮胎定型硫化机是最先进、最自动化的橡胶工业机械设备，我国在设计、制造轮胎定型硫化机上才刚刚起步，更不明白其设计机理。在这种情况下，我们成立了轮胎定型硫化机研究小组，决定到上海测试德国、日本和美国进口的机器。在组织测试班子时，需要力学教研室老师到上海搞研究，姜广田老师自告奋勇要参加，可是他当时身体不太好，大家不同意他去，他就写了一份申请书，终于得到系领导同意。定型硫化机车间蒸汽散发的热量达到了 47℃，时值炎热的夏天，可是姜广田老师还是和大家一起贴片、布线、安装、检测仪器，制作辅助装置。经过半个月的紧张工作，我们圆满完成性能参数检测，首次建立了轮胎定型硫化机锁模过程的数学模型，为后来出版的教材和设计手册在轮胎定型硫化机锁模机理提供了理论基础。这一课题在青岛科学大会上获得了“青岛先进科学技术成果奖”。

我们在全国高分子材料机械设计专业中，使用的教材是苏联的陈旧教材。教研室老师都有编写教材的冲动，但是没有现成的资料，没有现成的设计图纸，更没有参考教材，也没有编写教材的实践和经验。在这重重困难中，我们教研室马占兴主任专门组织全室老师召开“诸葛亮会议”。现在党给我们落实了知识分子政策，大家解放了思想，以史无前例的干劲迈上了编写教材的道路。在调研阶段，既是收集材料过程又是学习新技术过程；到生产第一线去，到设计单位去，到研究单位去，到国家基层去，我们先后到了上海、洛阳、西安、武汉、北京、沈阳、天津等地。不顾天气炎热、道路泥泞难行等恶劣环境，我们从各地收集了上千张图纸和有关资料，学习到了各种新机器新技术，通过消化吸收和细心钻研，经过两年时间的编写，终于编写出我国第一本《高分子机械设计》教材，为我国恢复高考招生的专业学生提供了教材，也为后来编写全国统编教材和工业设计手册提供了基础。我们为“科教兴国”“人才强国”贡献了一份力量。

全校老师都投入勇于搞科研，搞好科研，为学校争光，为祖国争光的热潮中。学校雨后春笋般地先后成立了 7 个研究所，涉及高分子材料、纳米材料、真空物理表面处理、高分子材料加工成型、化工工程、晶体与激光及物理化学等专业。许多老师走出校门寻找纵向课题，到企业寻找横向课题。我所在的高分子材料机械教研室也先后立了三个科研项目，“橡胶冷喂料挤出机研究”“橡胶密炼机研究”和“轮胎定型硫化机研究”。从此，青岛化工学院的科研工作开始起步，在这个过程中，我们的阮锦钿校长随科研组老师一起到北京等地联系项目。那时，老师科研的工作条件很差，有些老师没有实验室只好占用卫生间……就在这种条件下，青岛化工学院展开了如火如荼的科学研究工作，并取得了显著的成绩。在青岛科学大会上，我校获得了 20 多项科技成果奖，我们教研室的三项科研项目也都获得了科技成果奖。党的落实知识分子政策带来了青岛化工学院的科研热，为后来我校的“青科大现象”奠定了坚实基础，青岛科技大学（包含青岛化工学院）连续 13 年获得 13 项国家奖，扶助了 7 个上市公司以及获得国家级的成果转化生产力的优秀单位称号。

个人受益无穷

对于我个人来说，在职称职务上，我从一般教师晋升到讲师，实验室主任，高级工程师，科研处副处长、处长，教授，博士生导师；在社会工作上，我从一名普通盟员，逐渐成长为一名山东省政协委员、青岛市政协常务委员、民盟青岛市委副主委、民盟山东省委常委、民盟中央委员、青岛市首届经济顾问和山东省人民政府聘任的山东省人民政府参事等；在全国有关学术团体中先后担任中国橡胶工业协会技术经济委员会委员、《中国橡胶》专家组专家、全国橡胶设计技术专家委员会副主任委员等。

国家和党对我们知识分子是如此贴心、如此关照，我们没有理由不好好工作和奋斗。我自小的愿望就是国家昌盛，民族复兴，科学文化繁荣。相信在不久的将来，中华民族伟大复兴的中国梦一定能够实现！

（记述整理：田荣峰、张栋）

勇逐中国海洋强国梦

吴立新

吴立新，1966 年 9 月出生于安徽桐城，曾先后担任第十三届全国人大常委会委员、中国科学院院士、发展中国家科学院院士、美国地球物理学会会士、青岛海洋科学与技术试点国家实验室主任、中国海洋大学副校长、青岛市政协副主席、民盟中央常委、民盟山东省委副主委、民盟青岛市委主委。

艰辛求学之路，感恩祖国培养

我出生于安徽桐城农村的一个普通家庭，自小就从父母的言传身教中，学到了一丝不苟、勤劳刻苦的精神。20 世纪六七十年代，人造卫星升天、火箭发射成功、导弹发射……一系列科研成就的取得，使我对钱学森、钱伟长、周培源等科学家十分崇拜。“要好好学习，从事科学研究，增强本领，将来为国争光”，这个目标激励我克服困难，勇于科学探索。

历尽艰辛，17 岁的我承载着家人、老师和家乡殷切的希望赴清华大学求学，5 年的刻苦学习，取得了优异的成绩，之后被保送推荐到北京大学力学系攻读硕士及博士学位。我时刻感恩祖国的培养。

放弃美国优厚条件，行报效祖国之志

28 岁时作为国家放宽政策以来的首批博士后，我前往美国学习深造，先后到美

吴立新

国新泽西州的罗格斯大学航天和机械工程系、威斯康星大学麦迪逊分校气候研究中心学习工作。在这个时期，我完成了从涡旋动力学向海洋动力学研究的转向，并与海洋科学研究结下不解之缘。这个转变，我不仅完成了从微观到宏观思维方式的转变，也实现了从局部到全球的视野转换。

经过几年的努力，我在美国的生活工作也比较安逸。但是我时常想，当年出国求学深造的初心是什么？当年就是为了增长本领，为了国家的科学事业尽上自己的一份力量，才踏出国门求学的。如今，学有所成，不能因为一切稳定，待遇优厚而放弃回国。39 岁时我舍弃美国的一切，回国工作，扎根青岛这片海洋科学的沃土，开始追逐我的中国海洋梦。

加入民盟组织，勇逐中国海洋强国梦

中国海洋大学有不少高级知识分子是民盟盟员，这让我对民盟组织有了初步印象，让我印象深刻的是一代又一代民盟人将“小我”融于“大我”之中，将爱国之情、强国之志化为报国之行，我很自然地成了民盟的一员。从普通盟员到民盟青岛市委副主委，再到民盟山东省委副主委、民盟青岛市委主委，穿越历史的长河，我对民盟及民主党派有了更深刻的认识。民盟在多党合作进程中书写了浓墨重彩的华章，一批政治家、科学家、艺术家等体现出的爱国情怀、人格魅力、学识修养、气度胸襟，经过岁月积淀，形成了凝聚民盟组织的重要精神力量。我循着民盟先贤们的足迹，在中国共产党的指引下，开启了中国海洋强国梦。

在这里有寻梦的漫长与艰辛，也有收获的喜悦与提振中国士气的振奋人心。经过无数次与国家相关部委及单位的沟通协调，中国海洋战略科技力量的代表——海洋试点国家实验室初具规模，备受世界瞩目的海洋科技高地拔地而起。

2018 年 6 月 12 日是我终生难忘的日子，习近平总书记亲临海洋试点国家实验室，我全程陪同介绍约 1 小时，习近平总书记说："建设海洋强国，我一直有这样一个信念。"在习近平总书记的勉励下，我们攻坚克难，瞄准"卡脖子"的关键技术，不断取得进步。建设一批关键国之重器及科研共享平台。构建起全球海洋协同创新网络，为海洋命运共同体提供有力的科技支撑。我个人陆续获得国家自然科学二等奖、山东省科技最高奖，当选为中国科学院院士、发展中国家科学院院士、美国地球物理学会会士，并获得美国地球物理学会地球与空间科学领导力最高奖，是首位获此奖项的亚洲科学家，也是首位成为美国地球物理学会会士的中国海洋学家。报效祖国，为国争光，建设海洋强国是我的终生使命。

唯有坚持中国共产党的领导，我们中华民族的伟大复兴中国梦才能实现，唯有与国家同呼吸共命运，我们的个人价值才能得到充分彰显。在知国爱国兴国，坚定不移跟党走，努力实现中国海洋强国梦的过程中，我有一些心得与大家共享。

一、提高政治觉悟，坚持走中国特色社会主义发展道路

中国特色社会主义发展道路是近代以来中国人民长期奋斗历史逻辑、理论逻辑、实践逻辑的必然结果，是保持政治稳定，促进经济持续发展，实现国家富强、民族复兴、人民幸福的正确道路，具有深厚的历史底蕴和广阔的发展前景，我们应不断巩固提高政治意识。

一是加强学习培训。深入学习贯彻习近平新时代中国特色社会主义思想，党的十九大和十九届二中、三中、四中、五中全会精神，牢固树立"四个意识"，不断增强"四个自信"，自觉用党的创新理论体系武装头脑、指导实践、推动工作。认真参加民盟各级组织和政协、统战系统组织的各类学习培训，厘清思路，把准方向，不断提升做好新形势下统战工作的理论政策水平。

二是注重学用结合。身体力行执行党的重大方针政策，对民盟青岛市委、青岛海洋科学与技术试点国家实验室整体工作，以及民盟山东省委、青岛市政协和中国海洋大学分管工作大胆负责，敢抓敢管，发挥模范表率作用。作为科技体制改革试点和我国首个试点运行的国家实验室主任，把服务海洋强国建设作为自己终身的使命。

三是自觉履行廉政建设主体责任。严格按照中央“八项规定”和中央、省市委有关廉政建设要求，自觉加强道德修养，筑牢思想道德防线，遵章守纪、勤政清廉。

二、积极履行参政党职能，践行“立盟为公，参政为民”宗旨

与中共风雨同舟、休戚与共的政治自觉和立盟为公、参政为民的价值追求，是民盟的优良传统。我们要明确使命，尽职履责，在实践中践行“立盟为公，参政为民”的宗旨，参政议政，献计出力。

一是加强领导班子建设。围绕开展主题教育活动，把学习教育、履职尽责、查找不足、整改提高作为领导班子的建设重点。组织召开专题民主生活会，开展工作自查，深刻剖析问题，研究改进措施。自觉贯彻民主集中制，坚持重大事项集体决策。

二是抓好自身建设。深入开展“不忘合作初心，继续携手前进”主题教育活动，广泛凝聚共识。组织开展理论宣讲、传统教育、盟史研究、对外宣传，增强组织的凝聚力和影响力。组织开展统一战线“共话同心圆·筑梦新时代”相关活动，不断巩固共同思想政治基础。推广“同心社区服务站”品牌工作经验。扎实推进“农村教育烛光行动”，积极帮扶贵州安顺，获得了良好的社会反响。

三是积极参政议政。积极参加全国“两会”及全国人大常委会会议，为国家海洋强国建设建言献策；参加省委省政府、市委市政府组织的各类协商会、座谈会、情况通报会，就重大事项提出意见建议，为省政府重大决策提供科学依据和智力支持。上报的多份文件获国家及省市领导批示百余次，某些相关报告，获得党和国家领导人的重要批示。

三、打造一流海洋科研基地，支撑实施海洋强国战略，努力实现中国海洋梦

实现中华民族伟大复兴的中国梦是体现道路优越、理论先进、制度健全、文化自信的最佳途径。我们要把中国梦作为引领民盟前进的目标指向和价值追求。

一是谋篇布局海洋战略研究。尽职尽责，兢兢业业，助力绘就中国海洋强国建设发展蓝图。如为国家“十四五”规划及中长期科技规划贡献智慧，牵头并参与多项规划研究工作，包括：海洋领域面向2035年中长期科技规划战略研究与第六次国家技术预测工作，国家重点实验室规划布局战略研究，海洋领域面向2035年的交叉前沿和颠覆性创新研究，科技国际合作中长期规划研究，以及科技部、教育部、自然基金委等国家部委委托的多项任务和战略研究工作。

二是推动多项重大科学计划。“透明海洋”重大科技创新工程稳步推进，各个专项正在加快实施。牵头组织并担任指导专家组组长的国家自然科学基金重大研究计划——“西太平洋地球系统多圈层相互作用”顺利实施。牵头承担国家重点研发计划重点专项“三极环境与气候变化重大科学问题预研究”，积极推进“三极环境与气候变化”国际大科学计划。

三是推动大科学装置建设。高性能科学计算与系统仿真平台、深远海科考船共享平台、海洋药物筛选与评价平台、同位素测试平台等一批国之重器建成并良好运行。重点推动具有战略性、前瞻性的重大设施及大型科学装置建设，为实现中国海洋强国梦想提供强有力支撑。

四是汇聚国内外优势创新资源，助力构建人类命运共同体。以全球视野谋划和推动创新，打造“南北并重、东西共举”全球海洋协同创新格局。海洋试点国家实验室与澳大利亚联邦工业组织等共建“国际南半球海洋研究中心”，聚焦南大洋海洋气候变化研究；与美国国家大气研究中心、德州农工大学共建“国际高分辨率地球系统预测实验室”，令世界瞩目的科技成果频出；与俄罗斯科学院希尔绍夫海洋研究所签约共建北极联合研究中心，支撑“冰上丝绸之路”建设；与香港科技大学等港澳6所大学共建“港澳海洋研究中心”，搭建与粤港澳大湾区优势海洋科技力量的学科融合与协同创新桥梁；随李克强总理出访比利时参加第四次中欧创新合作对话，作为中国海洋科学家代表建言献策；前往夏威夷参加每10年一届的全球海洋观测大会并作大会主旨演讲，成功把下一届的举办权带回青岛，所倡导的“透明海洋”理念，已经作为联合国《海洋科学促进可持续发展十年计划（2020—2030）》主要内容之一。

2021年是中国共产党成立100周年，也是实施“十四五”规划、开启全面建设社会主义现代化国家新征程的第一年，我们要提高建言资政和凝聚共识双向发力的质量，多谋防范风险、化解挑战的良策，多鼓提振信心、团结奋斗的干劲，把思想和行动统一到中共中央对重大形势的科学判断和对重大工作的决策部署上来，把智

吴立新在物理海洋教育部重点实验室年会上发言

慧和力量汇聚到共筑中国梦上来，努力画出最大的同心圆。

我将继续保持奋斗者的姿态和干劲，敢于担当、善于斗争、永不停步、永不懈怠，始终心系国事、情牵民生，答好时代给出的考卷，展现新时代民盟人的绚丽风采，书写民盟事业发展的光辉篇章。为建设海洋强国、科技强国，早日实现中华民族伟大复兴的中国梦做出新的更大贡献。

以史为鉴不忘初心，勠力同心谱写新篇

崔大庸

崔大庸，1961 年生，山东大学考古系教授、博士生导师。先后任全国政协委员、省人大常委、省政协委员、民盟山东省委副主委、济南市政协副主席、民盟济南市十一届和十二届委员会主委、济南市文旅局副局长、市文物局局长等。主持发掘各类墓葬遗址近百处，发表学术论文 50 余篇。其中，主持或参与发掘的章丘洛庄汉王陵、章丘危山兵马俑坑、长清双乳山汉墓、长清仙人台周代墓地等被评为当年度“全国十大考古新发现”之一。

崔大庸

1921 年，中国共产党诞生于中华民族内忧外患、社会危机空前深重的时刻。百年征程波澜壮阔，百年初心，历久弥坚。从上海石库门到嘉兴南湖，一艘小小的红船承载着人民的重托、民族的希望，越过急流险滩，穿过惊涛骇浪，成为领航中国行稳致远的巍巍巨轮。中国共产党带领广大人民披荆斩棘、栉风沐雨，根本改变了近代以来中华民族的前途和命运，深刻改变了世界发展的趋势和格局，这些举世瞩目伟大成就的取得充分展现了中国共产党驾驭复杂局面的卓越领导能力，充分彰显了中国特色社会主义制度的强大生命力和显著优越性。2021 年，中国共产党迎来 100 岁的生日，100 年风雨兼程，100 年岁月如歌。作为一名盟员，作为一个考古人，我的心潮无比澎湃，身处时代洪流之中，被大时代眷顾，被党和组织爱护，无不令我倍加珍惜干事创业的机会。多少年来，那种虽九死而犹未悔的坚定之心，那种愿意倾其所有做出自己最大贡献的奉献之心，无时无刻不激励着我，让我为国家、为社会做出更多有益的事业。

坚定决心跟党走，做好文物保护工作任重道远

1980 年，我考入山东大学历史系考古专业后，便与济南结下了不解的“考古之缘”。作为一名考古工作者，只有深入基层才能提高自己的业务能力，才能有新的成果，而济南这座积淀了几千年文化底蕴的历史文化名城，正是我埋头实践的好地方。

考古发现的大量遗迹都分布在地下，在清理这些遗迹时，大家或坐，或蹲，或趴，或卧，而且一工作就是很长一段时间，常常搞得腰酸背痛，甚至因此而落下了职业病。对于这些，我全部不在乎，只想与大家把每一次发掘都做到尽善尽美。因为我们知道，也了解自己所从事的考古事业的价值，忠于自己的事业是我们无悔的选择。我们是寂寞清苦的，又是快乐充实的。

崔大庸率队开展“优化营商环境、培育‘四新’民营企业”调研

艰苦如斯，我仍觉得选择无悔，因为我做的是在倾力保护城市“珍贵记忆”，是倾注心血把根留住，这是与中国共产党历来重视文物保护的政策完全符合的。从新民主主义革命时期党就倾尽全力保护文物，一直到现在。习近平总书记对文物工作作出若干重要指示——对提升文物保护水平提出“保护为主、抢救第一、合理利用、加强管理”的 16 字方针，一系列的重要论述，充分展现了共产党人的历史自觉和文化自信，为从事文物工作注入了强大思想动力。

有了动力，就要倾注百分之百的努力，在地上文物保护方面，最被社会广泛关注的便是对济南府学文庙的修复。府学文庙创建于宋熙宁年间，是历代官方祭孔的地方，其历经破坏后又被占用，许多建筑被拆除。我有幸主持了此次修缮工作，历时 5 年的精心修缮后，留存古建筑被修复，被拆除的建筑也得到复建，整体气势恢宏，展现出曾经的雄姿。近年来，贺年祈福、诵读经典、成人礼等传统文化活动常在此举办，使得府学文庙成为省城传播和发扬传统文化的重要场所。

文物发掘、保护工作对我而言，就是一次次不忘初心，跟党走的实践之路，中国共产党指明的文物保护之路，任重道远，任务仍十分艰巨，肩上的责任会更重，我们一定要更加坚定决心跟党走，做好文物保护工作。

爱党爱国爱盟，自觉做中国共产党的好参谋

在革命和建设的年代里，中国共产党坚持同党外民主人士真诚合作，逐步建立与完善中国共产党领导的多党合作和政治协商制度。这种新型的政党制度，既植根于我国的历史文化，又反映了中华儿女团结奋斗的现实需要，被历史证明是适合中国的、民主和有效的政治制度。在新时期，多党合作和政治协商的制度化、规范化和程序化不断稳步推进，特别是《中国共产党统一战线工作条例》颁布以后，民主党派地位和作用更加凸显，必将推动新时代多党合作事业呈现新气象。

2021 年恰逢民盟成立 80 周年，作为中国特色社会主义参政党，民盟 80 年成长进步的历史就是一部与中国共产党和衷共济、通力合作的历史。民盟成立后，在探索救国救民的道路上始终坚持以“奔走国是，关注民生”为己任，不断向中国共产党靠拢，最终自觉选择接受中国共产党的领导，积极投身中国共产党领导的争取民族独立、人民解放、国家富强的伟大斗争，与中国共产党肝胆相照、荣辱与共，经受了种种考验，为中国的革命、建设和改革事业做出了历史性贡献。

我是 1998 年 12 月加入民盟的，入盟前一直在大学从事教学、考古研究工作，多党合作工作虽偶有涉猎，但还停留在一知半解的层面。2002 年当选民盟济南市委副主委、2007 年当选主委后，我虽然有了更为广阔的政治舞台，但同时显露出多党合作理论和经验不足的短板，工作起来时有心有余而力不足之感。幸逢多党合作事业大发展的好时代，党委政府高度重视党外代表人士培养，协助民主党派加强政治交接工作。每年中共济南市委统战部都会组织党派领导班子成员培训班，对民主党派班子成员的理论水平、实践能力等进行全面培训锻炼，这使我在政治理论素养等方面有了显著提升。特别是 2008 年我当选市政协副主席后，有了更多理论进修、实地调研、研讨学习的机会，经过实践的磨炼，我的各方面工作能力得到了显著提高。

近年来，民主党派参政议政的渠道越来越多，意见建议也越来越受到党委政府的重视。2019 年，我带队到高新区药谷产业园调研“四新”企业时，发现该园区经常性停水，这给园区生物制药企业造成了不小的损失，甚至部分企业家因此萌生“退意”。了解相关情况后，我多次深入企业一线调研、走访相关职能部门，厘清药谷产业园供水难的深层次原因后，主持撰写了《加强济南药谷产业园供水保障工作，以优良营商环境让企业家心更安》并上报市委统战部，被市委主要领导签批。

2020 年年初，我从盟员口中得知，国家启动氢能示范城市申报工作后，济南市不在省里提报的名单之内。我们感觉到济南作为省会城市、我省三大城市群建设中的龙头城市，申报国家氢能示范城市是推进我市新能源产业发展、实现新旧动能转化的重要契机。于是主动联系相关职能部门并咨询专家后，提出争取省级支持，由我市牵头以城市群的名义申报国家氢能示范城市群的意见建议，得到省、市两级领导的高度重视和认可，促成了这件事情的落地实施并得到国家部委的积极回应。从一个盟员的角度而言，能为城市经济社会发展建净言、献良策，由衷地感到开心和自豪，初心不改，献计出力治济兴鲁真的是爱党爱国爱盟的最好体现。

济南民盟将以建党 100 周年和民盟成立 80 周年为契机，进一步传承“不忘合作初心，继续携手前进”的优良传统，始终不渝地坚持接受中国共产党的领导，全面加强自身建设，坚定不移贯彻新发展理念，以推动高质量发展为主题，着眼于发展大局，不断提升履职能力和水平，自觉做中国共产党的好参谋、好帮手、好同事，做中国特色社会主义事业的亲历者、实践者、维护者、捍卫者，积极为实现 2035 年远景目标和第二个百年奋斗目标贡献智慧和力量，在新时代展示出济南民盟的新气象、新作为、新面貌！

治病救人，教书育人

田兴松

田兴松，现任山东省立医院普通外科副主任、乳腺甲状腺外科主任、主任医师，山东大学临床医学院教授、博导，山东大学手术学教研室副主任，十三届山东省人大常委会委员、山东省监察委员会特约监察员，民盟山东省委副主委、省立医院支部主委。曾任山东省政协第十届委员和民盟省委第八、九届委员。

1964 年 3 月，我出生在山东省龙口市，早年便心存济世救人之念，深深尊崇宋代名相范仲淹之为人，并以其言立志——“不为良相，便为良医”。1980 年，16 岁的我以优异的成绩考入山东医学院（1985 年更名为山东医科大学，现为山东大学齐鲁医学院），当时我是班里年龄最小的学生。1985 年大学毕业后，矢志成为“良医”的我选择了留校，担任临床教师，一边承担教学任务，一边在山东省立医院从事外科工作。

把专业做精，持之以恒提升能力水平

我对医学技术颇为执着，参加工作以来主要从事外科教学和普通外科疾病领域的基础和应用研究，在国内较早开展乳腺癌前哨淋巴结活检和甲状腺疾病微创手术领域研究，擅长诊治普外科常见病，尤其是对乳腺、甲状腺疾病的诊治有深入研究。工作至今我已承担或参与完成了多项国家、省级科研基金项目，完成手术超 1 万台。我同时还担任了中国抗癌协会康复会乳腺甲状腺指导委员会乳腺甲状腺分会候任主委、中国医师协会乳腺专业委员会常务委员、中国乳腺疾病专家培训学会常务委员、中国研究型医院学会乳腺甲状腺学会常务委员以及多个省级医疗卫生学术组织主要负责人。

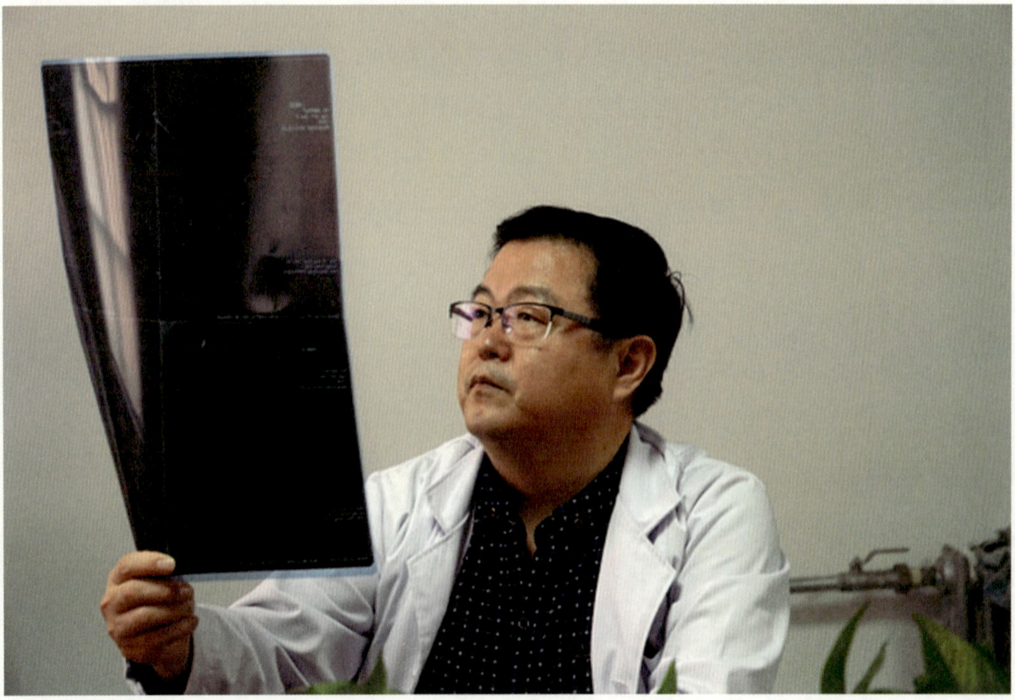

田兴松

专业是安身立命之本，更是为民服务之本。为深入研究我国甲状腺癌高发的境况，2019 年我牵头成立了山东省甲状腺癌研究联盟。近 5 年来我所带领的团队取得了诸多研究成果，以第一或通讯作者身份发表 SCI 论文 20 余篇。由于治学严谨，工作突出，我多次获得省级科技进步奖，2018 年获山东省立医院首届中国医师节“省医工匠”称号，2019 年获得优秀研究生指导教师称号、中国民主同盟高校基层组织盟务工作先进个人称号。

把医生做好，兢兢业业坚守从医初心

医者仁心。由于在国内甲状腺和乳腺外科领域有着较高影响力，找我看病的人很多，每次坐诊都有患者加号。考虑到病患们求医问诊的急迫心情，以及往返一趟的不易，我都尽力满足他们的就医需求，常常顾不上吃饭。为了能给更多患者看病，我养成了每日早晨查房提前到病房的习惯，专门为那些从外地赶来看病又挂不上号的病患服务。在患者中留下了良好口碑，山东卫视公共频道《中国好大夫》栏目曾对我进行了报道。

2003 年 7 月，我加入了中国民主同盟，并于 2007 年担任民盟山东省立医院支部主委。在组织的关怀下，我走上人大、政协更高的平台，立足专业领域，积极参政议政，为山东乃至全国文化、教育和卫生事业的发展建言献策。

把盟务工作做实，勤勤恳恳履职尽责

一、发挥专业优势，议政建言出实招

在民盟山东省委历次议政性常委会上，我曾就新时代新形势下如何做好参政党工作、加强民主党派机关建设等提出具体建议；参加过山东省人大常委会及教科文卫委员会的调研活动，并提交《关于在全省公共场所配备自动体外除颤仪抢出急救“黄金三分钟”的建议》；根据全国政协关于“抗生素滥用存在的问题及对策建议”约稿要求，报送《儿童抗菌药物滥用存在的问题及对策建议》，被山东省政协采用并报全国政协；带领民盟山东省立医院支部盟员就“强化医疗改革、提高社会保障水平”“积极稳妥推进分级诊疗”“加强法治建设、提高规矩意识，切实减少医患矛盾”等问题进行深入探讨，形成的意见建议被民盟山东省委以反映社情民意信息的形式分别报送民盟中央和山东省政协；从科研和专业角度为民盟山东省委微信公众号“盟医谈健康”栏目提供高质量稿件支持，单篇阅读量超过 7000 人次。

二、服务发展大局，社会服务做实事

积极参加民盟社会服务活动。2018 年，我代表民盟山东省委参加了民盟中央社会服务工作会议和民盟中央贵州毕节扶贫会议，带领民盟山东省委参政议政部同志、部分盟员企业家赴贵州毕节七星关区人民医院开展医疗精准扶贫调研活动，实地察看了七星关区人民医院基因检测室、高血压防治中心等科室，了解数字化医学影像远程医疗工作推进情况。另外，2018 年我还赴浙江省衢州市龙游县溪口中心卫生院“民盟同心名医服务站”，参加民盟中央组织的义诊活动，并赴浙江建德市新安江中学“烛光行动”示范学校等民盟社会服务工作点调研。

2019 年，中共山东省委统战部开展“乡村振兴沂源行”活动，当年 11 月，“民盟同心帮扶基地”“民盟同心帮扶山东省立医院就医联络点”在沂源县燕崖镇上龙巷村成立。联络点解决了乡亲们赴省城看病远、看病难的难题，得到乡亲们的一致好评。2020 年 4 月，我再次来到上龙巷村，参加“民盟同心帮扶法律援助服务

田兴松带队考察民盟山东省委帮扶村水利设施

点”揭牌仪式，向当地捐赠价值20万元的水溶性有机肥。

2020年伊始，新型冠状病毒肆虐，我和民盟山东省立医院支部的全体盟员放弃休假，主动请缨驰援武汉或到发热门诊工作，做到守土有责，守土担责，守土尽责。同时积极响应民盟中央“抗击疫情，民盟在行动”号召，组织盟员捐款，向盟省委汇报后，按照相关要求，将捐款全部汇入湖北黄冈市中心医院账户，展现了山东省立医院盟员职工们的责任担当和良好素质。

三、强化理论学习，提升政治素养有实效

加入民盟以来，我多次参加中共山东省委和民盟山东省委组织的干部学习班，坚持学习党的政治理论思想，政治立场坚定，坚决拥护党和国家的路线、方针、政策。牢固树立“四个意识”，坚定“四个自信”，始终做到“两个维护”，在思想上、政治上、行动上始终同以习近平同志为核心的党中央保持高度一致。及时组织支部盟员学习贯彻习近平总书记重要讲话精神，学习党史、盟史，贯彻落实民盟中央、民盟山东省委重要会议部署安排，还曾远赴西柏坡开展现场教学，进一步掌握了民盟精神，了解了民盟与中国共产党风雨同舟、亲密合作的光荣历程。

在2019年召开的民盟组织工作会议上，民盟中央对2018年省级委员会组织工作模范集体、先进集体、先进个人等进行了表彰，我获得高校基层组织盟务工作先进个人荣誉称号。2019 年，我受聘担任山东省监察委员会第一届特约监察员，并参加监察委活动；2020 年 3 月 6 日，我被济南市政府聘任为济南市人民政府参事。在 2019 年民盟山东省委关于 2019 年度先进表彰工作中，民盟山东省立医院支部获得“社会服务先进集体”荣誉称号。

2021 年是中国共产党成立 100 周年，也是中国民主同盟成立 80 周年。在滚滚历史长河中，这无疑是一个里程碑式的年份。站在新起点，立足新时代，奋进新征程，我将继续秉持初心，勇担使命，稳守一张手术台治病救人，立足三尺讲台教书育人，珍惜人大、民盟大平台参政为民，不负韶华，不负时代，为国家民族的宏伟蓝图添一抹合格盟员的亮丽色彩。

不忘初心，聚力今朝，征途漫漫，砥砺前行

达建文

达建文，现任中国石化集团公司高级专家、教授级高工，全国政协第十三届委员、淄博市政协副主席，民盟山东省委常委、民盟淄博市委会主委，中国经济社会理事会理事，中石化创新领军人才。曾任第十、十一、十二届全国人大代表，山东省政协第十届委员。

达建文

2021 年是中国共产党建党 100 周年。建党以来，中国共产党带领全国各族人民，经过艰苦卓绝的斗争，实现了民族解放、国家独立，建立了人民当家作主的新中国。新中国成立后，中国共产党带领全国各族人民，矢志不渝地探索中国特色社会主义道路，不断朝着中华民族伟大复兴的伟大事业奋勇前行。2021 年也是民盟成立 80 周年，我于 1987 年 12 月加入民盟，至今已有 34 年。30 多年来，在党和政府的关怀下，在民盟组织的培养与厚爱下，我的个人思想得以升华，事业不断进步，心中有所感悟。值此中国共产党百年华诞、民盟成立 80 周年之际，有感而发，将自己点滴思考梳理，汇成此文，与大家分享。

我生长于祖国西北，那里的黄土地哺育了我，独特的人文地理环境滋养了我，

乡亲们淳朴善良的性格影响了我。生于斯，长于斯，我对这片土地和家乡心怀感激。当年14岁高中未毕业的我参加了改革开放后恢复高考的第一次考试，从师专毕业后，一开始在家乡从事教育工作，教书育人。

20世纪80年代，改革开放的春风拂过西北大地，吹暖了每一个人的心窝，更点燃了我干事创业的热情。1984年，作为全国农学夏令营的甘肃省代表团负责人的我在北京感受到了科学的魅力。由此，怀着对科学研究的热爱、对建功立业的憧憬，我走上了漫长的求学之路。在中国科学院兰州化物所，不断地重复中寻找突破，在既漫长又短暂的6年时间里，我攻读了硕士、博士，在物理化学专业方面有了一定的研究与成绩。随后，乘着改革开放的春风，我走出兰州、走向祖国的东部，最终在齐鲁大地落脚生根。

1995年，我从祖国西北来到石化重镇山东淄博，在齐鲁石化公司先后担任工程师、高工、教授级高工、副总工程师、首席专家，后又担任齐鲁石化研究院院长。其间还在英国牛津大学无机化学实验室 Wolfson 催化中心做高级访问学者。20多年间，个人事业不断进步，担任齐鲁石化研究院院长期间，公司科技创新、重点项目建设也有了长足发展。

2009年，达建文带队淄博代表团赴法国访问

科研上取得的成绩固然让人喜悦，但另一项事业的进步更加令人振奋。1987 年 12 月，我光荣地加入了中国民主同盟。加入民盟，源于对民盟先贤的崇敬，源于知识分子爱国情怀的感召，更源于对民盟理想信念的认同。在组织的培养下，我对多党合作历史、对民盟的性质与定位有了更深刻的理解和认识，这些都是我不断前行的动力。加入民盟，也是我人生的新起点，在民盟组织的指引下，我由一名纯粹的知识分子成长为一名党外领导干部，先后当选为全国人大代表、全国政协委员、山东省政协委员、民盟山东省委常委、民盟淄博市委主委、淄博市政协副主席。平台的跃升为个人进步、参政履职提供了广阔的空间。在“两会”平台上，我始终未曾忘记加入民盟时的初衷与责任，积极在能源、创新领域提出意见建议，关于碳达峰碳中和、粮食与能源安全等建议被《人民政协报》刊发，关于企业创新主体地位的建议得到中共山东省委书记批示。这既是作为一名盟员的责任与担当，也是实现个人价值、投身国家建设的另一种方式。

作为社会的一分子，亲眼见证了祖国天翻地覆的变化；作为一名科研人员，在改革开放的大潮中成长并有所成就；作为一名盟员，投身经济社会建设建言献策收获成果。作为亲历者、见证者、参与者，我既觉得自豪，也感到欣慰。

总结是为了凝聚力量，回顾是为了更好地前行。在科研与参政过程中，我的信仰更加坚定，方向更加明确，思路更加清晰。其中的经验与感悟，总结起来有以下几点。

必须始终坚持中国共产党的坚强领导。近代以来的历史一再证明，中国共产党的领导是中国革命、建设和改革不断取得伟大胜利的根本保证。这既是鲜血与生命铸就的历史经验，也是历史规律的深刻总结，更是知识分子、盟员干部应有的政治自觉。

民盟爱国爱党的优良传统是宝贵的精神财富。民盟的老一辈多是在动荡不安的年代中成长起来的，他们目睹、经历了旧中国的沉沦与黑暗。此情此景，不能不令人痛心疾首。于是，怀着对中华大地、对亿万人民的无限热爱，他们踏上了为中华民族寻找出路的征程。数十年间，他们奔走呼号，上下求索，筚路蓝缕，矢志不渝。在不断的探索中，在血与火的考验中，民盟老一辈逐步认识、自觉接受了中国共产党的领导，他们与中国共产党并肩战斗，形成了奔走国是，关注民生，爱国爱党的光荣传统。中华人民共和国成立以后，民盟老一辈又投身中国特色社会主义事业，在中国共产党领导的多党合作和政治协商事业中发挥作用，为民生福祉尽心尽力，不断将民盟传统发扬光大。这些优良传统既是民盟老一辈在历史探索中形成的宝贵财富，也是面向未来民盟存在的价值基础；既是民盟仁人志士的梦想与抱负，也是知识分子应有的襟怀与担当。

拥抱时代才能把握人生方向。我来到淄博这片热土一干就是 20 多年。这 20 多年，是个人取得丰硕科研成果的 20 多年，也是石油化工事业突飞猛进的 20 多年，更是祖国经济腾飞、神州大地欣欣向荣的 20 多年。一路走来，个人每一项成绩的取得都与时代进步、国家繁荣密不可分。国外求学的经历、与国外企业谈判、与科研人员交流更让我深刻地感受到，个人及企业的发展是与国家命运、时代脉搏紧密相连的。只有将个人理想事业与时代发展、国家需要密切结合起来，才能不断实现自己的理想抱负，将个人价值最大化。这也是我与许多科研人员、留学归国人员交流后共同的心声。

坚持创新才能登高行远。作为科研人员，更能真切地感受到创新的重要性。因此，无论是在科研工作、企业管理还是参政议政中，我都持之以恒地推进创新工作，多次获得省部级科技奖项。只有创新才能赢得主动权，小到个人、企业，大到社会、国家，莫不如此。当今国际竞争日趋激烈，西方国家持续打压中国企业，在这样的大背景下，科研人员更应该瞄准前沿、抓住趋势、埋头苦干、砥砺奋进，为行业进步、国家发展贡献力量。

“勿忘苦难辉煌，无愧使命担当，不负伟大梦想。”国家和时代为我们提供了实践所学、施展抱负的广阔舞台，民盟先贤为我们提供了精神给养，站在历史的新起点上，我们唯有迎难而上、砥砺前行，才能在中华民族伟大复兴中不断贡献力量。

深化政治交接强初心，同心同行担使命

刘吉忠

刘吉忠，枣庄市人民政府副市长，民盟山东省委常委、枣庄市委主委。

2021年是中国共产党百年华诞，100年前的中国内忧外患、苦难深重、山河破碎、百姓流离。回望百年党史，百年征程波澜壮阔，百年初心，历久弥坚。在血雨腥风的革命年代，在激情燃烧的建设岁月，在波澜壮阔的改革开放时期，在砥砺奋进的新时代，中国共产党带领中国人民，为了心中的理想，断头流血以从之、勇往奋进以赴之、殚精瘁力以成之，用生命和热血诠释着信仰信念的深厚内涵。

2021年也是民盟成立80周年。80年前，民盟诞生于抗日战争的烽火和民族救亡运动中。这80年，民盟与中国共产党肝胆相照、荣辱与共，以宽广的胸襟格局、深厚的文化底蕴，站在民族命运的高度，思考着中国未来的发展，投身于奔涌向前的时代洪流。无论是烽火连天的战争岁月，还是日新月异的建设时期，民盟都用行动诠释着民盟精神，践行着“坚持中国共产党的领导，致力于国家富强、民族复兴、人民幸福”的合作初心。

铭记历史方能把握未来，在这个重要历史节点回顾党史、盟史，意义重大。我是2016年担任民盟枣庄市委主委的，转眼间5年就过去了。在这5年里，我思考最多的就是如何做好历史传承，搞好政治交接，把民盟的好传统继承下来、发扬下去。结合几年的工作实践，我谈四点体会。

深化政治交接首先要锤炼政治修养，提升政治自觉。自觉接受中国共产党的领导，坚持多党合作制度，既是各党派在饱经苦难沧桑、艰难曲折之后的理性认知，也是在革命洗礼、建设实践中锤炼出的自觉选择。民盟自成立之日起，就坚定地与中国共产党一道，致力于中华复兴。党的十九大以后，民主党派被赋予了更高的政治责任和更大的历史使命，这要求我们要更加紧密地团结在中国共产党周围，团结在以习近平同志为核心的中共中央周围，坚定走中国特色社会主义道路的信念，凝心聚力，为共筑中国梦作出新的更大贡献。

作为分管卫生的副市长，我亲历了波澜壮阔的抗疫过程，切实感受到中国共产党为什么“能”，马克思主义为什么“行”，中国特色社会主义为什么“好”。我想把自己的感受传达给每一位盟员。5 年间，我带领市委会持续深入开展“不忘合作初心，继续携手前进”政治交接学习教育活动。通过请专家做辅导报告、开展征文活动、编杂志、办公众号、组织盟员外出培训等多种有效形式，确保学教活动入脑入心。5 年间，我们共举办各类培训班 14 次，870 余人次参加培训。挂牌 2 个省级民盟传统教育基地。我们在民盟烈士纪念碑前鞠躬感怀——新一代的盟员沐浴在先贤们璀璨星辉中，唯有兢兢业业、尽职尽责、尽心尽力，努力做到知盟爱盟兴盟、知国爱国兴国，为国为民献智献力。

民盟山东省委“中国民主同盟传统教育基地”揭牌仪式

深化政治交接要一刻也不能放松地抓自身建设，努力提高“5 种能力”。5 年间，我带领市委会一班人，系统地加强思想建设、组织建设、制度建设，扎实推进领导班子建设、代表队伍建设。相继开展了“履职能力建设年”等5个专题活动，对领导班子、市委委员、各基层组织、各专委会的工作都分别实现了有任务、有标准、有量化、有考核；对普通盟员采取“盟员积分制管理办法”进行激励；通过规范盟费收缴与管理、规范组织发展程序、强化盟内监督、规范谈心谈话会、民主生活会、述职评议会等将民盟市委会各项工作推向制度化、规范化。近5年来，支部共发展盟员100人，构建了科学合理的人才梯队。特别注重加强了基层组织建设，在工作标准和量化考核上，采用百分制考核细则；在工作条件和权益争取上，每个基层组织都有了自己固定的“盟员之家”和稳定的活动经费。当前，市委会分工明确、责任清晰，大家团结一致，各项工作都能有序高质量地推进。

深化政治交接要体现在履职尽责中。民盟历来就有“奔走国是，关注民生”“出主意、想办法，做实事、做好事”的优良传统。新时代对民主党派提出了“四新”“三好”的新要求。

“有为才能有位，有位更要有为”。无论是历史传承还是时代要求，我都感受到沉甸甸的责任和压力。我们把高站位谋事、高质量调研、高水平建言、高标准履职作为努力方向。我发挥从政干部更能准确把握党委政府工作重点的优势，经常组织课题组、专委会召开参政议政工作碰头会，统一履职思路，在服务大局中找准履职尽责的切入点。我极力克服本职工作繁忙的困扰，个人带头提交社情民意信息，在盟员中起到极好的模范带动作用。近5年来，在十届枣庄市政协历次会议上民盟市委会提交了集体提案23件，大会发言材料15篇，担任市政委员的盟员提交提案200余件，其中有4件被列为重点提案并得到市领导批示；民盟市委集体提案4件和担任市政协委员的盟员提案5件被评为优秀市政协提案。有2篇民主监督报告得到市委、市政府主要领导批示；6篇重点调研报告被市委统战部《议政建言》采用，并得到市委、市政府主要领导批示。共收到盟员提交的社情民意信息987篇，被民盟中央采用1篇，省政协采用18篇，盟省委采用277篇，市政协采用31篇。其中1篇被省委办公厅采用，1篇得到中共山东省委领导批示。

要通过丰富盟务活动和社会服务活动深化政治交接。时代在变化，新时代的盟员也在变化，知识层次更高、思想更加活跃。其中也存在个别盟员政治意识不强、政治敏锐性不高，不善于从政治上观察和处理问题，对“国之大者”不关心，对政治要求、政治规矩、政治纪律不上心，对各种问题的政治危害性不走心。为了让政治交接活动更有效，我们通过开展丰富多彩的系列活动，营造重温历史、弘扬传统、坚定信念的浓厚氛围，把讲政治从外部要求转化为盟员的内在主动。

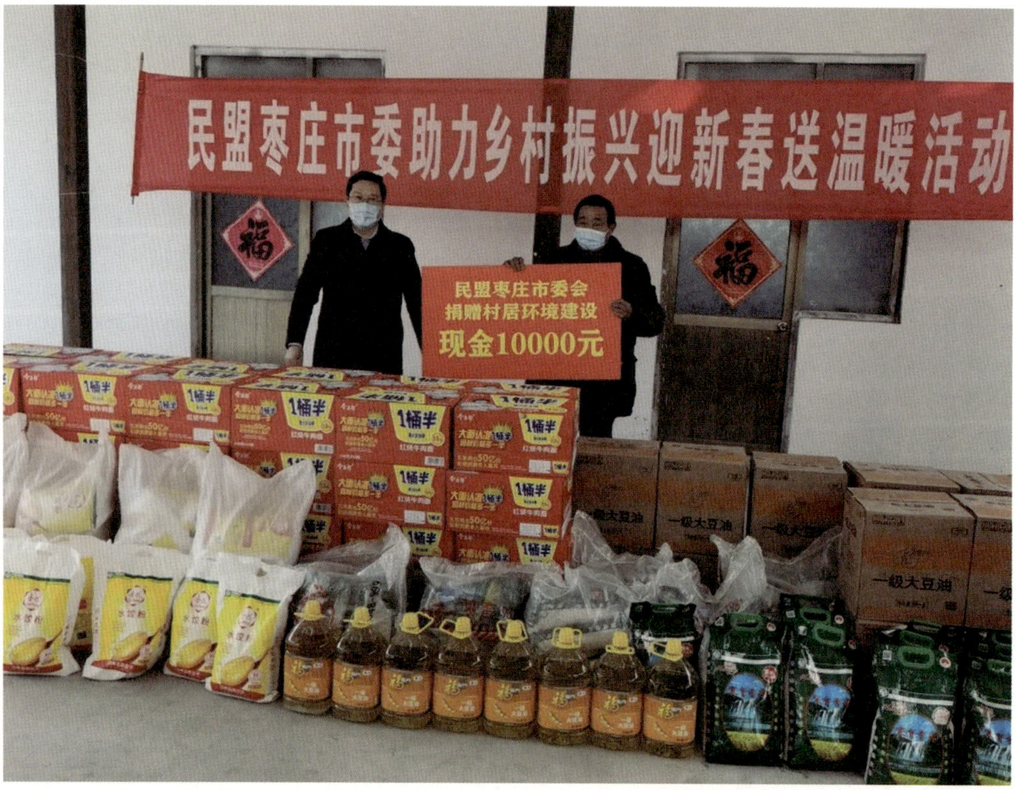

刘吉忠带领民盟枣庄市委助力乡村振兴新春送温暖

5年间，我们根据盟员的构成特点，充分发挥广大盟员的积极性、主动性和创造性，以专委会和基层组织为主体，分别打造了“烛光行动——名师送教”“重阳敬老——医疗保健下乡”“书画下乡——送福进万家”“科技扶贫”“同心公益书屋”“爱牙义诊科普”等社会服务平台，组建了民盟书画院、盟员合唱团、盟员球队、盟员读书会等活动平台。通过向社会需要的人提供义务服务，让盟员有了更多的自豪感；通过盟员间活跃的非正式交流互动，增加了盟员对组织的归属感。在活动中引导广大盟员铭记合作初心，持续深化政治交接，勇担新时代参政党使命。

辉煌历史照亮未来，复兴宏图催人奋进。我们将进一步提高思想站位，脚踏实地开展工作，续写民主党派薪火相传的历史，创造无愧于这个伟大新时代的业绩。

肝胆相照，勠力同心

刘树亮

刘树亮，胜利石油管理局有限公司发展规划部副经理，民盟山东省委委员、东营市委主委。

2004 年，我幸运地加入中国民主同盟，成为一名光荣的盟员。从那一刻起，思想有了更高的标准，行动有了更高的准则，对学习生活信心百倍，各种困难似乎迎刃而解，这便是信仰的力量。多年来在民盟东营市委的领导及统战部的指导帮助下，认真学习统战理论及党史盟史，盟务工作尽职尽责，积极加强与统战部联系，在组织发展、参政议政及联合调研等方面小有成果；也由一个普通盟员成长为民盟东营市委主委、东营市政协常委，为民盟事业鼓与呼、为东营市发展建言献策，默默履行盟员的职责。

刘树亮

统战理论强根基，求真务实显成效

回想加入中国民主同盟以来的十几年，我由衷地感慨。盟员是民盟组织的细胞，良性细胞会使民盟组织机体更加活跃，更有生命力。民盟组织建设一定要符合统战政策，以民盟中央精神为指挥棒，严把盟员“入口”关，保证源头活水，按照组织发展程序，保证组织纯洁性和良性发展。

生命在于运动，同理民盟需多组织有益活动，创新发展路子展现生机。以学习传达、贯彻落实上级精神为主的盟务活动，学习党史、盟史、统一战线史，讨论问题，盟员各抒己见，集思广益，充分发扬民主。统一盟员思想，解决基层组织思想问题，并注重宣传工作，及时组织上报信息给民盟省委。为了能与统战部门联系沟通，邀请统战部领导现场指导，与其进行协商，并确立了与统战部门就热点问题联合调研的框架，使双方关系更加牢固。

在盟务活动中，适时制定了民盟走访慰问制度、理论调研制度、民主生活会制度、盟费缴纳使用制度等，规范组织活动规则，提升盟员整体素质。人们常说："细节决定成败"，市委会从细节入手，看望老盟员、维护盟员合法权益、解决盟员的家庭困难，把关心盟员进步当作盟组织的义务，拉近了盟组织与盟员的距离。盟员之间亲如一家，真正使盟组织成为学习统一战线的坚强阵地，促进盟组织的各项工作健康向前发展。

求真务实调查研究，积极服务经济建设

入盟以来，我在本职工作上也从刚入盟时的中层干部成长为部门领导，我结合本职工作实际，深入了解群众关心的热点问题，关心企业在发展中遇到的诸多困难，对所接触到的工作事务深入研究，主动承担任务。我充分发挥所从事专业优势，结合本部门工作的实际，广泛调查研究，积极参政议政；关心黄河三角洲建设中遇到的诸多困难，在深入分析问题的基础上，阐明问题根源，尽言解决办法，提出高质量的有利于经济发展的提案。我提出的《统一认识统一规划　合理进行盐碱地开发利用》《推进我市化工企业转型升级的建议》《关于建立油气勘探开发企业土地退出机制的建议》等事关黄河三角洲经济建设发展的建议或提案，在撰写过程中，总是要征求相关人员的意见，集思广益，以便自己的提案能够更加贴近实际，提案贴近东营经济发展。与此同时，近几年我组织民盟市委会及盟员撰写调研报告、集体提案、个人提案200余篇。

保持正确方向，不断创新追求

为了保证民盟组织工作朝着正确的方向前进，我坚持学习中国共产党的统一战

线政策，及时了解民盟中央关注的问题，与中共东营市委保持高度一致，创造性地开展盟务工作，坚决维护和谐团结的大好局面。在《共产党宣言》纪念馆、渤海垦区革命纪念馆挂牌民盟东营市委传统教育基地，引导盟员铭记历史、不忘初心使命。按照民盟省委“把实事办好，把好事办实”的号召，量力而行，带领盟员直接参与到社会服务的实际工作当中，为脱贫攻坚、抗击新冠肺炎疫情等工作贡献力量。盟员比学赶超，政治素质普遍提高。通过落实理论调研制度，盟员养成多写多调研的习惯，多名盟员著书立说，不断有学术论文发表，总结成绩都是因为思想政治工作做得好，保证民盟组织始终保持正确的前进方向。

2020 年 7 月，刘树亮、杨文娟在渤海垦区革命纪念馆为民盟东营市委会传统教育基地揭牌

2021 年是中国共产党百年华诞，中国民主同盟成立 80 周年。我想，民盟老前辈在政治协商、参政议政、民主监督方面为我们树立了榜样，作为新一代的盟员，我们要继承前辈的光荣传统，坚持同心理论为盟的事业也是统战工作做出应有贡献。

近 20 年的盟务工作，使我深深地感受到：民盟组织的发展离不开统战部门的支持，现在民盟支部有了良好的办公条件，统战部重视民盟支部发展，组织各种活动，为盟员参政议政提供帮助，真正成为民主党派的“娘家”，架起沟通的桥梁。

我作为一名老盟员，也要不断追求，将目光投向公众的利益，和盟员们一起成长，不断提高本职工作水平及参政议政能力，用自己所学为东营市和黄河三角洲的发展做出新成绩。

同心逐梦新时代，砥砺奋进新征程

梁　辉

梁辉，烟台市烟台山医院神经内科主任，山东省人大代表，民盟山东省委常委、烟台市委主委。

梁辉学术讲座

2021 年幸逢中国共产党百年华诞，也是中国民主同盟成立 80 周年，中国站在“两个一百年”的历史交汇点上，全面建设社会主义现代化国家新征程即将开启。作为一名民主党派地方组织主委，我很幸运生活在这个伟大的时代。如今，人过半百再回首，不禁心潮澎湃：从一名年轻的医生逐渐成长为一名有声望的专家，从一名普通的群众光荣加入民盟组织，并逐渐成长为民盟烟台市委会主委，从曾经懵懵懂懂，对理想、事业、责任等人生主题还没有明确的目标，到今天理想坚定、目标明确、专业熟练，有勇于负责的使命担当，我的成长也见证了国家的发展、社会的进步、时代的变革。我的人生经历让我深深领悟到：正是中国共产党领导的多党合作事业不断培养、锻炼和成就了我。

至今还清楚地记得，那是1993年，经一位有名望的老医学专家介绍，我认识了民盟烟台市三届委员会专职副主委彭学中老师。数次的接触和交流，彭主委那激情挥洒、奉献自我的精神深深地感染了我。后来又通过学习，我了解了民盟历史和多党合作史，特别是了解到一直非常敬仰的张澜、沈钧儒、闻一多等都是民盟盟员，他们与中国共产党风雨同舟、肝胆相照的光辉业绩，忧国忧民、舍身救国的爱国主义精神深深地感动了我。同时我也听到了烟台民盟陈泰田、牟传琳、张孚、丁博民等老一辈盟员参政议政、关注民生、无私坦诚、积极奉献的很多感人事迹，感受到他们炽热的民族情怀和刚正不阿的知识分子风范。受民盟前辈的感召，我终于也成了民盟的一员。在盟内，我发挥专业特长，积极参加盟组织活动，不断成长，先是担任支部主委，直到2001年，我当选为民盟烟台市委副主委，从此走上了盟内领导岗位，这成为我人生中的一次重要转变。我配合过樊孔彰和江林昌两位老主委的工作，樊主委敦厚朴实、严谨勤政，江主委博古通今、学贯中西，都深深地影响了我，熏陶了我，爱盟敬党、与党同心同行的理念也逐渐深入我的内心，转化成我自觉的认知和行动。

参政议政是民盟的立身之本，也是第一要务。作为由高中级知识分子组成的参政党，民盟素有“为天地立心，为生民立命”的社会责任感，有“立盟为公、参政为民”的宗旨意识和“奔走国是，关注民生”的优良传统。为此，我也时时激励自己要利用医生职业与社会各界接触广泛的有利条件，时刻关注民生、民情和各种社会热点难点问题，深入调研，建言献策。近年来，我针对全省或烟台市在政治、经济、文化、教育、卫生等方面先后提出了数十件提案。

2002年，芝罘幸福片区因工业企业密集，环境污染严重，严重威胁到附近居民的身体健康，社会反响巨大。我组织盟内专家多次前往幸福片区进行实地调研，听取居民的呼声，做出了精准的分析和判断，撰写了《关于烟台市芝罘区西部工业区环境污染问题的调查报告》，以集体提案形式提交市政协。这一提案很快被立案，并得到市委、市政府的高度重视，最后促成了芝罘区幸福街道办事处7个污染村整体搬迁，彻底改变了这些老百姓的生存环境，被烟台市政协列为优秀示范提案，被中共山东省委统战部评为山东省民主党派优秀提案。

2006年，我带队调研并亲自撰写了《规范120急救体制，保障急诊病人的抢救》的提案，民盟烟台市委以集体提案形式向市政协十届四次会议报送，终于在2008年得到了落实。烟台市政府成立了“烟台市120急救指挥中心”，对我市医疗急救工作统一指挥。这件提案促使我市建立了科学完整的120急救体系，覆盖全市各县市区，并在此后的心脑血管病急诊救治、猝死抢救等方面走在了全国的前列。

2016年11月，在民盟烟台市第七次代表大会上，我全票当选为民盟烟台市第七届委员会主委，面对神圣的历史使命，肩上又多了一份新的责任和担当。上任伊始，我就提出了新一届市委会“坚定立场不动摇、深入学习不放松、继承传统不走样、热心盟务不懈怠、公道正派不谋私”的行为准则和“承传统、筑根基、重务实、求创新”的工作理念。民盟烟台市委在参政议政、组织建设、思想建设、社会服务等方面全面展开，频见收获。特别是抗击新冠肺炎疫情期间，我组织、带领全市民盟迅速行动，积极投身抗疫行动，捐款捐物120余万元，建言献策70余条，被全国政协、中央统战部、省政协等采用近20余条。去年还荣获“民盟山东省委盟务工作突出贡献奖”，2021年我本人又被盟省委评选为“杰出盟员”。

我作为一名医生，本职工作自然繁忙，又兼职烟台民盟主委，双岗双责、双岗双优便成为我的基本追求。尽管医院工作和盟务工作在时间、精力上时有冲突，但二者之间也有相互依托的优势。多年的党派工作培养了我高度的社会责任感和全局观，使我在医疗工作中具有更高的站位和视角。我经常会根据百姓健康需求，不断调整优化临床服务的内涵和质量，为我市百姓提供最佳的医疗服务。

我认为，一个人价值的体现是对社会的贡献和社会作用的发挥，作为烟台市医学会脑血管病专业委员会的主任委员，烟台市脑血管病质控中心和神经内科质控中心的主任，面对脑血管病死亡率高居榜首的现实，我深感责任重大！为了有效降低脑卒中患者的死亡率和致残率，我带领质控中心的专家团队，积极推进我市二级以上医院脑卒中规范化诊疗工作，在全国领先开展了脑卒中中心建设，并推出了山东省首个、全国第二个“溶栓地图”，形成了覆盖全市700万人口的脑血管病快速救治网络，让众多的急性脑卒中患者重获健康，回归到正常的工作和生活之中。

多年的临床实践，使我深刻认识到疾病预防的重要性，特别是在我国现阶段，农民作为弱势群体，他们更需要关心和救助。2016 年 12 月，我当选主委不到一个月就带领民盟烟台市委的医卫、经济、法律等领域的专家、企业家到栖霞市汉桥村开展精准扶贫工作，为当地百姓义诊、举行健康教育讲座、送医送药捐款……为了落实中央精准扶贫的精神，我组织带领民盟烟台市委不断创新社会服务方式，力求达到实效。我们相继建立了“中国民主同盟烟台市委员会同心·健康服务基地”“民盟烟台市委·龙泉同心实践基地”，创建“关注百姓健康、民盟医路同行”“民盟专家四进社区”等公益系列活动，开展经常性、便捷化、高效率的社会服务工作，为烟台市民的健康创造福祉，为烟台健康城市的建设献计出力。

专业性质和党派身份决定了我紧张而忙碌的工作模式。我将自己的工作时间无限拉长，节假日和半夜里抢救患者是家常便饭，从外地会议上赶回急诊室抢救患者，第二天再匆忙赶回会场也是屡屡有之。多少次我夜半走在烟台清冷的街头，为又挽回一条生命而全身充满力量和感动；多少次我奔走在为百姓送医送药的路上，为能解脱部分乡村百姓的疾苦而豪情满怀和意气风发。

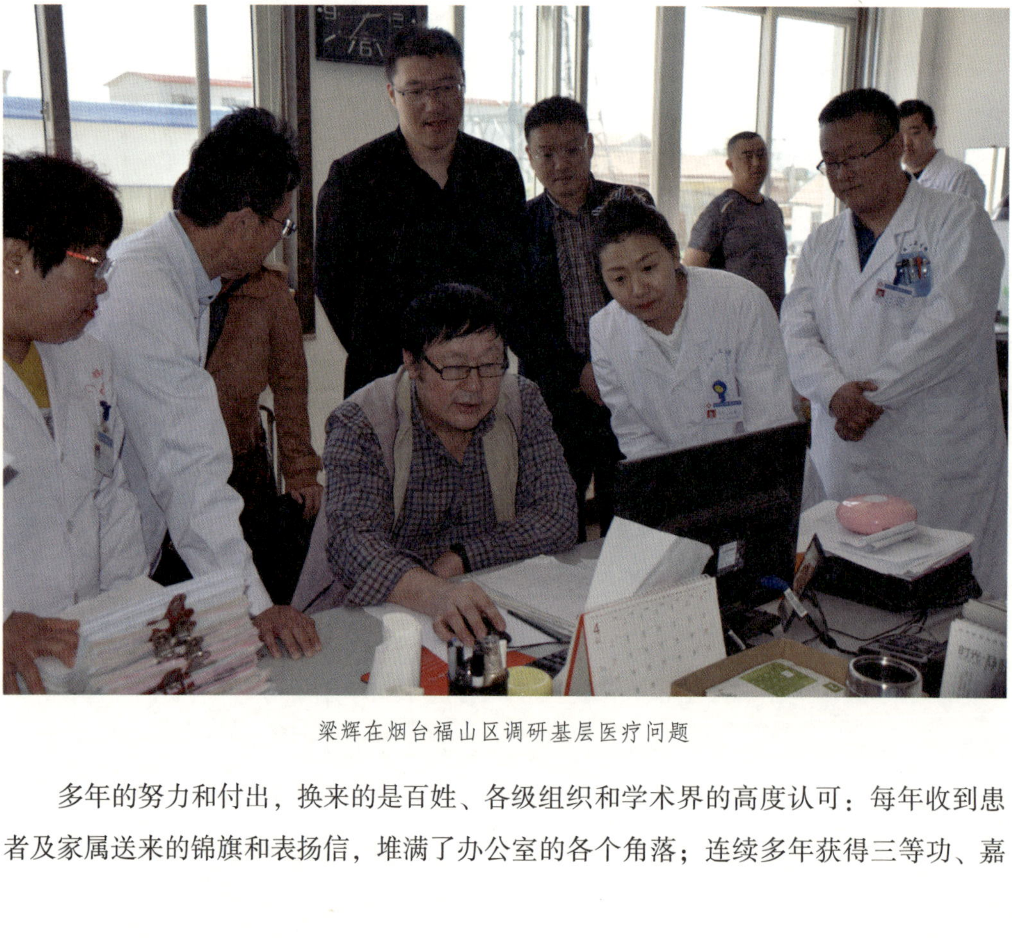

梁辉在烟台福山区调研基层医疗问题

多年的努力和付出，换来的是百姓、各级组织和学术界的高度认可：每年收到患者及家属送来的锦旗和表扬信，堆满了办公室的各个角落；连续多年获得三等功、嘉奖奖励，连续多年被评为优秀政协委员、山东省优秀盟员；担任了众多国家级、省级学会的常委、主委、副主委社会职务；荣获烟台市“最美医生”称号、国家卫健委脑防委“优秀中青年专家奖”……这些荣誉既是对我本人工作的极大肯定，更是对我今后继续努力前行的极大鞭策。责任和使命会促使我持之以恒地坚持下去，在参政为民、健康为民的道路上砥砺前行。

我有幸生活在这个伟大的时代，中国共产党带领全国人民正朝着中华民族伟大复兴的中国梦奋勇前进。作为民盟的一员，我对国家富强、民族振兴充满信心。我一定不忘初心，永远听党话，跟党走，常怀感恩之心，不忘报国之志。

重温历史铭初心，携手奋进新征程

毛秀凤

毛秀凤，山东省人大代表，潍坊市人大常委会副主任，民盟山东省委常委、潍坊市委主委。

毛秀凤

2021 年是中国共产党成立 100 周年，中国民主同盟成立 80 周年，同时也是实施“十四五”规划、开启全面建设社会主义现代化国家新征程的第一年。站在这一重要的历史交汇点上，我们共同回顾中国共产党百年征程，重温坚持中国共产党领导的多党合作和政治协商制度的初心与感悟。

百年征程今非昔比，多党合作历久弥新

100 年前，在中华民族内忧外患、社会危机空前深重的时刻，伟大的中国共产党应运而生。中国共产党从成立那一天开始，就义无反顾地肩负起实现中华民族伟大复兴的历史使命，成千上万的共产党人用信仰、鲜血救亡图存，用汗水、智慧强国富民！中国共产党团结带领全国各族人民不懈奋斗，实现了中华民族从站起来到富起来、强起来的伟大飞跃！特别是党的十八大以来，全面建成小康社会取得伟大历史性成就、决战脱贫攻坚取得决定性胜利、统筹疫情防控和经济社会发展取得重大成果、国际地位和国际影响力显著提升！今天，我们比历史上任何时期都更接近中华民族伟大复兴的目标。中国共产党彪炳史册的历史功绩，赢得了包括民盟在内

各民主党派成员的真心拥护。

在革命和建设的年代里，中国共产党坚持同党外人士真诚合作，逐步建立完善了中国共产党领导的多党合作和政治协商制度。这种新型的政党制度，既植根于我国的历史文化，又反映了中华儿女团结奋斗的现实需要，被历史证明是适合中国的、民主的和有效的政治制度。

2004 年我加入了民盟，如张澜、沈钧儒、闻一多、李公朴、陶行知等仁人志士，他们为中华民族的解放事业，贡献了毕生的心血和才智，在我的内心深处，我深感这些毫无怨言为中华民族繁荣事业贡献着毕生心血的民盟先贤们，是我的立世楷模。这样，加入民盟便成了我的心之所向。

近 20 年的盟内成长历程，我从一个普通盟员到市委会副主委、主委。我有幸亲历和见证了新时期我国多党合作和政治协商的制度化、规范化和程序化不断稳步推进的过程。特别是担任民盟潍坊市委主委以来，我更真切地感受着多党合作制度的不断发展，在与中国共产党的民主协商中坦诚进言、建言资政，与执政党和广大盟员一道共商发展大计、共襄时代盛举，感触尤深。

80 年来风雨同舟，党盟合作成果丰硕

2021 年恰逢民盟成立 80 周年，作为中国特色社会主义参政党，民盟 80 年发展的历史就是一部与中国共产党和衷共济、通力合作的历史。民盟成立后，在探索救国救民的道路上始终坚持以“奔走国是，关注民生”为己任，不断向中国共产党靠拢，最终自觉选择接受中国共产党的领导，积极投身中国共产党领导的争取民族独立、人民解放、国家富强的伟大斗争，与共产党肝胆相照、荣辱与共，经受了种种考验，为中国的革命、建设和改革事业做出了历史性贡献。

在新的历史时期，特别是党的十八大以来，民盟潍坊市委团结带领广大盟员，继承民盟前辈宝贵的精神财富和优良传统，始终坚持正确的政治方向，始终坚持中国共产党领导的多党合作和政治协商制度，努力服务全市经济社会发展大局，深入开展参政议政和社会服务工作，为促进潍坊市经济发展和社会进步发挥了积极作用。

我在担任市委会主委期间，市委会共有 8 篇集体提案荣获市政协重点提案，4 篇荣获优秀提案，15 篇获得市委书记和市长批示，市委会荣获潍坊市政协信息工作

2017 年 9 月，民盟潍坊市委走进临朐县樊家庙村开展助学行动

先进单位。2013 年我撰写的《关于创新强化科技支撑体系的建议》获得潍坊市统战理论调研宣传优秀成果特别奖；2020 年我荣获“民盟省委参政议政突出贡献奖”。打造了潍坊民盟“手拉手·共成长”帮扶活动品牌，与山区学校学生建立了“一对一”帮扶，并在山区学校建成了“烛光电子书屋”“多媒体教室”，提供了桌椅、书橱、电子钢琴、大型户外玩具组等物品，力求帮到实处。2018 年、2019 年，潍坊市寿光、青州等地遭遇严重洪水灾害期间，全市盟员共筹得捐款 11.08 万元用于支援灾区建设。同时，2018 年、2019 年市盟连续两年主办了“不忘初心·与爱同行”大型慈善义卖活动，两次活动共筹得善款 12 万元，全部用于捐助潍坊市盲校、聋哑学校及部分困难学生，引起了良好的社会反响。新冠肺炎疫情暴发以来，据不完全统计，全盟共捐赠各类防疫物资价值 60 余万元。市委会先后荣获民盟中央纪念中国民主同盟成立 70 周年先进集体、民盟中央思想政治建设和宣传工作先进集体，民盟省委纪念中国民主同盟成立 70 周年、75 周年先进集体、盟务工作先进集体、社会服务先进集体等各类省级表彰 10 余次。两个支部荣获民盟中央“优秀盟员之家”。

我在潍坊市昌乐县、高新区和计生委工作期间，分管的教育、科技、文化、卫生、体育和计划生育技术服务等工作均取得了长足发展。在任期间，昌乐县荣获“全国科技进步先进县”“全国科普工作示范县”“全国群众体育工作先进县”称号；在“非典”防治中我被省委省政府记个人二等功；高新区人口计生工作连年获市考核一等奖；市人口计生委被评为全国计划生育科技大练兵活动先进单位。现在我作为分管城建环资委和民侨外委工作的潍坊市人大常委会副主任，认真贯彻中央和省委、省人大重大决策部署，立足本职，开拓创新，依法履职。我积极提出立法建议，认真落实常委会立法计划，组织参与法规草案立法调研工作，先后参与制定了《潍坊市大气污染防治条例》《潍坊市会展业促进条例》《潍坊市海岸带保护条例》《潍坊市城市绿化条例》《潍坊市供热条例》5 部地方性法规。

以党为师担当使命　同心携手共续新篇

知所从来，思所将往。作为中国特色社会主义参政党地方组织，我们要坚持传承民盟先辈们百折不挠的奋斗精神，发扬他们与中国共产党休戚与共、亲密合作的优良传统，自觉把个人理想同中华民族伟大复兴紧密联系在一起，与时俱进、锐意进取，以党为师、践行使命！

要把自觉接受中国共产党的领导坚持到底。我们要通过多种方式，深入学习贯彻党的十九大以来历次全会精神，引导广大盟员不断增强“四个意识”，坚定“四个自信”，做到“两个维护”，自觉在思想上、政治上、行动上同以习近平同志为核心的中共中央保持高度一致，筑牢与中国共产党亲密合作的共同思想政治基础。认真学习中共党史、民盟与中共密切合作的历史，切实提高广大盟员政治把握能力和思想理论水平，努力做中国特色社会主义的亲历者、实践者、维护者、捍卫者，增强自觉接受中国共产党领导的坚定性。

要把提高履职能力和水平进行到底。我们要大力开展各类学习，紧扣围绕实施“十四五”规划等大政方针、决策部署、重点领域、地方政策以及经济社会发展中的重大问题，搞好调查研究，努力形成一批高水平、高质量的优秀成果，全面提升参政履职的能力和水平。

要把全面加强自身建设进行到底。我们要继续加强自身建设，引导广大盟员尤其是班子成员带头转变作风、履职尽责、担当作为。要抓好机关作风建设，锤炼思想作风、改进工作作风、严明生活作风，形成出实招、办实事、重实绩、讲实效的良好工作导向。

站在新的历史起点上，我们将始终坚守多党合作初心，始终与中国共产党风雨同舟、肝胆相照，以实际行动庆祝建党百年华诞，交出无愧于历史、无愧于时代的优秀答卷！

历经千帆，初心不变

郭洪敏

郭洪敏，济宁市第一人民医院副院长，省政协委员、济宁市政协副主席，民盟山东省委常委、济宁市委主委。

2016 年 11 月，郭洪敏在中国民主同盟济宁市第七次代表大会上做报告

在庆祝中国共产党成立 100 周年的喜庆日子里，回顾我的成长、从医、从政的每一步经历，都离不开中国共产党和民盟对我的培养。特别是我加入民盟、当选民盟主委至今 15 年的历程中，不仅对民盟组织愈加热爱，还对坚持多党合作制度和

走中国特色社会主义道路的信念愈加坚定。我见证并亲历了民主党派的健康发展，也为自己能够为多党合作事业添砖加瓦而感到自豪。

我的家乡山东嘉祥是著名的“曾子故里”“麒麟之乡”“唢呐之乡”“石雕之乡”。古老的传说、丰富的文化、淳朴的民风滋养了我，也培育了我最初的人文情怀。在我10岁那年，母亲为保卫国家财产英勇牺牲。悲痛之余，我认识到，母亲是为了保卫祖国和人民的财产而光荣牺牲的，祖国利益高于一切。于是我暗下决心，好好学习，立志做一个对国家、社会有用的人。

学成归来，回报家乡

1978年秋天，我考入山东医科大学，坚定了“学好医术、救助百姓”的志向。不为良相，便为良医，不也是中国知识分子的传统价值观和人生追求吗？1983年大学毕业后，我被分配到济宁市第一人民医院工作。1986年，我又考取了山西医科大学硕士研究生，并于1989年毕业获得硕士学位，怀着对故乡深深的眷恋，我毅然谢绝导师的挽留，坚定地回到济宁，回到我原来工作的济宁市第一人民医院，成为当时全市屈指可数的硕士研究生。1992年，我被任命为大外科副主任、骨科主任，晋升为主任医师。在任期间，我负责的骨科被评为全市重点学科。1995年，我考入同济医科大学，攻读博士学位。3年后，我以优异的成绩博士毕业，再次谢绝导师的挽留，毅然决然回到家乡，成为改革开放后第一位回济宁工作的博士。

勤奋工作，誉满杏林

学成归来后，我用国内外先进的医学知识和技术指导临床工作，先后完成脊柱的前后路固定、双侧髋关节人工关节置换术、人工膝关节置换术、颈椎病前后路手术治疗、骨恶性肿瘤保肢手术等医疗成果。

早在1986年攻读硕士时，我就开始了股骨头坏死治疗的研究，是国内从事该项研究的第一人。我在股骨头坏死、骨关节疾病的治疗上积累了丰富的经验，从而医治了无数的关节疾患病人，同时不断为生活困难的患者捐款捐物，与患者结下深厚友谊，被患者视为亲人。

我就读博士期间的课题为“骨质疏松的治疗与研究”，当时在全国也鲜有人触及，以至于“郭洪敏”这个名字被误认为是一个德高望重的老专家的名字。后来，在有关会议上，一些专家教授见到我，看到我这么年轻，将信将疑地问：“你就是郭洪敏？”

多年来，我积极参与科研攻关，参与指导他人完成科研，发表的论文经常被全国一些知名的刊物转载和引用。在省级以上的学术刊物发表论文，参编专著。同时，我还担任山东省医科院硕士生导师，把积累的临床经验毫无保留地传授给下级医师，并指导下级医师形成一种行医文化，创造一种全心全意为患者服务的文化环境。

即使后来我先后担任了济宁市第一人民医院副院长、理事长，民盟济宁市委主委，济宁市政协副主席等行政职务，我仍坚持每周一次专家门诊，一次教学查房，坚持到病区探望患者，询问病情，指导制定手术方案，并坚持对疑难杂症患者亲自手术。虽然我职务越来越高，分管的工作越来越多，但我服务人民、回报社会、为党分忧、为民解难的热情更足了，干劲更大了。

立盟为公，参政为民

2007 年 4 月 30 日，民盟济宁市委举行换届大会，选出了新一届市委会，我当选为民盟市委主委。

担任民盟市委主委后，我感觉肩上的责任更大了，同时我觉得自己有了更高的平台、更多的渠道回报父老乡亲，回报党对我的养育之恩。我认真学习党的统战理论、多党合作的方针政策以及民盟的历史和组织章程，在较短的时间内进入角色并适应了工作，团结带领民盟市委班子成员和全市盟员坚持正确的政治方向，把握大局，努力为经济建设和社会发展服务，围绕党委和政府的中心工作，建言献策，以参政党的强烈责任感认真履行参政议政、民主监督等职能。

围绕中心服务大局，积极履行参政党职能。参政议政是民主党派的第一要务。民盟市委每年围绕热点难点问题开展政党协商、界别协商、民主监督等调研。没有调查就没有发言权，多年来，我走遍了济宁市所有的县、区，经常亲自带队组织盟员专家，采取实地调研、座谈讨论、走访问卷等多种方式进行深入调研，形成调研报告，报告多次被中共济宁市委主要领导批示。与市政协开展联合调研，形成多个建议案直报中共济宁市委。在十二届济宁政协公布的十大建议案中，民盟直接参与的就有五件。市政协和民主党派联合调研的方式被省政协充分肯定。为进一步激发广大盟员的参政议政热情，我们成立了参政议政专委会，不断完善《参政议政工作表彰奖励办法》，每年报送信息提案的质量和数量都名列前茅。每年中共济宁市委召开党外代表人士座谈会，我都按时参加并代表民盟发言。我认真学习党和政府的方针政策，多听取盟员及社会各界的意见，在讨论研究的基础上围绕座谈会的主题提出建议意见，只为多向党委、政府传达一些基层的声音，当好党委、政府的好参谋！

发挥特色关注民生，扎实开展社会服务工作。社会服务是民主党派的重要职能，是体现参政党社会功能的重点领域。我们高度重视社会服务，探索建立社会服务品牌，开展基层组织与城市社区结对共建，建立社区服务工作站，将原先“游击战式”的社会服务活动开展模式，改为集中的服务模式，深入社区，为群众开展精准社会服务，并多次承办民盟中央农村教育烛光行动。民盟济宁市委被民盟省委授予社会服务突出贡献奖，一些支部和盟员被民盟中央授予社会服务突出贡献奖或先进个人。

突出主题固本强基，不断加强党派自身建设。我是党培养长大的，多年的成长、求学、工作经历，加上我的所见所闻，让我始终对党满怀感激、敬仰之情。为使盟员坚定一心一意跟党走、拥护社会主义制度的信念，始终保证盟员思想的先进性，能够紧跟时代发展，我带领盟市委多次利用重大节日组织庆祝活动，进行主题教育，开展主题宣讲。每年组织骨干盟员赴革命纪念地、高校等考察学习一次到两次，先后赴重庆、井冈山、西柏坡、延安、瑞金、于都及民盟中央盟史馆、湖南大学、西安交大等开展骨干盟员培训；每两年举办一次新盟员培训班，赴民盟传统教育基地、干部政德教育基地进行专题教学和现场教学，对新盟员进行盟史、盟章的教育，提高党性、盟性修养。2019 年为庆祝新中国成立 70 周年，2021 年为庆祝中国共产党成立 100 周年、中国民主同盟成立 80 周年，我们组织支部盟员拍摄微视频，表达爱国、爱党、爱盟之情。视频被民盟中央、民盟山东省委在微信公众号上登载，同时被上传到学习强国平台上，利用微信公众号、微信群，及时传达民盟组织精神。除此之外，为给广大盟员提供思想交流的平台，济宁共建设了 7 处盟员之家，民盟济宁市委盟员之家被民盟中央评为优秀盟员之家。

历经千帆，初心不变。作为中国民主同盟地方组织的一名领导人，作为中国共

郭洪敏带队赴延安学习

产党领导的多党合作和政治协商制度的参与者和亲历者，我将传承民盟前辈的光荣传统，坚持中国共产党的领导，坚定不移地走中国特色社会主义道路，增强“四个意识”，坚定“四个自信”，坚决做到“两个维护”，为实现中华民族伟大复兴的中国梦贡献智慧和力量！

携手奋进中国梦，同心铸就民盟情

孙岱峰

孙岱峰，泰安市中级人民法院副院长，山东省政协委员、泰安市政协副主席，民盟山东省委常委、泰安市委主委。

孙岱峰

100 年来，中国人民在中国共产党的领导下团结和组织起来，冲破重重难关，革命斗争不断胜利，经济社会快速发展，国家日益昌盛，人民的社会地位、物质生活水平和文化教育水平显著提高。事实充分证明，中国共产党不愧为伟大、光荣、正确的马克思主义政党，不愧为领导中国人民不断开创新事业的核心力量。中国共产党的 100 年，是把马克思列宁主义同中国实践相结合而不断追求真理、开拓创新的 100 年，更是为民族解放、国家富强和人民幸福而不断艰苦奋斗、发愤图强的 100 年。

作为中国共产党挚友、诤友的中国民主同盟，2021 年也走过了 80 年的风雨历程。民盟主要是由从事文化教育以及科学技术工作的中、高级知识分子组成，致力于中华民族解放和中国特色社会主义事业建设的参政党。1941 年 3 月，中国民主同盟在重庆秘密成立，它是在中华民族生死攸关的历史时刻诞生的。它的创建者和早期领导人，在中国共产党抗日民族统一战线政策的感召下，带领一批爱国、进步的知识分子，为民族独立和国家富强，与共产党人并肩战斗。80 年的历史证明，民盟是中国共产党久经考验的友党，是与中国共产党通力合作的参政党，是社会主义现代化建设的一支重要力量。可以说，民盟80年的历史，就是一部与中国共产党肝胆相照、荣辱与共、风雨同舟的合作史，是与中国共产党共克时艰、共担风雨、共襄伟业的奋斗史。

民盟在泰安的活动始于20世纪50年代。1958年7月，民盟山东农学院支部由济南迁至泰安，民盟基层组织由此活跃在泰安这片土地上。1985年10月，民盟泰安市委员会成立，截至2020年年底，全市共有盟员698名，民盟有1个总支、1个基层委员会、17个支部、1个小组。民盟泰安市委在中共泰安市委、民盟山东省委的正确领导下，全方位对标民盟中央关于地方组织建设的要求，大力抓实抓好市级组织和基层组织建设，推动各项工作有序开展，积极探索，开拓创新，推动盟务工作提质增效。

思想引领，团结一致聚心力。把持续夯实团结奋进的共同思想政治基础作为首要任务抓紧抓实。民盟泰安市委始终把新时代中国特色社会主义思想和党的十九大理论作为指导民盟市委工作开展的有力武器，保证思想引领正确的政治方向，增强"四个意识"，坚定"四个自信"，做到"两个维护"。始终坚持盟员双周定期学习制度，夯实各支部学习责任，原则上每两个周的周五下午半天固定为盟员学习时间。结合"不忘合作初心，继续携手前进"主题教育活动，每年年初要求各支部细化并上报支部学习和培训计划。学习形式求"活"。结合党史学习教育，深化对党史、盟史等的学习，组织盟员对照要求谈体会、讲心得，思考"民盟是什么，入盟干什么"，引领大家学史明理、增信、崇德、力行，凝聚起广大盟员坚定跟党走的决心和信心。通过学习，极大地提高了全市盟员的思想政治素质，践行了"同心"理论，构建起良好的党盟合作关系。在盟务工作中，及时与党委统战部沟通，争取中共党组织的支持。盟员徐勤举原创长诗《我自豪，我是一名民盟盟员》，被拍成MV，在民盟中央微信公众号进行推送，并广为传颂，在盟内外获得广泛赞誉。盟员杨士杰在国家级报刊《中国改革报》发表了《创造性转化新时代泰山"挑山工"精神》。盟员刘欣荣和刘纪臣创作的音乐作品《风雨同舟》被《山东民盟》第二期封三采用，他们的歌曲还被拍成MV在学习强国平台进行传颂。

参政议政，围绕中心显效力。泰安民盟各级组织紧紧围绕党和政府的中心工作，坚持以促进发展为参政议政的第一要务，成立参政议政专委会，就应对国际金融危机冲击、保持经济平稳较快发展、战胜历史罕见的特大自然灾害、转变发展方式、保障和改善民生、促进社会和谐稳定、助力乡村振兴、发展夜经济等重大问题，深入调研，建言献策，积极履行参政党职能，为全市经济、政治、文化、社会和生态文明建设做出了应有的贡献。30余年来，向各级人大、政协提交集体议案、提案600余件，个人提案500余件，大会书面发言材料50余件，调研报告20余件，反映社情民意信息稿件200余篇，先后就促进义务教育均衡发展、泰山环山路文化景点建设、泰安市职业技术教育问题、规范奶站经营行为、我市农业产业结构现状、探索社会救助新模式、全力推进我市新型城镇化建设、加快农业土地流转推动农民持续增收、构建产学研政用信息交流平台、推进济泰一体化发展等关系全市经济建设和社会发展的重大问题发表建设性的意见和建议，受到中共泰安市委、市政府和有关部门的重视与采纳。多篇社情民意信息被民盟中央和民盟省委采纳。

社会服务，发挥优势铸合力。在社会服务工作中，民盟市委发挥农业专家和医疗专家特长，依托民盟艺术团、民盟书画院，开展“助力乡村振兴科技服务基地”“陪读妈妈”“泰安瞳心天使志愿者协会”等品牌工程，在新泰市龙廷镇上豹峪村创建了泰安“民盟社会活动实践基地”，新泰市泉沟镇张兰子联小建立“民盟助学实践基地”，启动泰安民盟“爱心书橱”建设，大力开展“下乡义诊”“帮教活动”等社会服务活动，在社会上引起广泛反响。据不完全统计，30余年来，民盟泰安各级组织先后开展了科技讲座、咨询、服务、支教、送医、捐资助学、扶贫济困等活动300余次。开展文化下乡活动100余次，义务培训中小学音乐教师1000余人次，为群众义诊6000余人次，受益群众3万余人。通过一系列活动品牌工程的创建实施，切实把温暖送到千家万户，让广大群众得到了实惠。在抗击汶川地震、玉树地震、新冠肺炎疫情等特大自然灾害活动中，民盟各级组织和广大盟员捐款捐物，并采取多种形式积极参与抗灾救灾和灾后重建工作。30余年来，全市盟员积极参与社会公益事业，累计捐款200余万元。

组织建设，人才强盟提能力。民盟的自身建设取得长足发展。自八届市委会换届以来，大力实施“人才强盟”战略，组织建设和代表性人士队伍建设取得突出成绩。民盟的基层组织领导班子实现了新老交替，组织和思想上的政治交接取得丰硕成果。其中，全国人大代表1名，省人大代表3名，省政协常委1名、委员2名，县级以上人大代表、政协委员共90余人。高中级以上职称的盟员470余名，占总数的69%左右。广大盟员立足本职，爱岗敬业，不断创造新的业绩。民盟市委多次受到民盟中央表彰，被授予“基层组织工作先进单位”“民盟中央先进集体”“民盟思想政治建设和宣传工作先进集体”等荣誉称号，连续多年获得民盟山东省委“民盟山东省先进基层组织”“民盟山东省思想宣传先进集体”“山东省盟务工作先进基层组织”“民盟山东省委参政议政工作先进集体”“民盟山东省委社会服务工作优秀组织奖”等荣誉称号。

孙岱峰主委主持民盟山东省委传统教育基地落户山东农业大学揭牌仪式

回顾历史，是为了更好地面向未来。我们庆祝中国共产党成立 100 周年、中国民主同盟成立 80 周年，意味着泰安民盟站到了一个新的历史起点上。雄关漫道真如铁，而今迈步从头越，当前正处于“十四五”规划开局之年，开启全面建设社会主义现代化国家新征程的路途中，目标更伟大，使命更崇高，任务更艰巨。全体盟员要努力继承和发扬优良传统，坚持和完善中国共产党领导的多党合作和政治协商制度，进一步提高履职参政能力，不断创造新的业绩，为实现“两个一百年”的奋斗目标，实现中华民族伟大复兴的中国梦做出新的更大贡献。

同心跟党走，聚力再出发

周 宁

周宁，威海市统计局局长，民盟山东省委委员、威海市委主委，山东省政协委员、威海市政协副主席。

周 宁

有一首歌，诞生于战火纷飞的革命时期，从北京房山霞云岭飞向全中国，在大地上传播，在阳光里穿梭，在脉管里流淌，在心里头铭刻，一直传唱到中国共产党百年华诞的今天，历久弥新、经久不衰，它就是《没有共产党就没有新中国》。它是人民的心声，是历史的昭示，更是全国人民心中的信仰。这首歌伴随着我走过求学、工作的每一段路，伴随着我每一次的成长进步，早已渗入骨髓、深入灵魂。

我生于20世纪60年代末，尽管没有经历过硝烟弥漫的革命战争年代，但从小在父母、老师的教导下，深深感慨中国共产党带领人民站起来的那一段可歌可泣的伟大历史，更是不断地从一个个英勇无畏的典型人物身上汲取力量。自参加工作以来，我先后在国有企业、对外贸易经济合作局、商务局、发改局工作过，亲身经历并见证了中国特色社会主义事业伟大胜利，目睹了改革开放、新时代以来中国共产党带领人民富起来、强起来的辉煌历程，亲身经历了轰轰烈烈、日新月异的建设事业，特别是我从事统计工作以来，更是从那一串串令人振奋的数据，从那一张张醒目的图表，看到我们的经济社会发展更稳了，看到我们的城市建设更亮了，看到我们人民群众的笑脸更多了……而这所有的一切都归功于中国共产党坚强有力的领导，也反复印证了中国共产党的领导是历史的选择、是人民的选择，科学回答了“中国共产党为什么能”这一历史课题，更是将《没有共产党就没有新中国》赋予了新的内涵、新的生命力。

有一盏灯，拨亮中国的寒夜，驱除前进路上的阴霾，汇聚起强大合力，指引我们前行方向，激励起奋进力量，这就是中国共产党领导的多党合作制度。这盏灯伴随我们民盟已走过 80 年峥嵘岁月，凝聚着张澜、沈钧儒等前辈们的深思熟虑和政治智慧，浓缩了全盟经年累积、历久弥坚的历史经验，彰显了强大的生机和活力。

革命战争年代，我们民盟与中国共产党亲密合作，共同为民族独立、国家解放而奔波奋斗；和平建设时期，我们在中国共产党领导下参政议政，为经济社会发展积极献力献策。自 2005 年加入民盟以来，我始终把参政议政作为履职尽责的第一抓手，紧紧围绕党委、政府中心工作和部署要求，以提案、大会发言、界别活动为重点，以“为天地立心，为生民立命”的强烈社会责任感，深入基层调研，建发展良言，献务实之策。2018 年至 2020 年，我组织撰写 9 篇调研报告，均得到市领导批示；撰写社情民意信息 298 篇，116 篇得到省级以上采用；提交提案 91 篇，我个人荣获民盟省委“参政议政突出贡献奖”；在省政协十二届三次会议上，我围绕《优势并非天定　关键事在人为》主题进行了大会发言，为山东发展推介威海经验，提供了威海方案，受到了广泛好评。多年的工作实践，使我认识到参政议政是我们民主党派的基本职能，是生命线，更是永葆生机活力的源泉。当今世界，百年未有之大变局正加速推进，我国正处于实现中华民族伟大复兴的关键时期，全面建成小康社会取得伟大历史性成就，脱贫攻坚战取得全面胜利，全面建设社会主义现代化国家新征程顺利开启，同时我们在前进道路上仍面临着许多难关和挑战。作为民主党派成员应适应新时代发展要求，不断学习进步，加强参政议政能力的培养和提高，在参政议政为国、参政议政为民中发挥更大的作用。

有一杆秤，在人民群众心中，量出了工作的“长短”，秤出了为民服务的“轻重”，测出了与群众的“远近”。

一直以来，我始终认为民盟的根基在人民、血脉在人民、力量在人民，坚守人民立场，以百姓心为心，与人民同呼吸、共命运、心连心，全心全意为人民，是我们一切工作的出发点、落脚点，是保证事业兴旺发达、朝气蓬勃的前提条件。2016 年年末，我当选为民盟威海市委主委后，注重发挥民盟的人才优势，坚持把参政议政、社会服务与服务基层群众结合起来，着力打造社区服务基地。5 年来，我们依

2017 年 3 月，换届伊始，周宁带队赴民盟青岛市委学习

托民盟市委在文艺体育、法律等方面专家人才集聚的优势，成立盟员之家、威海民盟书画院，创办威海民盟公众号，举办丰富多彩的活动，使服务社会常态化、品牌化。联合田和街道办事处精心打造了具有威海民盟特色的“和美社区服务站”，让辖区群众在家门口就能享受到高质量的服务，开启充满艺术之美、活力之美、健康之美、和谐之美的美好生活，并先后在 8 个社区举办书法、绘画、剪纸、合唱、健身、舞蹈、曲艺、手工等近 10 项课程，开展了医疗卫生讲座和义诊、法律咨询讲座、送春联进社区、举办文艺演出、“微心愿”资助贫困家庭等活动，真正将共识融入实践，《联合日报》刊发《让美的种子在社区生根发芽——民盟威海市委探索社区服务新模式》的经验文章，该创新模式赢得民盟中央领导、民盟省委的高度评价，并荣获 2018 年全市统一战线争先创优优秀项目一等奖，吸引了省内外统战系统、民盟组织前来参观学习。在开展社会服务过程中，我坚持党盟党建共享，亲自与党组织对接协调沟通，多次深入群众了解其所需所盼，努力找准为民服务的切入点、契合点，得到各级领导的一致赞同和大力支持，赢得干部群众良好口碑，得到社会的广泛赞誉，树立起威海民盟的良好形象。

走得再远，都不能忘记来时的路。回顾威海民盟的发展历程，回顾我个人走过的路，唯一不变的是始终坚持中国共产党坚强有力的领导，不变的是为中华民族谋复兴、为中国人民谋幸福的根本使命。我有幸处于新时代，更该有责于新时代、有为于新时代。我将进一步强化一心一意跟着中国共产党走的共识，自觉接受中国共产党的领导，始终做到思想上同心同德、目标上同心同向、行动上同心同行，增强携手新征程、奋进新时代的思想自觉和行动自觉；进一步站稳人民立场，走好群众路线，与群众零距离、面对面沟通交流，用真心真情真意当好人民群众和党委政府的桥梁纽带，不断夯实凝聚共识的民意基础，找到最大公约数，画好最大同心圆。

日照民盟，以梦为马

胡尊良

胡尊良，日照市人民防空办公室主任，民盟山东省委委员、日照市委主委。

胡尊良主持召开民盟市委全委会议

日照，日出初光先照之地。日照民盟，梦想之光灼耀之地，照亮前行路，永远跟党走，共筑中国梦。

20 多年前，民盟日照市委成立，刚刚参加工作不久的我到民盟日照市委机关工作，在这里，我加入了中国民主同盟，我与民盟的缘分就此开始。成为一名优秀的中国民主同盟盟员，尽我所能、奉献民盟是我的梦，它虽渺小却朴实而真诚。从此，我与日照民盟共成长、同发展，我为它散发我全部的光和热。

在民盟市委机关工作时，我给自己定了三个目标：要有更高的要求，按照党委、政府工作部署和要求，机关工作对标最高标准，主动作为，精益求精，带动各级盟组织持续发力；要有更多的创新，多学习、多思考、多交流，敢于创新，多出创新之举，不断挑战，让工作更有趣味；要有更好的服务，把对民盟的热爱带入工作中，以更好的服务态度践行工作原则，寓管理于服务。2017 年，我当选为民盟日照市委主委，感谢组织信任，感谢盟员认可，同时深感责任重大，我要带领日照民盟人，继续用汗水浇灌收获，以实干笃定前行，以拼搏开启未来，用我之热情，让梦想之光更加璀璨！

2021 年是中国共产党成立 100 周年，也是民盟成立 80 周年。循来路轨迹，温起点初心，有助于为我们今天的事业注入强大力量，为明天的奋斗奠定坚实基础。80 年前，民盟的前身中国民主政团同盟在重庆秘密成立。在中华民族生死存亡的关键历史时刻，民盟前辈为了民主与祖国的和平，坚定地同中国共产党站在一起，舍生忘死，用自己的鲜血和生命在中国现代史上谱写出可歌可泣的一页。80 年的伟大历史进程中，一代又一代民盟领导人团结带领广大盟员，始终致力于国家富强、民族振兴和人民幸福，同中国共产党结下了肝胆相照、荣辱与共的深厚友谊。这一辉煌成绩，历史不会遗忘，也必将激励每一位盟员更加自觉地把祖国的兴衰同个人的荣辱紧密联系在一起，为祖国的繁荣昌盛贡献民盟力量；同时，我们也深切感受到坚持中国共产党的领导，是民盟最优良的传统。只有坚持中国共产党的领导，才能保持多党合作的正确政治方向，才能使各民主党派在与中国共产党的团结合作中不断取得历史性进步。

站在“两个一百年”的历史交汇点上，新征程即将开启，扬帆正当其时。作为民盟市级组织负责人，肩负历史重任，我将不断汲取中共治国理政的智慧和营养，思考日照民盟的使命和担当。

围绕中心，服务大局，同心同行，做好帮手

民盟作为中国共产党的好帮手，就要履职尽职、办好事情，必须牢固树立大局意识，做到认清大局、胸怀大局、把握大局，站在党和国家全局的高度，放眼大势、拓宽思路、谋划大事、抓好要务，不断开创民盟工作新局面。这个大局，就是

中国梦的奋斗目标。

实现中华民族伟大复兴是近代以来中华民族最伟大的梦想。中华民族有五千多年的文明历史，创造了灿烂的中华文明。鸦片战争后，中国陷入内忧外患的黑暗境地，中国共产党义无反顾肩负起实现中华民族伟大复兴的历史使命，团结带领人民进行了艰苦卓绝的斗争，推翻压在中国人民头上的帝国主义、封建主义、官僚资本主义三座大山，建立起新中国，实现民族独立、人民解放、社会稳定；进而进行社会主义革命、建设和改革开放，成功开辟中国特色社会主义道路，推动中国特色社会主义进入新时代，中华民族迎来了从站起来、富起来到强起来的伟大飞跃，迎来了实现伟大复兴的光明前景。民盟先辈在党的领导下，为实现中华民族伟大复兴做出了奋斗和牺牲，贡献了智慧和力量。

新时代，作为市级民盟组织的一名主委，我必须尊崇多党合作的初心和使命，引导全市盟员聚焦“两个一百年”奋斗目标，建言资政与凝聚共识双向发力，既要立足岗位、发挥优势，积极为经济社会健康发展献计出力，又要旗帜鲜明、勇于斗争，理直气壮驳斥错误言论，积极传播思想正能量，为决胜全面小康做出新的贡献。

凝聚共识，坚定信念，同心同德，做好同事

凝聚共识，坚定信念，就要有政党意识。政党意识，是一个政党生存和发展的精神导向，是政党成员政治觉悟和党性的集中体现。民盟作为一个参政党，必然带有鲜明的政治性。

政治建设是一个政党的根本性建设。民盟的政治建设是一个永恒课题，决定民盟的建设方向和效果。要加强政治建设，提高政治站位，把正确政治方向贯彻到谋划发展、制定政策、部署任务、推进工作的实践中去。坚持中国共产党的领导，不断掸去思想上的灰尘、淬炼政治上的坚定，筑牢思想之基、补足精神之钙、把准理想之舵，以坚定的理想信念坚守初心，时刻不忘人民对美好生活的向往就是我们的奋斗目标，时刻不忘履职尽责，践行为民初心。

民盟日照市委要通过开展集中学习、专题培训、邀请专家专题讲座等多种形式，组织盟员深学笃用习近平总书记系列重要讲话精神和民盟中央、省委有关会议精神，凝聚政治共识，使全体盟员做到政治认同、思想认同、理论认同、情感认同。通过开展系列主题活动，弘扬老一辈“风雨同舟、荣辱与共”的光荣传统，继

承发扬自愿接受中国共产党领导的优良传统。增强“四个意识”，坚定“四个自信”，做到“两个维护”，筑牢新时代多党合作的思想基础，努力提高思想共识。

资政建言，履职尽责，同心同向，做好参谋

80 年来中国民主同盟形成了自己的传统，“奔走国是，关注民生”，费孝通先生倡导“出主意、想办法，做好事、做实事”，就是同中国共产党紧密合作过程中为执政党出主意、想办法，为人民做好事、做实事，这都是民盟的优良传统。

民盟组织必须自觉维护中国共产党的执政党地位，正确认识自身性质定位，加强民主监督和参政议政的责任意识，加强业务学习，不断提高发现问题、分析问题和解决问题的能力，同时要关心国家的发展和经济社会生活中的重点、难点、热点问题，不仅要围绕党委、政府的中心工作，深入实际、深入群众认真调研，确保信息的真实性、可靠性，还要及时反映人民群众的呼声和意见，突出人民群众关心的生产生活实际问题，发挥人才荟萃、智力密集的优势，主动献策，善于建言，敢于监督，认真履职尽责，广泛凝心聚力，为经济社会发展做出新的更大贡献。

2021 年 3 月 19 日，民盟日照市委召开庆祝民盟成立 80 周年大会

民盟日照市委要切实加强自身能力建设，努力履行好参政议政职责，不辜负党和人民的信任与期望，不辜负历史赋予我们的伟大使命；要用好民主协商制度渠道，做到言之有据、言之有理、言之有度、言之有物，真诚协商、务实协商，道实情、建良言，参政参到要点上，议政议到关键处；要针对“十四五”规划各项工作任务深入一线调查研究，积极开展批评监督，推动各项决策部署落地见效。

我将和日照民盟的同志一起，做到心中有梦想，脚下有力量，继续在民盟省委和中共日照市委的领导下，始终坚持规范建盟、参政立盟、人才强盟、活动兴盟、爱心润盟、从严治盟的“六盟”工作思路，不断加强政治建设、思想建设、组织建设、作风建设、能力建设“五大建设”，持续提升政治把握能力、组织领导能力、合作共事能力、参政议政能力、解决自身问题能力“五种能力”，认真履行参政议政、民主监督、参加中国共产党领导的政治协商“三项职能”，打造和谐奋进的班子，锻造有为有位的干部，培养知行合一的盟员，建设新时代高素质参政党，与全市人民一道，为日照的改革振兴、多党合作事业的蓬勃发展主动作为，贡献力量。我们同心同德、同心同向、同心同行，共圆中国梦，共庆新时代！

我与临沂民盟几位前辈的不解之缘

孟凡明

孟凡明，临沂市人民防空办公室主任，民盟山东省委常委、临沂市委主委，山东省政协委员。

“蒙山高，沂水长，我为亲人熬鸡汤”，一首《沂蒙颂》唱出了沂蒙人民同中国共产党生死与共、水乳交融的深情，唱出了沂蒙人民爱党爱军、无私奉献的革命本

民盟临沂市委在孟良崮沂蒙精神教育培训中心举办
“学党史盟史，守同心初心”主题教育读书班

色。沂蒙，是一片神圣的土地，是一片红色的沃土，将永远珍藏在人民的记忆深处。

巍巍沂蒙山，滔滔沂河水。在这片红色沃土上，民盟组织于 1987 年应运而生，并于 7 月 21 日成立了民盟山东省临沂直属支部，自此民盟组织便在这片充满生机和活力的沂蒙大地上扎根发芽、开花结果，为临沂的各项事业发展贡献着智慧和力量，发挥着参政党的重要作用。

时光荏苒，岁月如梭。三十多年间，临沂民盟伴随沂蒙人民一路奋斗一步步走来，走出了队伍的发展壮大，走出了组织的团结和谐，走出了参政议政的朝气蓬勃，走出了服务社会的新天地。收获了尊重，收获了赞许，收获了成绩，成为一支重要的政治力量活跃在沂蒙大地上，成为一个温暖的家，温暖着每一位盟员的心。

结缘民盟，受益一生。正如我与临沂民盟几位前辈之间有着深厚的不解之缘一样，加入民盟让我的人生和事业获益匪浅，感触颇深。

一

我与民盟的缘始于 1998 年夏天的一次政协专题调研，带领我们调研的是时任市政协副主席、民盟市委主委郑斯仁同志。几日和郑老近距离的接触，我被郑老的学识、为人、风范深深吸引，感到这就是自己心中敬重的忧国忧民的知识分子的样子，他所在的民盟组织一定是个了不起的组织！对民盟组织的向往促使我不断向组织靠拢，让我逐渐感觉到了民盟的魅力不在于它要我变，民盟的魅力在于它吸引我、引导我发生变化。终于在 1998 年 8 月 30 日我正式成为民盟的一员。

初入民盟，我就像一张白纸，不知道应该怎么做，很忐忑地向郑老请教，郑老笑着对我说："不着急，慢慢来。"那时民盟市委每个周末都组织学习，并且让各个支部轮流主持不同的学习专题。郑老每次总是骑着一个三轮车来，很仔细地听完大家的讨论后，做一个精辟的点评。每次的点评都是一针见血、直中要害，让我们受益匪浅。

记得有一次，一位同志发言中表达了西方政党制度优于我国政党制度的观点，郑老提出严肃批评后，用了一个多小时的时间给我们讲了为什么没有共产党就没有新中国，为什么要坚持中国共产党的领导，为什么不要盲目崇拜西方的制度而是要对自己国家的制度充满信心，话语没有生硬的说教，都是他的心里话，因此也都直入我们心底，让我们的思想得到净化和升华，信念更加坚定，理想更加执着。在进入新时代的今天，中国取得辉煌成就的现实已经教育了我们，“四个自信”已是我们的思想自觉和行动自觉，但在20多年前就如此发自肺腑地讲述，讲到人心里去，足见郑老政治站位之高远。

在郑老的关怀教育下，我学到了很多为人处世的道理，使我成长为一个热爱民盟并且在内心深处有自觉为民盟事业做出贡献的合格盟员。郑老平易近人，我也珍惜每次和他在一起交流的机会，每每有错误之处，他总是能够给我指出来，引导我正确地思考问题、判断是非。郑老还经常手把手地指导我利用我的专业特长选取调研课题、开展调研、撰写调研报告，亲自参加我们科技支部开展的学习、社会服务等活动……就这样，郑老不断地感染着我、教育着我、激励着我、影响着我，成为我政治上的领路人和盟务工作的启蒙者。

郑老退休后一直时时心念组织，经常参加民盟的活动。2017年8月，身患重病的他还坚持参加纪念临沂民盟组织成立30周年座谈会，发表了40多分钟的讲话。2018年9月他去世的前几日，还拉着我的手说：你现在肩上的担子更重了，一定要带领咱临沂民盟把工作做得更好。这是一位老盟员的拳拳之心，也是一位心系临沂民盟组织的老前辈对我的期望和托付，我将牢记在心。郑老的言传身教和师表风范，就像一盏灯，指引我前进的方向！

二

民盟给了我拓宽视野的机会和促进自身发展的平台，更让我从前辈的身上汲取更为丰富的知识和力量。我还清晰地记得我入盟一个月后的9月30日，在民盟临沂科技支部成立会议上，我被另一位老者深深地吸引。他慢慢地讲述着自己在云南大学读书时初识费孝通，后来在费老的影响下加入民盟的经历。他绘声绘色地讲解民盟的历史、民盟先贤的故事，讲解应该怎样对待工作、对待他人、对待社会，他娓娓道来，我则听得如痴如醉。那次聆听，让我第一次真切地感受到民盟老一辈身上为民族、为国家、为百姓舍身忘我的大义精神，有良知、有学问、讲风骨、讲操守、讲气节的人格魅力。这位老者叫法德华，是一位治学严谨、造诣很深的学者教授，是临沂民盟最早的领导者之一。

第一次去法老家拜访，我就被法老家像图书馆一样的藏书所震撼。法老去世后将十几万册藏书、众多教学模具、标本都捐献给学校，有关民盟的书籍、报纸、杂志捐给了民盟市委机关。法老的故事很多：他几十年如一日骑着自行车到邮局为全校教职工义务收发信件报刊；经常把自己的饭菜票给他的学生而自己饿肚子；每次都是自费坐车从沂水到临沂参加完民盟支部会议后接着返回，路上啃自己带的凉馒头当作午餐……这些小事彰显的却是法老人格的伟大。现在在山东医专临沂校区建有他的事迹展览室，他的事迹和人格魅力在感染和教育着一届又一届的医学院学生和一批又一批的盟员。

法老是有着崇高理想的人，是脱离了低级趣味的人，是一生都在奉献的人，是我道德和精神的标杆。

三

民盟是一个政治组织，更是一个友爱的集体、团结的集体、和谐的集体、进步的集体。我从中感受到了温暖，也汲取到了前行的力量，更深植了仁爱之心。我印象深刻的一句话是："进了民盟的门，就是民盟的人"，这是第二届盟市委主委包祖善同志经常讲的一句话。他是我民盟事业上又一个重要的领路人。

包老是地地道道的上海人，大学毕业后和爱人一起来到了沂蒙山，按照他的说法，不仅为老区贡献了自己的一生，还为老区贡献了自己的子孙后代。2001 年 7 月，时任临沂市政府副市长的包老被增补为第一届民盟市委副主委，我被增补为委员，12 月民盟市委完成换届，包老任第二届主委，我任副主委。2002 年 4 月，我作为第一位专职工作人员调入民盟市委机关工作，开启了我在包老的直接领导下做全市盟务工作的 5 年。

在 2006 年届满述职时，我曾用愉快、辛苦、收获三个词来形容 5 年的工作经历。愉快是氛围，辛苦是过程，收获是结果。这 5 年，我最大的收获是实现了从一个科技工作者向盟务工作者的转变，从一介书生成长为一名民盟的领导干部，各方面的能力和素质得到全面的提升。

在这个过程中，包老对我的影响是多方面的：他一直强调，作为民主党派成员要摆正位置，树立大局观念。包老经常讲民盟没有自己党派的任何私利，我们的工作是党的事业的一部分，坚持中国共产党的领导是题中应有之义。具体来讲，就是要在党委的领导下，胸怀振兴沂蒙这个大局，围绕全市经济社会发展履职尽责，尽

孟凡明参加中国民主同盟第十二次全国代表大会

自己所能为沂蒙老区人民服务；他始终做到，对待盟员重感情，讲团结。盟员分布在不同单位，进了民盟的门，就是民盟的人，要关心每一位盟员，在不失原则和纪律的前提下，盟员有了困难找到组织，我们要尽最大的可能去帮助解决，让盟员对组织有一种家的归属感，以此来增强组织的凝聚力和向心力；他坚持要求，无论是民盟市委层面的工作，还是民盟市委机关的工作都要严谨规范。初到民盟市委机关时，机关没有相对固定的办公场所，基本上是一年多搬一次家，机关也只有我一个人，工作有时会很随意。包老便要求我工作中一定要严谨，机关工作一定要规范，该有的规矩一定要有，该制定的规章制度也一定要制定。

包老以在县、市政府任副县长、副市长的经验指导我办文办会办事，指导我制定民盟市委及机关有关规章制度，规范民盟市委各项工作，帮助我全面了解全市经济社会各方面发展的情况，协助我到县区、部门走访调研……就这样，在包老的领导下，我辛苦但愉快地工作着。我受到包老的熏陶，感受他的智慧，眼界开阔了，境界提高了，我的综合素质和能力也得到很大的提升。近十年来，包老在家照顾卧床的老伴，参加民盟活动的机会少了，但他非常关注民盟的人和事，就像父母记挂着自己的孩子。包老永远把自己当作“民盟的人”。

在临沂民盟还有像贾少林贾老、张祥林张老、王滨王老等一些老前辈，他们用学识、人格、奉献默默地影响着临沂民盟组织，也激励着我不断向前，他们是我永远尊重的老前辈。

有信仰的人是幸福的。当前，站在中国共产党成立100年、中国民主同盟成立80年的历史节点上，我深感作为一名新时代的盟员和民盟的领导干部身上所担负的沉甸甸的历史责任，也时常告诫自己要继续以民盟前辈为榜样，学习他们的优良传统，提高政治站位，提升能力水平，肩负起新时代赋予的社会责任和使命，为民盟的事业贡献一切力量。正是“块块荒田水和泥，深翻细作走东西。老牛亦解韶光贵，不待扬鞭自奋蹄”。

重温百年党史，携手共向未来

康志民

康志民，山东省政协常委、德州市政协副主席，民盟山东省委常委、德州市委主委。

2008 年，康志民赴汶川地震灾区支援抗震救灾工作

值此中国共产党百年华诞之际，结合近期对中共党史、盟史等的进一步学习，我谈几点体会。

重温百年辉煌党史，坚定永远跟党走的政治信念

100 年前，中国共产党诞生于中华民族内忧外患、社会危机空前深重的时刻，

中国人民从此踏上了争取民族独立、人民解放的光明道路，开启了实现国家富强、人民富裕的壮丽征程。从成立开始，中国共产党就义无反顾地肩负起实现中华民族伟大复兴的历史使命，无数共产党人前赴后继、顽强奋斗，用信仰、鲜血救亡图存，用汗水、智慧强国富民。

时至今日，嘉兴南湖上的红色小船已经成为领航中国的巍巍巨轮，久经磨难的中华民族实现了从站起来、富起来到强起来的历史性飞跃。尤其是党的十八大以来，全面建成小康社会取得伟大历史性成就，经济社会发展取得重大成果，国际地位和国际影响力显著提升，任何国家任何人都已不能阻挡我们实现伟大复兴的历史步伐。

百年党史不仅仅是筚路蓝缕、奠基立业、创造辉煌开辟未来的百年，更是矢志不渝践行初心使命的百年。一代代中国共产党人始终坚守为中国人民谋幸福，为中华民族谋复兴的初心和使命，带领广大人民一路披荆斩棘、砥砺奋进，不断夺取革命、建设、改革的重大胜利，从根本上改变了近代以后中华民族的前途和命运，深刻改变了世界发展的趋势和格局。中国社会发生的变革，中国人民命运发生的变化，其广度和深度、其政治影响和社会意义，在人类发展史上都是十分罕见的。

彪炳史册的历史功绩已经充分证明，中国共产党无愧为伟大、光荣、正确的马克思主义政党！无愧为领导全国各族人民实现中华民族伟大复兴的根本保证和核心力量！

回顾80载风雨同舟，铭记携手奋进的合作初心

2021年恰逢中国民主同盟成立80周年。作为中国特色社会主义参政党，民盟80年的历史就是一部与中国共产党风雨同舟、携手前进的历史。

80年来，民盟坚定地同中国共产党共克时艰、共历风雨、共襄伟业。民盟在探索救国救民的道路上不断向中国共产党靠拢，最终自觉选择接受中国共产党的领导，积极投身中国共产党领导的伟大斗争，与中国共产党肝胆相照、荣辱与共，经受住了种种考验，为中国的革命、建设和改革事业做出了历史性贡献。无数民盟先贤为国家发展、民族复兴、人民幸福贡献智慧与热血，把“奔走国是，关注民生”的情怀铭刻在历史的长卷上，成为民盟人代代传承的优良传统。

坚持中国特色社会主义政治发展道路，充分发挥统一战线的优势，加强同各民

主党派的团结合作，是中国共产党的长期战略方针。坚持中国共产党的领导，坚持走中国特色社会主义道路，是近现代以来经过无数仁人志士不断探索，在长期的历史实践中形成的，也是民盟先贤们庄严的政治承诺。站在新的历史起点上，中华民族的伟大飞跃，既为多党合作提供了更广阔的舞台，也提出了新的使命任务。

我们应该坚定理想信念，坚守政治承诺，不忘合作初心，切实履职尽责，以实际行动书写多党合作事业的新篇章。

立足德州地方实际，明确参政履职的前进方向

作为中国民主同盟的地方组织，民盟德州市委在民盟山东省委和中共德州市委的坚强领导下，在市委统战部的指导帮助下，始终坚持强化政治认同、积极加强自身建设、不断提高履职水平，努力向着“政治坚定、组织坚实、履职有力、作风优良、制度健全”的目标迈进。

2021 年 1 月，康志民在市政协大会上做提案工作报告

党的十八大以来，我们紧紧围绕全市工作中心，积极建言资政。累计向市“两会”提交提案、议案 900 余件，其中 30 篇被评为优秀提案、25 篇被列为重点督办

提案，受到市委市政府主要领导批示的调研成果累计 18 篇次，参加实施乡村振兴战略、协同发展示范区建设等党外人士座谈会百余次。我们充分发挥界别优势和资源优势，着力改善地方民生水平。不仅启动“教育烛光、文化彩虹、医疗春风”三大行动，连续 10 余年开展各领域社会服务活动百余次，累计捐款捐物近 200 万元，还切实助推基层教育、医疗水平提高，有力促进德州文化事业繁荣发展。我们响应市委、市政府号召，以建言献策、协调资源、双岗建功等方式积极在脱贫攻坚战和疫情防控阻击战中贡献自身力量。

2021 年是“十四五”开局之年，是中国共产党建党 100 周年，是民盟成立 80 周年，也是开启全面建设社会主义现代化国家新征程的启航之年。德州民盟将以建党 100 周年和民盟成立 80 周年为契机，始终坚持中国共产党的领导，进一步发扬民盟优良传统，按照“四新”“三好”要求，以党为师全面加强自身建设，平稳有序实现政治交接，不断提升履职能力和水平，以新形象、新作为、新业绩庆祝中国共产党成立 100 周年和民盟成立 80 周年。

百年风雨沧桑，百年荣耀辉煌。站在新的历史起点上，我们将始终坚守合作初心，携手共向未来，以实际行动交出无愧于历史、无愧于时代的答卷！

砥砺奋进，不负年华

郝光华

郝光华，民盟山东省委常委、聊城市委主委。

郝光华

中国共产党成立以来的百年，是泱泱中华天翻地覆、沧桑巨变的百年，更是中华民族从争取独立自由到民族复兴崛起的百年。民盟自1941年成立以来，作为一支重要的政治力量，在80年的时代洪流中，在中国革命、建设、改革的各个历史时期，同中国共产党亲密合作，共克时艰、共担风雨、共襄伟业，成了“中国共产党久经考验、亲密合作的友党”，为民族独立、国家富强、社会进步和人民幸福做出了自己应有的贡献。

回顾中共百年党史以及民盟80年风雨历程，我们深刻地体会到：没有共产党就没有新中国，共产党的领导是我国政治稳定、经济发展、文化繁荣、民族团结、社会进步的根本保证。我们必须自觉维护中国共产党的执政地位，始终不渝地接受中国共产党的领导，与中国共产党风雨同舟、亲密合作，坚定不移地走中国特色社会主义发展道路。民盟作为参政党，要坚持立盟为公、参政为民，不断提高履职能力和水平，切实做中国共产党的“好参谋、好帮手、好同事”；要深入实施人才强盟战略，切实加强自身建设，为推进新时代多党合作事业发展提供强有力的组织保障，确保民盟事业后继有人。

我们要努力继承和发扬“奔走国是，关注民生”的民盟传统，坚持和完善中国共产党领导的多党合作和政治协商制度，进一步提高参政党履职尽责的五种能力，努力做到“在危机中育新机，于变局中开新局”，真正成为“好参谋、好帮手、好同事”，不断开创民盟事业的新辉煌！

着力加强思想建设，不断巩固与中国共产党亲密合作的思想政治基础，坚定不移地走中国特色社会主义政治发展道路

民盟聊城市委将继续团结带领全市盟员，继承民盟前辈与中国共产党风雨同舟、肝胆相照的优良传统，以四史教育、盟史学习等为重点，追溯理想信念之源、坚定理想信念之基、补足理想信念之钙，进一步突出坚持中国共产党的领导、坚持中国特色社会主义政治发展道路这一主线，引导广大盟员进一步增强对中国特色社会主义的政治认同和思想认同，在纷繁复杂形势下保持清醒的头脑，在大是大非面前站稳坚定的立场，在社会深刻变革中坚持正确的方向，真正做到与中国共产党思想上同心同德、目标上同心同向、行动上同心同行。

不断提高履职尽责的能力和水平，为实现“两个一百年”奋斗目标贡献力量

参政议政、民主监督、参加中国共产党领导的政治协商，是参政党发挥作用、体现价值的根本所在。站在全面建设社会主义现代化国家新征程即将开启的重要历史时刻，聊城民盟将以高度的政治自觉，围绕中心、服务大局，深刻认识新发展阶段，牢固树立新发展理念，主动融入新发展格局，为助力聊城市在全省争创一流、走在前列，实现聊城在鲁西大地率先崛起的征程上凝聚和贡献民盟智慧和力量。聊城民盟要根据自身优势和特点，带领全市盟员形成最大公约数、画出最大同心圆、凝聚最大正能量，积极配合党委、政府做到有事多商量、有事好商量、有事会商量；在资政建言中做到言之有据、言之有理、言之有度、言之有物，真正做到参政参到要点上，议政议到关键处，不断提高参政议政能力和水平；在政党协商、政治协商中做到真诚、务实；在调查研究中以钉钉子的精神，静下心来俯下身去，深入基层进行调研；在民主监督中，把基层和一线的真实情况向党委、政府进行报告，并提出意见和建议。

2021 年 6 月，郝光华率乡村振兴“同心行”志愿者调研组开展直播电商调研活动

加强自身组织建设，不断提高盟务工作的科学化和规范化水平

加强组织自身建设，是多党合作事业的要求，也是民盟履行参政党职能的基础和保障。聊城民盟要以建设学习型、服务型、创新型、实干型的参政党为目标，不断引导和增强全市盟员学习新知识、掌握新本领、应用新技术的能力，不断提高盟员队伍的整体素质，以自身组织建设促进履职能力的提高。同时，要进一步加强各基层组织的班子队伍建设，健全完善各项规章制度：推进基层组织建设和保障机制建设的标准化；推进基层组织组织生活标准化，从严盟员教育管理监督；推进盟员发展的标准化，使新盟员由“过得去”变为“过得硬”。要通过搭建平台，充分发挥盟员的主体作用，增强盟员的凝聚力和向心力，实现资源共享、优势互补，形成合力。

走过 80 年光荣历程的中国民主同盟，必将在新征程中继续砥砺奋进，继续谱写中国特色社会主义新时代下的民盟华章！聊城民盟必将更加紧密地团结在以习近平同志为核心的党中央周围，高举新时代中国特色社会主义伟大旗帜，树牢“四个意识”，坚定“四个自信”，做到“两个维护”，始终坚持和拥护中国共产党的领导，切实履行参政党职能，团结全市盟员，继往开来，为实现“两个一百年”奋斗目标和中华民族伟大复兴的中国梦而努力奋斗！

薪火在手，使命在身

万永格

万永格，山东省政协常委、滨州市政协副主席，民盟山东省委常委、滨州市委主委。

时间过得真快，我担任民盟滨州市委会主委已 13 年。13 年时光，在历史的长河中仅仅是短暂的一瞬，但这 13 年却是我人生中一段最难忘的岁月、事业中一段最宝贵的经历、工作中一段最愉快的征程。

在这些日子里，我与大家相识、相知、相勉、相助、相谅，一起合作共事，一起担当责任，一起分享喜悦，风雨同舟，甘苦与共。我不仅收获了很多人生感悟和人间真情，同时也经历了滨州民盟的发展壮大。同样的奋斗目标，使大家成为很好的同志和朋友，结下了深厚的友谊，留下了难忘的记忆。真诚质朴的民盟之情是我一生中最宝贵的财富，我会倍加珍惜，并将它作为我永远的记忆、永远的光荣和永远的财富，深深地珍藏在心底，须臾不能忘怀。

13 年来，在民盟山东省委和中共滨州市委的领导下，民盟滨州市委始终坚持中国共产党领导的多党合作和政治协商制度，贯彻“长期共存、互相监督、肝胆相照、荣辱与共”的方针，坚定不移地走中国特色社会主义政治发展道路。以思想建设为核心、组织建设为基础、制度建设为保证，在“立盟为公，以天下为己任”“出主意、想办法，做实事、做好事”以及“志在富民”的思想引领下，把发展和建设好滨州作为参政议政第一要务，围绕改革发展和中共滨州市委、市政府的中心工作，努力发挥参政党作用，以高度的热情和责任心，深入调查研究、积极建言献策，奋力谱写合作共进“同心篇”、参政议政“履职篇”、组织建设“强基篇”、服务社会“真情篇”，从悠悠的渤海之滨到广袤的黄河之洲，我们一路走来，与祖国共奋进，与时代同发展，得到各级各界的充分肯定和赞誉。

2019 年 4 月，民盟滨州市委会举办新盟员培训班，万永格为新盟员颁发入盟通知书

13 年任职，我始终心怀忐忑，唯恐事情做得有所不周，辜负了前辈们的期望，中断了历史的传承。在此，感激市委会三届班子成员和全体盟员，谅我所不及、容我所不能，理解我、支持我、鼓励我、帮助我、维护我，给我创造了宽松和谐的工作环境。事实上，多年来，每一项工作的顺利推进，每一个活动的顺利举行，都体现着领导班子全体成员的团结协作，凝聚着广大盟员的共同努力。没有大家的全力配合和支持，我个人将寸步难行。对此，我感激不尽、铭记在心。

2020 年 10 月，在参加滨州市民盟组织成立 30 周年庆典活动中，我特别怀念我们民盟许多优秀的前辈和战友。他们有的一辈子从事民盟的事业，并为之奉献了自己的全部青春和精力。如果说，这些年滨州民盟还取得了一些成绩，那么这些成绩承载的是民盟山东省委、中共滨州市委的正确领导和深切关怀，承载的是以杜炎青、张兆华、蔡晓光、杨浩文、崔寓黔、张春庭、林传谱为代表的老领导老同志留下的优良传统和扎实基础，承载的是社会各界的大力支持和通力合作。

我还要特别感谢跟我配合的 5 位副主委、秘书长，王强、李保国、刘树松、王莉、盛全城，他们既有本职工作，还要兼顾民盟的工作，两位专职秘书长在机关人员极少、经费紧张的情况下，用自己的智慧和辛勤工作以及高尚情操，保证了机关的良好运转，增强了滨州民盟的凝聚力，很好地完成了民盟山东省委、中共滨州市委以及民盟滨州市委会交办的各项任务！

在这温馨的大家庭中，我度过了人生最宝贵的岁月，与民盟结下了不解之缘，我非常幸运！扪心自问，为了民盟的事业，我确实寄托了太多的情感和追求，倾注了全部的精力和心血，付出了所有的热忱和努力，那是因为，是民盟培养了我、教育了我、成就了我，知恩图报，理所当然。如今，民盟事业的发展、多党合作事业的需要已经把我的一生和民盟紧紧联系在一起。我会始终保持对民盟组织的敬畏之心、感激之情，牢牢记住与大家结下的共事缘分、深情厚谊，时刻铭记这 11 年岁月对我刻骨铭心的洗礼、充实和提升。

2021 年是中国共产党成立 100 周年，也是民盟成立 80 周年。在未来的日子里，我将沿着先辈的足迹，团结带领全市 255 名盟员，在这个伟大而特殊的历史时期迈向新征程，和全体盟员一起书写新的历史。薪火在手，使命在身，站在新的起点上展望未来，在这重要的战略机遇期，我相信，民盟的工作大有可为，也任重道远。我们将始终坚持以只争朝夕、真抓实干的劲头，扎实推动各项任务落实，切实肩负起中国特色社会主义参政党的责任担当。

强化理论武装，打牢思想基础。继续深入学习贯彻中国共产党第十九次全国人民代表大会和十九届二中、三中、四中、五中全会精神，与全面贯彻落实省、市全会精神相结合。以多种形式深入学习中国共产党领导的多党合作和政治协商制度，深化对新型政党制度的认识，组织全市各基层组织和广大盟员主动学、反复学、跟进学，做到学思用贯通、知信行统一，推动学习贯彻往深里走、往心里走、往实里走，不断增强“四个意识”，坚定“四个自信”，做到“两个维护”，夯实团结奋斗的共同思想政治基础。

深入开展调研，多聚发展之力。中国特色社会主义进入新时代，民主党派的责任更加重大，使命更加光荣。民盟滨州市委将继续坚持问题导向，认真履行参政议政职能，切实发挥好专委会、专家智库、基层组织作用，深入贯彻落实中国共产党的十九届五中全会精神和习近平总书记系列讲话精神，深刻理解把握新发展阶段、贯彻新发展理念、构建新发展格局的重大意义。继续开展好“农村教育烛光行动”等品牌活动，支持和引导全市各级民盟组织开展形式多样的社会公益活动。

加强自身建设，增强工作实效。按照“四新”“三好”总要求，努力把自身建设提高到新的水平。深入学习贯彻《中共中央关于加强中国特色社会主义参政党建设的意见》等三个文件精神。努力建设政治坚定、组织坚实、履职有力、作风优

2020 年 10 月，万永格在民盟滨州市地方组织成立 30 周年纪念大会暨文艺演出上致辞

良、制度健全的中国特色社会主义参政党地方组织。加强领导班子建设，不断提高“五种能力”；继续推进“人才强盟”战略，做好代表性人士的发展、培养和推荐；做好后备干部队伍建设和推荐工作；完善好、落实好民盟市委各项制度；加强盟内监督，规范盟内政治生活，贯彻民主集中制原则；加强作风建设；加强“盟员之家”建设；努力建设一支政治坚定、业务精通、作风过硬的干部队伍；继续开展“三化”建设年活动，提高工作执行力和工作效率；不断提高机关管理和服务水平，着力打造“六型”机关。认真做好政治交接，严守政治纪律和政治规矩，高质量高标准完成好民盟市委换届工作。

新时代，再出发，让我们更加紧密地团结在以习近平同志为核心的中共中央周围，做更加坚定中国共产党领导、更加适应新时代要求的携手同行者，凝聚风雨同舟的精神力量，为实现中华民族伟大复兴的中国梦而持续奋斗！

弘扬革命精神，继承优良传统

谢圣稳

谢圣稳，菏泽市政协办公室原一级调研员，民盟山东省委常委、菏泽市委主委。

谢圣稳

2021 年是中国共产党成立 100 周年，同时是民盟成立 80 周年。开展党史学习教育，是党中央立足党的百年历史新起点，统筹中华民族伟大复兴战略全局，为动员全党全国各族人民满怀激情地投入建设社会主义现代化强国而作出的伟大决策。作为一名民盟地方组织主委，必须积极主动地开展党史学习教育，系统全面地学习党史、国史、盟史，总结历史经验，汲取精神营养，启迪心灵智慧，把握成功规律。

学习中国史是学习党史的基础。中华民族具有五千年的文明史，中国历史上曾长期处于世界强国之列，为什么近代，特别是 1840 年后的百年历史中，中国一直处于被帝国主义列强凌辱、任人宰割的地位？为什么那么多的仁人志士、革命先贤一次次掀起的反帝反封建运动都以失败而告终？历史证明，只有在中国共产党的领导下，才能实现民族独立，人民解放，国家富强，人民幸福。

学习党史的关键在于汲取精神财富和不断奋进的革命精神。中国共产党从 1921 年建党历经 28 年的艰苦奋斗之后，彻底推翻了压在中国人民头上的三座大山，建立了伟大的中华人民共和国，使中华民族屹立在世界的东方。28 年的经历、28 年的曲折、28 年的辉煌，每一步、每一段都值得我们去回顾、重温、总结；从南湖红船迸发的敢为人先的首创精神，坚定理想信念、百折不挠的奋斗精神，立党为公、忠诚为民的奉献精神；到井冈山艰苦奋斗、实事求是、依靠群众、勇于胜利等革命精神，特别是遵义会议，完成了中国共产党的一次重要的历史性转折，在极端危机的关头挽救了党、挽救了红军、挽救了革命，形成了中国共产党把马克思主义和中国具体实际相结合、坚持走独立自主道路、坚持实事求是的原则，树立了毛泽东在党内的领导地位，使革命从胜利走向胜利。一路走来，长征精神、延安精神、西柏坡精神，到新中国成立后的雷锋精神、铁人精神、焦裕禄精神、航天精神、抗疫精神，这些精神力量，时刻激励着我们为实现中华民族的崛起而进取和奋进。

学习党史必须结合盟史，才能不忘合作初心，树立为民服务的使命。1944 年到 1945 年，民盟响应共产党建立民主联合政府的号召，明确提出针对蒋介石反动政府的“反对独裁，要求民主；反对内战，要求和平”的政治主张。1946 年，民盟和中共紧密配合，积极参加和支持学生民主运动和广大群众反内战、反饥饿、反迫害的斗争。1948 年，民盟公开宣布同共产党携手合作，自愿接受中共领导，为彻底摧毁国民党反动政府，实现民主、和平、独立、统一的新中国而奋斗。所以说，中国共产党领导的多党合作制度是历史形成的，始终坚持共产党的领导，是民盟履行参政议政、实行民主监督的根本。

学习党史的根本目的，在于促进工作有效开展。学习党史，回顾过去，就是把革命精神和优良传统融合到工作中去。去年伊始，新冠肺炎疫情之初，民盟菏泽市委在菏泽市各民主党派中率先发起捐款捐物、文艺宣传支持一线抗疫，收到了良好的效果，树立了良好的社会形象。密切联系群众是党的优良作风之一，本届民盟菏泽市委会成立之初，就建立了市委会班子成员联系基层支部制度，定期走访基层支部，和盟员谈心，了解盟员的需求，力所能及地帮助他们解决实际问题，增强了民盟的凝聚力。遵义会议的精神就是一切从实际出发，坚持实事求是的原则。我们的盟员在参政议政、反映群众关心的问题时，从小处着手，大处着想，立足实际，帮助群众解决了不少难题，化解了很多矛盾。例如，针对黄河滩区孩子上学难、师资弱的问题，我们组织优秀的盟员教师开展支教活动，资助家庭困难的孩子到菏泽城区就读，真正践行了“不让一个滩区孩子辍学”的诺言。不畏艰难，不怕牺牲，具有一往无前的长征精神：在菏泽抗疫一线，到处都有我们盟员的身影，盟员陈尔俊的公司，更是承担了武汉火神山、雷神山有关设备的安装任务，19 名员工逆行武汉，封闭工作近一个月。以上这些，无一不是革命精神、红色基因在我们盟员身上的具体体现。

弘扬革命精神，必须从自身做起。我生于1960年，一生经历了“文化大革命”和改革开放。回想自己的经历，每一次进步，都得益于党的培养。我有幸成为恢复高考后的第一届大学生，毕业后成为一名人民教师，我感到无比光荣和自豪。党的十一届三中全会后，国家政治制度逐步完善，民主党派重新开展活动。在一些德高望重的盟员老教师的影响下，我于1988年加入民盟。受盟员老教师们的指导和影响，我无论是在政治素养上，还是业务水平上都有很大提升。后来，通过公开选拔，我又成为一名县级干部并当选为民盟市委主委。自己能走到今天这一步，主要得益于：一是始终坚持中国共产党的领导，相信中国共产党的领导。世界上没有哪个党经过百年的锤炼和洗礼，历久而弥新，历史证明，在中国共产党的领导下一切皆有可能，没有克服不了的困难。二是始终坚持理论联系实际、实事求是的原则。做任何事情，都必须从本单位、本地区的实际情况出发，要脚踏实地，不能操之过急，更不能好高骛远。三是要始终坚持和人民群众密切地联系在一起的优良传统。

谢圣稳带队赴学校调研

我们工作的出发点就是一切为了人民，一切依靠人民，始终以人民的利益为中心。特别是领导干部，必须深入基层，密切联系群众，团结群众，集民智，聚民力，才能够有效开展工作。一个脱离群众，高高在上的领导，最终也必定被群众所抛弃。四是要始终坚持清正廉洁，甘于奉献。腐败是党和国家面临的最大威胁，清正廉洁是一个领导干部行久致远的基本保证。

不忘合作初心，继续携手前进。在民盟山东省委和中共菏泽市委的领导下，民盟菏泽市委深入学习中共党史、民盟历史，引导全体盟员学史明理、学史增信，不断提高政治判断力、政治领悟力、政治执行力，始终保持同中国共产党同心同德、团结奋斗的政治本色；继承和发扬爱国、民主、团结、求实的光荣传统，锐意进取，扎实工作，团结带领全体盟员开创民盟事业的新局面。以推进菏泽实现后来居上为目标，为全面建设社会主义现代化国家，实现中华民族伟大复兴的中国梦不懈奋斗，以更加优异的成绩献礼中国共产党建党100周年！

民盟滋养我成长

孙岩岩

孙岩岩，女，1962 年生，现任民盟山东省委委员、监督委员会副主任，组织部部长，兼任民盟中央参政党理论研究中心特邀研究员。

2021 年是民盟成立 80 周年，我光荣当选为民盟中央表彰的百名“纪念中国民主同盟成立 80 周年优秀盟员”，这对于有 32 年盟龄、35 年专干工龄的我来说，是莫大的荣誉，也是极大的鼓舞。

1986 年 7 月，我调入民盟山东省委机关工作，光阴荏苒，转眼间已经 30 多年。我从青涩懵懂的青年，成长为果断干练、游刃有余的盟务工作者，30 年栉风沐雨，30 年春华秋实，通过民盟前辈的感召，一届届领导的教诲，与各级组织、盟员及同事们学习交流，一路走来，许多难以忘怀的经历成为我人生的珍贵记录。

我刚到机关时，民盟山东省委主委是著名物理学家、我国磁学研究的奠基人之一、原山东大学理学院院长郭贻诚先生，那时他住在山东大学老校区的一座老式小楼上的二层西侧。我随机关领导到郭老家中汇报工作，进得门来，映入眼帘的是简朴的装饰，满屋书香气息，郭老严谨沉稳又不失慈祥与和蔼的态度，让我充满敬仰又倍感亲切。1987 年 12 月，民盟山东省委三届三次全委会在刚刚建成的济南舜耕山庄召开，在这次会议上，郭老从主委的岗位上退了下来。会议结束后，我内心不舍，默默陪着郭老，望着这位睿智而慈祥的领导、长辈，不知说什么好，但郭老在会议闲暇时那一嗓生动的京剧唱腔久久回响在我的耳边。

吴富恒主委从 1987 年 12 月到 1997 年 7 月任第三、四、五届民盟省委会主委，这 10 年正是我风华正茂的青年时期。作为机关干部的我非常有幸经常聆听到这样一位极有威望的主委的教导，潜移默化地得到教育培养，这段时期为我做好民主党派机关工作打下了坚实基础。2000 年 2 月，在吴富恒主委 90 华诞之际，我有幸参与编辑画册《吴富恒——一个中国知识分子执着求索的历程》。为了编好画册，我多次到吴老家中，听他讲少年、青年时代发奋学习，立志教育救国及抗战后，到山东解放区投身革命；1949 年后在山东大学教书育人，发展高教事业的经历。从吴老身上我看到中国知识分子“先天下之忧而忧，后天下之乐而乐”的家国情怀，深刻感受到民主党派旗帜性人物感召、影响、榜样的力量。

1999 年 3 月，吴富恒主委 88 岁寿辰之际，孙岩岩（后排左一）与吴富恒主委及其夫人、女儿合影

从 1988 年 5 月到 2005 年 12 月，我在民盟山东省委宣传部工作。通过着手宣传报道稿件、领导讲话及文件的起草，参与党派理论研究等工作，逐步历练自己。每逢教师节、春节，民盟举办联欢会时，在领导、同事们的鼓励下，我走上舞台与盟员搭档担任主持人，连续几年的实践，锻炼了我的表达能力和应变能力。

随着工作能力的提升，领导让我在每年举办的省直新盟员培训班上，做盟史辅导。我从未讲过课，难免心中忐忑，却又跃跃欲试，为此，我收集了大量文史资料，认真阅读，刻苦学习，根据几个重要历史节点，将内容分成几部分，每次讲课，都进行总结提炼，使我的盟史课逐步完善，收到良好效果。2001 年 11 月，根据组织要求，我报名参加山东省公开选拔副厅级非中共党员领导干部考试。我积极参与，认真准备，通过了笔试、面试和组织考察，作为全省民主党派机关干部中唯一一位入围者，被列为厅局级后备干部。这是十几年来中共山东省委统战部对我培养的结果，是来自民盟山东省委领导和同事们言传身教的收获。通过这次历练，组织上给予我更高平台的锻炼，2003 年我担任了民盟省委宣传部部长。

2006 年，我转任民盟省委组织部部长。面对新的岗位，我虚心请教，学习政策法规，逐步建立和完善组织建设的各项制度；开展“创活力支部，做合格盟员”活动；落实民盟中央“人才兴盟，人才强盟”战略，积极发展高教、文化、科技、医卫、机关、新阶层、企业界优秀人士入盟，组织发展工作在全国省级组织中连年名列前茅。我先后参加了 3 次省级组织和 17 个市级组织（2018 年改为 16 个市）的换届工作，每次换届，几乎参加所有市级组织的代表大会。在组织部的工作，使我在政治觉悟、思想认识、工作能力上都有了新的提升，对中国共产党领导的多党合作和政治协商制度的独特优势和鲜明特色，对民主党派在我国政治体系和政治生活中的重要作用和价值，都有了深刻的体会和领悟。组织部与民盟中央及省级组织、各市委会工作交流较多，与基层组织、盟员联系密切。民盟中央组织部几任领导在工作上悉心指导帮助，各省组织部部长间相互交流学习工作经验与方法。通过专题调研、深入基层组织活动，建立盟员之家、盟员活动室，增活力，荐人才，强基础。多年的工作不仅与盟员们结下了深厚情谊，同时感受着他们身上凝聚的民盟人的优秀品质和高尚人格，激励并教育我时刻不忘责任与担当。

2017 年 6 月，民盟山东省第十次代表大会选举产生了民盟省委第十届委员会。新一届主委会提出，要用更高标准来审视和衡量民盟的各项工作，走在全省各民主党派的前列，走在全盟的前列，走在全省统战系统机关的前列。面对新的考验，我及时提高认识、转变作风，落实好主委会的工作要求，力求每年一个工作亮点。换届伊始，主委王修林带领各级领导班子成员在江苏、上海连续举办了两期培训班，向先进省级组织学习盟务工作经验。人才是第一资源，按照主委会要求，从 2018 年开始，聚焦“高优人才”发展，提升组织发展质量。通过对全省人才的梳理，打造高素质专委会、机关助理、基层组织信息员三支队伍，助力参政履职。2019 年，在盟内监督机制建立之初，积极拓展盟内监督的内容和形式，深入探索并开展对省委委员、专委会主任、机关各部门负责人的履职情况监督，对民盟省委机关重要事项的监督，对基层组织换届工作的监督，对盟费缴纳情况的监督，出台常委会出席纪律的规定。2000 年，围绕主委会“五大建设”重点工作任务，创建特色支部，推动基层组织规范化建设，突出凝聚共识、反映社情民意信息、力所能及的社会服

2019 年 6 月，与民盟中央及省级组织女组织部长们合影

务、支持盟员岗位建功四个方面的特色，提升基层组织履职能力。2021 年，按照主委会要求，在加强“高优人才”发展基础上，着重加强“代表人士”发展，主委会成员、民盟省委常委、各市委会主委发挥带头作用，挖掘资源，“代表人士”发展工作取得初步成效。

草木蔓发，春山可望。进入新时代，作为一名“优秀盟员”，肩负着传承和发扬民盟优良传统的使命，同时，对标“四新”“三好”的要求，更要奋勇争先、建功立业，努力创造新的业绩。

2021 年 7 月 2 日，民盟山东省委会庆祝中国共产党成立 100 周年暨民盟成立 80 周年大会在省社会主义学院召开，文艺演出中，迎着闪烁的华灯，我满怀信心地走上舞台，用琴声表达自己真挚的感情，感谢党对我多年的培养教育，感谢民盟滋养我成长。

岁月留痕，无悔从医

彭 军

彭军，山东大学齐鲁医院血液科常务副主任、教授、博士生导师，山东大学高等医学研究院副院长，长江学者特聘教授，国家杰出青年科学基金获得者。民盟山东省委委员、民盟山东大学基层委员会副主委、山东大学齐鲁医院总支主委。

彭 军

我于1986年考入山东医科大学医学系，1991年毕业获学士学位；1994年毕业于山东医科大学血液病专业，获硕士学位，同年分配至原山东医科大学附属医院血液科成为一名临床医师；随着对临床工作的日渐熟悉，我决定接受新的挑战，2000年我师从张茂宏教授继续攻读血液病专业博士学位，并于2003年毕业，获得山东大学医学博士学位。读博期间，我除临床工作学习外，还对疾病发病机制的探究产生了极大的兴趣。通过大量的文献阅读和知识积累，不断思考提出问题，实验验证，我顺利完成博士课题，我的博士论文也获得了全国百篇优秀博士学位论文奖。

博士毕业后，我继续留在原山东医科大学附属医院血液科从事医疗工作。血液界是一个科研氛围比较浓厚的领域，出现了像王振义等著名的血液病学的专家学者，且都以科研、医疗齐头并进而闻名。受这些大家的影响，我对科研工作的兴趣日趋增加。医生是一个辛苦的职业，要兼顾临床、科研、教学等多方面的工作内容，而我从来没有后悔过。临床工作忙碌且烦琐，我只能抓紧一切业余时间，阅读各类文献，思考科学问题。科研过程中绝大部分时间都是在深入的思考中度过的，一个好的想法的产生，往往靠的是直觉，这种直觉不是凭空而来的，而是大脑经过长期积累、调动了各方面的知识和力量之后发生的瞬间飞跃。所以，必须珍惜时间，全身心投入，科研只有长期奋斗、长期积累地准备，才有可能获得满意的结果。

近年来，我潜心于原发免疫性血小板减少症（ITP）、再生障碍性贫血、白血病等常见血液病的诊治，主攻 ITP 的细胞及分子免疫学研究，从多个角度研究了 ITP 的免疫失耐受和耐受重建机制，为患者恢复免疫耐受提供了新思路。同时，将科研成果应用于临床，通过揭示 ITP 的发病新机制，实现了分层治疗。目前，在核心期刊发表论文 50 余篇，其中以通讯作者或共同通讯作者身份在国际血液领域最顶尖的杂志 *Blood* 发表论著 14 篇，先后主持国家自然科学基金委重点项目、重大研究计划集成项目、重点支持项目、科技部 973 项目子课题、教育部科学技术研究重点项目等 10 多项国家级课题，先后以第一完成人身份获得教育部高等学校科学研究优秀成果奖科技进步奖一等奖、山东省科学技术奖自然科学奖二等奖等奖项，参与制定 2016 版、2018 版、2020 版成人原发免疫性血小板减少症诊断与治疗中国专家共识/指南。

彭军参加欧洲血液学年会

同时，我也尽我所能，努力承担一定的社会责任，现任中国病理生理学会实验血液学专业委员会副主任委员、山东省医学会血液病学分会副主任委员等，并担任*Thrombosis Journal*、《临床血液学杂志》《中华血液学杂志》编委。在努力提升自我，潜心科研的同时，我也坚持一线授课，为山东大学齐鲁医学院本科生、研究生和留学生讲授理论课并进行带教实习和见习，现已培养硕博士研究生共34人，被评为山东大学优秀研究生指导教师、山东大学爱岗敬业十大模范人物，我指导的两位博士研究生的博士论文被评为山东省优秀博士学位论文。同时我也十分关心青年医师的发展，针对由于国家卫健委和山东省住院医师规范化培训要求，规培期间无法晋升主治医师的山东大学各附属医院新入职的具有学术型博士学位的青年医师，我提出了“关于完善新入职学术型博士青年医师规范化培训期间人才发展规划的提案”。提案提交后，在各级领导的大力支持下，该问题已通过并为山东大学齐鲁医院新入职的具有学术型博士学位的青年医师提供了晋升助理研究员的机会，我的提案也在山东省“新时代、新动能、新作为优秀职工代表提案”评选活动中获得二等奖。

早出晚归，辛勤耕耘，我与血液科所有成员一起开拓创新。山东大学齐鲁医院血液科是国家临床重点专科、医院重点科室，是国内较早批准的博士点和博士后流动站、山东省科技领军人才创新工作室。在复旦大学2019年度中国医院专科声誉排行榜中，血液科位列第10名，在中国医院专科综合排行榜中，血液科位列第9名。山东大学齐鲁医院血液科下属血液病研究室为国家中医药管理局三级重点实验室、山东省“十一五”强化建设重点学科和重点实验室，在疑难血液病的诊治、止血和血栓以及免疫血液学研究方面居国内领先水平。让人欣喜的是，在团队中，我所从事的原发免疫性血小板减少症的免疫发病机制和免疫耐受研究领域，研究成果在国际上名列前茅。

人格高尚、学识丰厚，追求民主、矢志不渝，爱国忧民、兼济天下，肝胆相照、荣辱与共……中国民主同盟作为与中国共产党通力合作的参政党具有的优良传统和高尚风范，以及民盟先贤们的人格魅力和渊博学识深深吸引了我，身边盟员们的优秀作风和高尚品行也深深感动着我。人生不能没有信仰，没有信仰就没有目标、没有方向。一旦有了信仰，精神永远不会枯竭，灵魂会永远年轻。民盟就是我的精神家园和灵魂寄托，从此精神不再孤单，人生有了前进的方向和动力。同时，也让我结识了很多怀揣相同政治梦想的同志，生命也更加有意义。加入民盟，我实现了自己的政治梦想，找到了政治归属。作为民盟盟员，我希望自己能以民盟前辈

彭军与指导的硕士、博士研究生合影

们为榜样，凭着自己的辛勤耕耘取得丰硕的业绩，为组织增光添彩。现在我作为民盟山东省委委员、民盟山东大学基层委员会副主委、山东大学齐鲁医院总支主委，经常参与民盟省委及山东大学委员会组织的各项活动，同时积极带领民盟山东大学齐鲁医院总支盟员不定期地开展会议，共同学习民盟中央及省委的最新文件及会议精神，并听取基层盟员的意见和建议，积极参与民主生活会，自我检查、自我反省，不断加强自身思想建设，提高政治站位。

关于未来，我仍然会把自己的精力集中在熟悉的医疗、科研和教学领域，目标就是把承担的国家自然科学基金重点项目、重大研究计划集成项目和重点支持项目的课题踏踏实实地做好。回望自己身后那一长串踏实且充满艰辛的足迹，我深知脚下的路还很长很长。

初心未泯，深耕蔚蓝

刘素美

刘素美，中国海洋大学教授、博士生导师。长期从事海洋生物地球化学研究。任海洋生物圈整合研究与未来地球海岸两个国际组织联合成立的陆架边缘海工作组的共同主席，北太平洋海洋科学组织 /东亚边缘海研究顾问委员会委员。曾任国际海洋生物地球化学和生态系统整合研究科学指导委员会委员等。获得国家杰出青年科学基金、中国青年科技奖等，入选泰山学者与“鳌山人才”卓越科学家。民盟青岛市第十三届委员会委员。

刘素美

学海行舟，守望初心

我出生在辽宁省抚顺市偏僻的郊区，那是一个被群山环绕的地方，而我的一生却与广阔的海洋结下不解之缘。从36年前开始我便一直从事着海洋生物地球化学方向的研究工作：1985年就读于山东海洋学院化学系，1992年任职于青岛海洋大学水产学院，2002年任中国海洋大学化学化工学院教授，2012年至今任海洋化学理论与工程技术教育部重点实验室教授，并成为海洋生物地球化学方向的首席科学家。通过不断地提升和夯实自我，守望初心，我一直从容面对工作中的挑战与困难。

随着祖国的发展壮大及中国共产党和民盟组织对我的不断培养，2005年我入选教育部“新世纪优秀人才支持计划”；2009年成为国家杰出青年科学基金获得者，是我国海洋界首位女杰青；2011年获得中国青年科技奖；2014年被授予全国优秀科技工作者荣誉称号；2015年被聘为山东省泰山学者；2018年成为享受国务院政府特殊津贴专家。以上获得的所有成就均离不开祖国与人民对我的信任与认可。

党的十八大和党的十九大报告均提出以建设海洋强国为重大战略任务。建设海洋强国，是新时代中国特色社会主义事业的重要组成部分。而我一直致力于中国陆地河流与边缘海海洋生物地球化学的研究，陆海结合，努力助力于国家生态海洋建设。在此过程中，我积极参加国内外的知名海洋研究组织协会的相关工作，并在多个世界海洋组织中任职：2010—2015年任国际地圈与生物圈计划—海洋生物地球化学和生态系统整合研究科学指导委员会委员；2012—2015年任法国系列杰出实验室计划国际科学委员会成员；2009—2017年任中国矿物岩石地球化学学会第七届环境地质地球化学地球化学专业委员会委员；2005年至今任北太平洋海洋科学组织/东亚边缘海研究顾问委员会委员；2018年至今任海洋生物圈整合研究（Integrated Marine Biosphere Research：IMBeR）与未来地球海岸（Future Earth Coasts：FEC）两个国际组织联合成立的陆架边缘海工作组（Continental Margins Working Group：CMWG）的共同主席。广泛涉猎，通达中西，在国内外著名海洋组织机构的任职中丰实自我，了解世界海洋前沿科学的发展和研究情况，以用于国家海洋事业的发展。

2007 年 3 月，刘素美在野外观测

砥砺前行，深耕蔚蓝

生源要素是海洋物质循环与供给的基础，对海洋食物产出具有重要的支持功能，也对全球气候变化起着重要的调节作用，该领域的研究成果可为国家的可持续发展和环境与资源安全决策提供重要的科学依据。围绕生源要素海洋生物地球化学循环的关键过程，深入探索生源要素海洋生物地球化学的关键问题，发展相应的理论与方法，具有鲜明的多学科交叉的特色。研究对象覆盖了主要的河口、边缘海并向大洋拓展，逐步形成了相互交叉且各有侧重的研究重点，在海洋生物地球化学过程的定量化研究方面取得了比较系统且具有创新性的研究成果。

我所从事的海洋生物地球化学研究兴趣主要为生源要素循环、氮同位素示踪、磷的生物可利用性、硅的溶解动力学、营养盐的大气沉降、环境演变、生态系统与人类相互作用等。目前，我们已从河流输入和边缘海的角度，揭示了我国近海生源要素循环的关键过程，发现了东海沉积物中同时存在多种氮循环的关键过程，解决了国际上多种氮同时存在条件下定量各种氮转化速率的难题；发现边缘海沉积物中有孔虫体内储存丰富硝酸盐并定量了其在反硝化中的贡献；厘清了水体中氮转化过程的主要控制因子及水底耦合作用；弥补了世界上黏土矿物干扰严重的边缘海硅生物地球化学研究的不足，推动了相关领域的发展。我们首次提出了南海北部陆架区冬季营养盐跨热盐锋面的输送机制；定量分析了黄海春季水华期营养盐的补充渠道及浮游植物群落的响应；阐明了气溶胶中营养盐生物可利用性的调控因子及其对海洋初级生产的影响。研究成果丰富了对近海生源要素循环与生态安全的认识，促进了化学海洋学向整合和定量化发展，可为国家的可持续发展和环境与资源安全决策提供重要的科学依据。

海洋生物地球化学的研究离不开野外和出海调查，从而获取第一手的宝贵样品与环境资料，但海上海况时常十分恶劣，轮船颠簸严重，调查人员在生理上的难受在所难免。团队人员在研究领域的海洋调查中克服了各种客观条件的困难与挑战，砥砺前行，取得了一系列系统性和原创性的研究成果，得到国内外同行的广泛好评，提高了中国在海洋生物地球化学领域的国际影响力，使我国在该领域的研究处于世界先进行列。截至目前，主持和参与的国家级项目近 30 项，已发表学术论文 260 余篇，其中 SCI 论文近 140 篇。

孜孜不倦，薪火相传

春蚕到死丝方尽，蜡炬成灰泪始干。在建设中国特色社会主义事业中，作为一位老盟员、从事文化教育事业的一分子，教书育人、提携后辈、薪火相传、保持初心乃是我的本职工作。自任教以来，我先后主讲过多门本科生的专业基础课和硕博士研究生的专业课，主要包括：海水化学、水化学、海洋生物地球化学导论等。目前我已指导硕博士毕业生 50 多名（含 1 名海外留学生）。已毕业学生大多投身于国家高校与事业单位相关的海洋研究工作中，工作单位主要包括：中国海洋大学、北部湾大学、自然资源部第二研究所等。他们在各自的工作岗位上兢兢业业且取得了不凡的成就，如 2008 届硕士毕业生孙珊，获得了“全国五一劳动奖章”。另外，目前我已建立了一支由 7 名中青年骨干和 30 多名硕博士研究生组成的结构合理的互帮互助的科研团队。目前团队致力于环境演变、生态系统与人类相互作用的研究，希望为中国生态海洋、海洋强国战略的建设贡献一份力量。

攻克海洋赤潮

宋秀贤

宋秀贤，现任中国科学院海洋研究所研究员、博士生导师、中国科学院大学岗位教授，青岛海洋科学与技术（试点）国家实验室科研骨干成员。兼任民盟青岛市委委员、中国海洋湖沼学会水环境分会理事、中国海洋学会海洋环境科学分会委员、山东省环境科学学会理事、青岛市生态学会理事、国际有害藻类研究会（ISSHA）会员等职。

宋秀贤

喜欢水的柔韧和明净，所以对于大海，我有着与生俱来的亲近。我喜欢漫步于海边，海的辽阔和宽广可以让人内心宁静而致远。也许正是因为对海洋的这份依恋，我踏上了耕海探洋之路。

1986 年从山东师范大学毕业后，我在高校从事教职。生活如水一般平静地流淌着，而当我再次见到那片熟悉的海时，不甘的情绪却悄然决堤——眼下并不是我想要的生活。凭着对海洋的热爱，我去往中科院海洋研究所继续深造。正是在这里，我遇到了恩师俞志明研究员，并进入现在的团队，从事海洋环境富营养化、有害赤潮防控原理及其生态环境效应等方面的研究，这条路一走就是近 30 年。我目前担任中国科学院海洋研究所研究员、博士生导师、中国科学院大学岗位教授，也是青岛海洋科学与技术（试点）国家实验室科研骨干成员。先后主持各类国家省部级项目 20 多项，在国内外期刊上发表研究论文 180 余篇，获得国家发明专利 10 余项。

有害赤潮是海洋中某些浮游植物通过产生藻毒素或增加生物量，影响其他生物生长和正常食物链结构，对海洋环境和人类健康造成严重危害的异常增殖现象。近年来，我国近海有害赤潮呈现出明显的演变趋势，赤潮发生频率持续上升、影响区域不断扩展。20 世纪 90 年代之前，我国近海有记录的赤潮次数较少，赤潮影响范围也很小，很少超过几百平方公里；2000 年以后，每年记录的赤潮次数都在 50—80 次，赤潮面积可达数千甚至上万平方公里，持续时间可以长达一个月以上，对海洋生态环境、海洋渔业、水产养殖业和近海景观等造成了严重威胁。

几十年来，在如何治理有害赤潮的过程中，人类尝试过物理、化学、生物等各种手段，然而，这些方法分别存在"难、禁、慢"等瓶颈问题，不满足"可大规模应用、无二次污染、见效快"的基本原则。因此，赤潮灾害应急处置成为海洋科学领域中一个国际难题。在 20 世纪 70 年代，日本就开始用一种天然矿物——蒙脱土治理赤潮。天然黏土是一种常用的絮凝材料，虽然材料易得、天然环保，但由于其自身所带负电荷与赤潮生物携带的负电荷同性相斥，导致其絮凝效率低，现场用量高达每平方公里 100—400 吨，面对动辄几十上百平方公里的赤潮，很难实现大规模应用。

本人所在的赤潮防控团队就是瞄准了黏土应用的瓶颈问题——絮凝效率，研制出了改性黏土技术。通过将黏土表面电位反转，与赤潮生物作用力由排斥转为吸引，增加了黏土和赤潮生物之间的桥联和网捕作用，使其絮凝效率从 20% 提高到 90%，治理效率高出几十倍到几百倍，每平方公里用量也随之降低到 4—10 吨。改性黏土材料在有效消除有害赤潮的同时，还能吸附水体中的营养盐、有机质、重金属等，具有降低水体富营养化、净化水质、抑制赤潮再次暴发等作用，且对养殖生物无不良影响，是一种绿色的环保型材料。有了专利技术的"宝剑"在手，我们团队渐渐"脱虚就实"，从最初关注于有害赤潮的原理和治理机制，到从水质、生物到底栖环境全方位地关注赤潮防控的生态效应，一步一个脚印，靠现场应用来进行效果检验。科研项目成果的实际应用不是嘴上说说就能解决的，而是要冒着失败的风险，付出踏实、执着甚至"一根筋"的努力，不断坚持实践才能看到效果，获得认同。我们只管一往无前地努力，剩下的就交给时间去检验。

万事开头难，还记得改性黏土的第一次牛刀小试是在 2005 年。十运会前夕，南京玄武湖暴发了严重的蓝藻水华，几平方公里的湖面铺了结结实实一层蓝藻，腥臭难闻，湖边藻密度极高的地方几乎能承载老鼠通行。组委会紧急寻找治理对策，联系到了我们团队和另外一家公司。我们双方在湖内各划一块区域，进行了 10 余天的“擂台比武”。对方团队进行演示时，向一个装有湖水的矿泉水瓶中倒了一点“治理材料”，水面瞬间清澈，无形之中增加了我们的压力。相比之下，我们的技术操作起来显然复杂得多：要船、要人、要喷洒后观察，还要每天监测湖水水质变化。南京的夏天至今让我记忆犹新，晴空万里，柳枝无精打采地耷拉着，蝉鸣声平添了几分燥热。压力之下我们丝毫不敢懈怠，带着学生和放了假的孩子每天沿着湖边跑，不一会儿就汗流浃背。功夫不负有心人，几天后，我们负责的水域逐渐开始清澈，而对方的水面开始出现死鱼、恶臭等问题。组织方当即就和我们团队签订了项目合同，利用改性黏土治理蓝藻水华，并在此后一直进行长期合作。玄武湖的生态环境得到长期改善，先后推出了“荷花节”等一系列以良好生态系统作为基础的旅游项目。

玄武湖一战证实了改性黏土用于治理大规模有害赤潮的可行性后，越来越多的项目向我们抛来了橄榄枝。2008 年青岛奥帆赛、2012 年至今的北戴河浴场、2015 年的核电冷源水、2017 年的厦门金砖五国会议、2018 年的青岛上合峰会……面对这些时间紧、任务重，甚至牵涉法律责任的项目，我们通过了一次次的技术考验和安全评估，给出了完美的答卷，更被列为合作单位的常备方案和核电技术储备。更令我骄傲的是，2019 年，我们的改性黏土技术走出了国门，被智利、美国和秘鲁等国家引入，为全球近海的赤潮治理提供了“绿色方案”。

迄今为止，改性黏土技术已获得授权发明专利 10 余项、软件著作权 1 件、发表相关学术论文 100 多篇，获得包括海洋工程科学技术奖（发明类）一等奖、山东省科技进步一等奖等十几项科研奖励。该技术也获得国内外的普遍认可，2002 年该技术收编于联合国教科文组织和 APEC 联合出版的《近海有害赤潮监测与管理对策》一书，成为国内外有害赤潮应急处置的指导性方法；2014 年该技术列入我国“赤潮灾害处理技术指南”，是我国近海有害赤潮应急处置的标准方法。2019 年，该技术获得国家技术发明二等奖，成为本年度海洋科学领域唯一技术发明类奖项。

将多年的实验室研究成果应用于现场、服务于国家需求，是科研工作者的心愿和自身价值体现。也正是怀着“研以致用”的愿望，我加入了民盟，并成为海洋所支部的参政议政骨干之一。从事科研工作，既应立足科学问题，也应满足国家和民众的实际需求。“立于潮头，方知浪高风急；登高望远，才见云阔天高。”作为海洋从业者，更作为一名民盟成员，我时刻不忘入盟初心，争赴时代潮头。

2019 年，宋秀贤获得国家技术发明二等奖

我和支部盟友们“十年磨一剑”，多年来围绕胶州湾生态环境保护和修复持续深入调研，曾多次作为民盟市委组织提案、协商发言，也曾在民盟全国性会议上进行交流。民盟为我们提供了广阔的参政议政平台，我也充分利用自身专业优势积极建言献策，希望可以进一步推广改性黏土治理有害赤潮技术，拓宽国内外应用市场，服务于我国近海的生态环境保护，助力我国“一带一路”的发展战略。

2018 年，我参加了民盟省委组织的“陆源污染物入海排放与生态环境治理”专题座谈会，就渤海赤潮和海洋环境现状、变化趋势提交了调研报告，希望通过更广阔的渠道，为海洋生态环境改善多做一点贡献。

加入民盟以来，我始终秉承民盟先贤们忧国忧民的情怀，在教学中践行着服务社会、回报社会的初心。讲台上，通过课程讲授，增进学生对海洋化学的了解，不断创新教学模式，参与讲授的《化学海洋学》被评选为中国科学院大学 2019 年校级研究生优秀课程；生活上，我与学生推心置腹，及时了解并解决学生的学业和生活问题，帮助学生树立正确的人生观和世界观，教育学生把个人发展同国家的前途、民族的命运紧密相连。至今，我已培养出博士和硕士研究生 30 多名，80% 的学生都在继续从事科研，有的学生已经是能够独当一面的教授，沿着一代代科研工作者前进的方向，勤勤恳恳、兢兢业业地继续走下去，守护着无垠碧海。

潮汐更迭，大海兀自吐纳着万物。对海洋的依恋让我坚定地踏上海洋科研之途，民盟“为天地立心，为生民立命”的精神坐标为我指路。能得到组织的认可，恰如掬水月在手，弄花香满衣。人生路远，山河坦荡，我相信，好景永远在前方。

海水淡化解民忧

高学理

高学理，中国海洋大学教授、博士生导师，全国海洋标准化技术委员会海水淡化及综合利用分技术委员会委员，中国海洋学会海水资源利用专业委员会委员，中国膜工业协会专家技术委员会委员，山东省膜学会副会长，长期从事分离膜制备及膜分离技术在海水淡化、污水资源化等领域的应用研究，入选首批山东省泰山学者青年专家计划。民盟盟员。

高学理

我于1998年大学毕业以后进入原国家海洋局杭州水处理技术开发中心工作，中心是我国最早从事海水淡化主流技术——膜法海水淡化技术相关研究的专业机构。截至目前，国内海水淡化领域的“双最”（最早、单机规模最大）还是由水中心保持。膜法海水淡化的主要核心技术反渗透膜于20世纪60年代在国外面世，同期，山东海洋学院化学系（现中国海洋大学化学化工学院）也基本与国外同步成功地进行了海水淡化反渗透膜的制备。

2005年，全国政协副主席、民盟中央常务副主席张梅颖在民盟第九届四中全会上第一次提出了“立盟为公，以天下为己任；正直正派、学有专长、甘于奉献；修德守身、淡泊名利、自尊自强”的民盟精神。也是在这一年，正值而立之年的我从杭州水处理技术开发中心调入中国海洋大学化学化工学院工作。兜兜转转间，命运仿佛注定了要安排我在中国海洋大学和民盟有个交集。

进入中国海洋大学工作以后，如何将海水淡化技术推广应用成了我和同事们每天夜以继日的工作重点。2006 年，我们经过研究发现，海水淡化技术在海上钻井平台的注聚过程中如果能够用于聚合物溶液的配置，不仅可以大大降低采油所需聚合物的使用，还能显著地缩短采油周期。同年，我们和中海油集团合作共同申请并成功获得国家“863”计划的资助，3 年后因为研发成果效益显著，获得了验收专家的高度评价，该项目又得到了新的研发项目支持滚动。

2007 年，时任青岛市副市长的王修林主委赴中国海洋大学考察。曾任中国海洋大学化学化工学院院长的王修林教授一直心系学院的发展，听说了我们这个项目，占用午饭时间专门抽空和我们项目组成员进行了座谈，这是我第一次见到王修林主委。记得听取完我们的汇报后，他问我们的第一个问题就是：目前在膜法海水淡化技术方面你们和国外的差距还有多大？未来发展思路是什么？我的回答是：我们目前和国外综合来看还有 5 年到 10 年的差距，但是这个差距在快速地缩小。未来的发展思路我们也很困惑，因为毕竟海水淡化在国内需求远远小于其他工业水处理的规模。王修林主委当即指示：第一，海水是重要的资源，随着沿海经济的高速发展，海水的利用一定会在未来产生重大的需求，海水淡化的研究需要持续下去，并要加紧赶上国外的水平；第二，海水就是高盐水体系，可以把海水淡化的技术衍生用到石化、冶金和制药等产生高盐废水的行业环保治理中，会有很大的发展空间。

海森堡说过：“提出正确的问题，往往等于解决了问题的大半。”爱因斯坦也说过：“提出一个问题往往比解决一个问题更重要，因为解决问题也许仅仅是一个数学上或实验的技能而已，而提出新的问题或建议却需要有创造性的想象力，而且标志着科学的真正进步。”王修林主委的一席话让我们茅塞顿开。对于高校来说，技术的应用研究和转化可以有效地引领新技术在各个相关行业的发展并起到带动作用。按照王修林主委的建议，我们抓紧进行了详细的资料整理和行业调研。当时全国每天海水淡化的产量只有 80 万吨，而就在我们山东东营的胜利油田每天就有近 90 万吨的高含盐采油废水需要处理。新的方向就是新的动力，也是新的机遇，我们团队在 2007 年年底联合胜利油田勘察设计研究院开展了膜分离技术用于处理油田采出水的研究工作，历时 3 年取得了丰硕的成果，部分成果已经在全国多个采油单位和位于四川的西气东输项目上得到了应用。

化工行业在我省的国民经济中也占有很大的权重，而化工生产过程中所产生的废水一直是环保行业的处理难点之一。同时，化工废水里往往还含有大量的可再利用资源。化工生产所产生的废水如果得不到有效处理，不仅会造成极大的环境破坏，还会浪费大量的可利用资源，最终还会影响整个行业的发展。基于此，我们将海水淡化的技术也尝试用于化工废水资源化方面，2015 年，我作为技术负责人的山东华鲁恒升股份有限公司“1000 吨/天硝酸铵废水零排放”项目得以建成投产，废水回收率达 100%，硝酸铵回收率大于 99%，在为企业做到减排、节能的同时带来了良好的经济效益和社会效益。同样的工艺我还在省内知名上市公司国瓷集团进行了积极推广，建成的“2600 吨/天氯化铵生产废水零排放项目”每年为企业回收水资源约 86 万吨，并可同步回收氯化铵 1.8 万吨作为化肥进行销售，经济效益和社会效益显著。

高学理在科研中

“工欲善其事，必先利其器”，近年来，我们除了把海水淡化相关技术推广到其他行业发扬光大，还和省内的上市企业、中国膜工业协会理事长单位招金膜天股份有限公司积极开展了合作，在高性能海水淡化反渗透膜的研发上取得了丰硕的成果，年产 100 万平方米的生产线已于 2020 年调试完毕顺利投产，其中所采用的悬浮烘箱等技术均达到了国际领先水平，相关成果荣获了多项省部级科技奖励。我也于

2016 年获得首批山东省泰山学者青年专家称号。

2020 年，我在青岛这座美丽的海滨城市工作已经整整 15 年了。我们山东省海水淡化的规模也得到了迅猛的发展，仅青岛市 2020 年全市海水淡化的处理规模相对于 2005 年就增加了近 30 倍。我也于 2016 年加入民盟成了一名光荣的民盟盟员。2020 年民盟山东省委服务国民经济发展，关心产业健康成长，立项了“突破政策瓶颈，打造海水淡化规模化应用示范区”重点调研课题。王修林主委亲自点兵，让我加入了课题组。老院长嘱咐我：作为民主党派的成员、参政党成员的科技工作者，仅仅满足于取得一些学术成果是不够的，应该在做好本职工作的同时积极争取在参政议政的舞台上发挥自己的学术专长，为中国的现代海洋产业发展贡献力量。民盟前辈们炽热的爱国热情、务实的专业素质和为国家富强、海洋事业发展而始终不渝的高尚品格影响着我们。全课题组上下努力，取得了丰富的调研成果，也获得了民盟省委的表彰。

和民盟前辈相处的这些年，我真切地感受到了前辈们求真务实、海纳百川的胸襟。同时让我更深切地感受到作为一名民盟科技工作者“为天地立心，为生民立命”的强烈社会责任心。未来，我将继续秉承坚持民盟“奔走国是，关注民生”的优良传统，不忘初心，奋力开拓，不辱使命，为我省和国家海洋事业的发展做出自己的贡献！衷心感谢民盟对我的培养和帮助，为我又打开一扇报国之门，使我的人生更加丰富，更加饱满。

参政议政干实事，务实创新开新局

张宪省

张宪省，山东农业大学校长、作物生物学国家重点实验室主任、教授、博士生导师，国家“973”项目首席科学家，入选国家百千万人才工程，山东省泰山学者攀登计划特聘教授，享受国务院政府特殊津贴，全国优秀科技工作者。曾任第八届全国青联委员，山东省第十、十二届人大代表。现任第十三届全国人大代表，中国遗传学会常务理事、中国作物学会常务理事、中国植物学会监事、山东欧美同学会副会长。民盟盟员。

张宪省参加学术会议

参政议政是宪法赋予民主党派最基本、最重要，也是最具本质性的两大职能之一。作为全国人大代表、民盟盟员、山东农业大学校长，每年的全国“两会”上，我都努力争取呈报高质量提案，为推动国家教育、农业、科技等相关领域问题的解决提出建议，践行使命。2021 年春天，我们科研团队的“植物干细胞重塑和维持的调控机理”获得了山东省自然科学奖一等奖。近年来，社会对山东农业大学的发展成绩有目共睹。

“不管做什么，都要有创新的精神和高度负责的态度，用实实在在的成绩说话，不能总跟在别人后面照葫芦画瓢。”这是我经常跟老师和团队成员说的一句话，更是对我自己的一贯要求。

美国访学，刻苦钻研的硕果

1978 年，我从菏泽郓城考入山东农学院农学系，4 年后留校在植物学教研室工作，自此一头扎入植物科学领域。

20 世纪 80 年代，我国实行改革开放不久，各项事业百废待兴。1988 年，在职取得硕士研究生学位后，我的科研事业也算起步了。非常幸运的是，美国加州大学戴维斯分校愿意资助我以访问学者的身份出去学习。

1990 年 9 月，我在著名植物发育分子生物学家奥尼尔教授的实验室开始了访学生涯。在当时，能争取到出国进修的机会，很不容易。分子生物学是国际生物学领域发展最快、最活跃的学科，而当时国内的研究几乎是空白的。为了多学点、多做点东西出来，我整天泡在实验室，做实验、读书、查资料。吃饭是填饱肚子就行，有时是面包，有时是方便面。每天连续工作十几个小时，不是在实验台旁站着，就是在工作台旁书写。高强度的工作使我患上了静脉曲张、脚跟骨膜炎等疾病。奥尼尔教授了解到我的情况后，特意买来软垫让我垫在脚下。我回国后差不多 10 年才慢慢调理好身体。

辛勤付出换来了科研上的可喜成果。3 年里，我完成了 5 篇论文，其中 3 篇发表在国际植物生命科学领域的权威杂志《植物细胞》和《植物生理学》上，在学界引起了良好的反响。

取得一定成就的我，更加思念自己的祖国，更想念 3 年未见的家人，我知道自己该回国了。

农大探索，理论创新的支撑

1993 年 6 月，我回到母校山东农业大学，在学校的支持和鼓励下，我建立了山东省第一个植物发育分子生物学实验室，但是硬件和相关的科技力量储备还是非常有限的。1998 年，生命科学学院成立，我担任院长，研究工作进入快速开展阶段。经过多年的探索，我们团队把研究方向集中到激素调控植物干细胞和器官再生的机理，以及植物授粉细胞识别的机理研究上。因为植物生长依赖于干细胞，干细胞又靠激素来控制。如果破解了激素调控干细胞的密码，就能实现通过激素调控干细胞的产生。植物离体再生，就是使植物的器官、组织甚至单个细胞，在人工培养条件下分化发育成器官或完整植株。长期以来，人们认为外源激素在离体再生过程中起着关键作用，我们团队研究成果改变了人们以往的这种认知。

外源激素通过调控愈伤组织内源激素的合成与信号传导，使之形成不同的分布模式，决定了植物干细胞形成的种类以及相应器官的类型。我们在激素调控器官发生的分子机制研究方面的成果，作为封面文章发表于《植物生理学》。2017 年 6 月，我们进一步揭示激素调控植物干细胞活动分子机理的研究成果发表于《植物细胞》。这些发现，为推动植物离体快繁和基因工程奠定了重要的理论基础。

后续的研究，我们首次揭示了调控植物茎尖分生组织发育的三个关键因子相互作用的模式。这是世界上首次从分子水平解析茎尖干细胞激活因子和增效因子相互依存的作用模式，填补了近 20 年来的科研空白。研究成果发表于美国《国家科学院院刊》，对加速作物快繁及提高作物再生能力和作物产量具有重要意义。

2021 年 3 月，揭示种子大小调控新机制的成果再一次登上《植物细胞》杂志，这也是我们团队第 4 次在杂志上发表文章。研究对进一步了解母体组织影响种子大小的机制具有重要意义，同时为提高作物产量提供了重要理论依据。

项目磨炼，学以致用的担当

20 世纪 90 年代初回国时，我就一直思考如何把在国外的研究工作与我国实际情况结合起来。如果在国外研究什么，回国还研究什么，就容易造成一直跟在人家后面的局面，因此我必须抓住技术创新的关键，开辟自己的发展道路。

作为首席科学家，我主持了两项“973”课题，找到了植物花粉与雌性组织识别的原因，构建起了植物传粉与受精的分子网络。“植物生殖器官的发育与激素调节”项目获得 2012 年山东省唯一一项自然科学奖一等奖。2020 年，“植物干细胞重塑和维持的调控机理”再次获得山东省自然科学奖一等奖。这也是山东省重大基础研究项目支持下的成果。

从宏观上把握研究方向，使之处于领域前沿，是我从搞科研之初就立下的目标。同时，我们也努力把基础研究与应用结合起来，用理论突破支撑技术创新，促进生物学和传统农业研究的发展。我们在小麦分子辅助育种方面开展的研究，育出了 6 个紫粒糯小麦品系、2 个蓝粒糯小麦品系，山农紫糯小麦 1 号已获得农业农村部新品种权证书。

国家和山东省把一系列重大科研任务交给了我们团队。我们相继完成了国家“973”项目、国家自然科学基金重点项目、转基因生物新品种培育重大专项课题、山东省重大基础研究项目、山东省农业良种工程等十几项重大课题。重大课题是巨额经费，也是任务，更是责任。政府和纳税人的每一分钱，我们都必须让它产生应有的价值。

国家和山东省给了我很多荣誉。我担任国家“973”项目首席科学家，享受国务院政府特殊津贴，入选国家“百千万人才工程”第一、第二层次，连续入选山东省“泰山学者攀登计划”，山东省有突出贡献的中青年专家。同时，我担任国家实验教学示范中心联席会植物（动物）学科组组长、农业生物学国家级实验教学中心主任、生物化学与分子生物学国家级教学团队带头人。

团队培养，倾情育人的满足

科学看重的是集体智慧。要寻求突破，更需要多学科的交叉渗透和观点碰撞。打造一支优秀团队，是做科研的需要，也是我为学校培养人才的责任。

我们团队里，60 年代、70 年代、80 年代的年龄构成比较均衡，性情特长各有不同，但人际关系简单，非常团结。团队成员都非常优秀，有“75 后”泰山学者特聘教授赵翔宇，“80 后”女教授、教育部青年长江学者苏英华，泰山学者青年专家桑亚林，“80 后”女教授、第 15 届全国多媒体课件大赛一等奖获得者程志娟。

但是打造一个优秀的团队并不容易，需要了解团队中每个人的特点，在工作安排上尽量让大家优势互补，相互支持，处理好成员之间的关系。更重要的是，团队带头人要尽量做到无私，做到相对公平，凝聚团队的力量。团队的年轻成员把我看作引路人，所以调度好、把握好团队发展的方向，我责无旁贷。在论文排名、奖项申报等事情上，公平地看待个人奉献。在荣誉面前，团队带头人要尽可能地让给团队其他成员。我常跟大家说，一篇论文和一个奖项的排名没那么重要，关键是要做出有价值的事情，让社会和同事充分认可。

不管行政和科研任务有多繁重，我一直坚持为本科生讲授“生命科学进展”和“植物发育分子生物学”两门课程。如果时间和精力允许，我一定会在本科教学上再多下功夫，因为本科生才是学校和国家未来的希望。有时间的时候，我会到课堂上看看，看看学生的学习状况，跟他们聊聊未来和梦想。

张宪省

农大领航，宽松人才环境的激励

1999 年 12 月，我开始担任山东农业大学党委常委、副校长。2016 年年底，我又被组织任命为山东农业大学校长。不管是任副校长时长期分管人才工作，还是作为一校之长主持大局，为人才创造宽松的工作环境，一直是我工作的目标之一，因为人才，尤其是高端人才，是一所学校能长期立于社会的根本。“育人为本，学术至上”，始终是山东农业大学的治学理念，吸引着一批又一批优秀学者投身农业科研事业。近 3 年来，山东农业大学从国内外引进人才 30 余人，而本校培养的 50 余名优秀人才几乎没有流失。

高层次人才的评价机制应坚持以质量为导向，重方向、看过程。做基础研究、原始创新，需要一定的沉淀和积累。我们要给人才相对宽松的环境，只要方向是对的，踏实肯干，我认为就应该支持。比如，2014 年，作为山东农业大学农学院特聘教授孔令让在首期泰山学者期满考核时，成果并不是特别突出。但是，专家组和学校看到了他的不懈努力和良好进展，给了“优秀”等级，将其纳入下一期管理支持。随后，孔令让团队不负众望，在全球率先找到并克隆抗赤霉病关键基因，拿到了攻克小麦赤霉病的“金钥匙”。2021 年 4 月，这一成果刊发于《科学》杂志。

在专业技术职务竞聘制度上，我校也充分考虑了基础研究的特点，建立了“确认制”和“评审制”。除正常评聘外，达到任教授 12 年以上等条件的按“确认制”申报教授岗位，签订长期聘约。对于已经在岗暂时达不到聘任条件的，有两年的诫勉期。两年内“撸起袖子加油干”，条件够了就还是原来的职称。这种职称评聘制度的实施，既有压力，也有缓冲，最大限度地激发了教师和科研人员的积极性。

作为山东农业大学校长，引领学校不断前行，是我的责任和义务，无论是对学术成果的研发，还是学校管理体制的创新，我一直坚持求真务实、理论和实践紧密结合的严谨态度。学校近些年成果的取得是全校师生共同努力的结果，作为领航人，我很荣幸，能和师生们一起见证山东农业大学不断创新发展的历程，同时也会努力履行自己作为一名民盟盟员的社会责任和义务，带领学校不断完善重大科研项目和高水平科研成果培育机制，永远倡树“十年磨一剑”的学术品质，鼓励老师们潜心科学研究、提高原始创新能力，甘于并敢于静下心来等待花开。

农业科研之路勇登攀

秦卓明

秦卓明，现任山东省农业科学院家禽研究所二级研究员、山东省健牧生物药业有限公司董事长、山东农业大学和山东师范大学硕士生导师、民盟山东省委委员、民盟山东省农科院委员会主委，山东省有突出贡献的中青年专家。

2021 年是中国共产党成立 100 周年、中国民主同盟成立 80 周年。80 年峥嵘岁月，一代代民盟人始终不忘初心，牢记使命，不断致力于国家富强、民族复兴和人民幸福的伟大事业。80 年风雨兼程，中国民主同盟同中国共产党结下了肝胆相照、荣辱与共的深厚友谊。作为以知识分子为主体的参政党，“立盟为公，参政为民”“奔走国是，关注民生”的民盟精神始终激励着我的成长，回顾 20 年的盟员历程，我感慨万千。

初入盟，献丹心

1990 年 7 月，我从北京农业大学毕业，并分配至山东省农科院家禽研究所工作。在 2001 年农科院的工作年会上，通过一位老所长我第一次了解民主党派的概念。2001 年 8 月，我到重庆参观了渣滓洞集中营，聆听了盟员革命先烈的光荣事迹，被他们爱国忧民、无私奉献、视死如归的可贵精神所深深感染。张澜、黄炎培、闻一多、李公朴、费孝通、华罗庚、季羡林、冯友兰、丁石孙等民盟先贤令人高山仰止。在我所从事的家禽动物疫病领域中，刘秀梵院士、毕英佐教授等也是民盟盟员中的优秀代表。追寻民盟先贤的足迹，对标所在领域的先进人物，让我更加坚定了入盟的决心。

机缘巧合，民盟山东省委组织部部长叶大夏来农科院，让政工处处长吕善勇帮忙发展新盟员。叶部长曾与我院九三学社副主委李长松研究员在寿光一起蹲过点，交情很深。于是，吕处长和李主委便把我推荐给了他，我离民盟的距离更加近了。

2001 年 9 月，我光荣地成了一名民盟盟员，对民盟的认识也更加深刻。民盟主席费孝通“各美其美，美人之美，美美与共，天下大同”“党内党外都是为党工作”等经典论述，让我备受鼓舞。张澜、黄炎培等民盟先贤的传奇事迹、成长经历更是让我深深地感受到民盟的家国情怀、文化底蕴和历史担当。入盟后的我，对自己的要求更高了，也希望能承担更多的工作。

秦卓明

我入盟时，农科院支部 14 个盟员中有 11 人离退休，组织活动处于停滞状态，于是，民盟省委委任我担任农科院支部主委。在民盟省委的关心和指导下，在副主委齐义信、张洪芹的支持下，我虚心向老盟员学习，宣传民盟先贤，着力发展新盟员，呼孟银、刘同金、楚秀生、张伟、张世栋等一批科研骨干陆续入盟。截至 2008 年，农科院支部已有盟员 30 多名，年龄结构、知识结构及活动能力得到很大改善。随着盟员数量的增加，2013 年 11 月农科院支部发展为总支；2016 年 9 月发展为基层委员会。

目前，民盟农科院委员会拥有盟员 82 人，高级职称 52 人，享受国务院政府特殊津贴 2 人，省突出贡献专家 2 人，泰山学者 4 人，农业农村部岗位科学家 4 人，省农业产业技术体系岗位专家 7 人，其中有 14 人先后获得国家科技进步奖一等奖、二等奖及山东省科技进步奖一等奖。

多年来，民盟山东省农科院委员会之所以稳步发展，得益于民盟省委的信任与呵护，得益于农科院党委的全力支持，得益于盟员之间巨大的凝聚力和向心力，得益于民盟团结协作、无私奉献、与人为善的优良传统。民盟就像一个大家庭，奉献、爱国、包容、团结、奋进、大爱始终是民盟的主旋律。

学先贤，勤钻研

在民盟这个大家庭中，有无数埋头苦干、甘于奉献、无私为公、舍己爱国之人，他们是中国的脊梁！例如，数学家华罗庚和谷超豪、生物学家童第周、哲学家冯友兰、集无数头衔于一身的季羡林等。历数荣获国家科技最高奖的科学家，至少有 6 位民盟盟员，在所有民主党派中占比最高，这让我以民盟为荣！

在山东省农科院家禽研究所工作的 30 年中，我从最普通的基础工作做起，先后养过鸡、孵化过种蛋、做过禽病检测、研制过疫苗等。以养鸡为例，我最先研究无特定病原（SPF）鸡，这种鸡不携带家禽所携带的 19 种病原，无遗传性疾病，鸡蛋通常用于高端疫苗的制备、病毒学研究等生命科学高端研究领域。当时，在 SPF 鸡研究方面，世界上只有美国、德国等发达国家拥有，我国的 SPF 鸡品种从美国引进。为保护和饲养好它们，我每天进鸡舍都要洗澡、更衣、消毒，要求严格、程序复杂。为掌握第一手科研资料，我每天工作 10 多个小时，特别是 SPF 鸡的孵化季节，常常几天得不到休息。凭借这种恒心，我从技术人员做起，先后成为技术副场长、场长。在这一研究领域，我坚持了 18 年，为以后的禽病研究奠定了专业基础。

在我和团队的共同努力下，我所研究生产的 SPF 鸡享誉全国，SPF 种蛋于 1997 年荣获全国农业博览会金奖。相关研究成果分别在 1997 年、2001 年、2003 年和 2005 年获得山东省科技进步奖二等奖（1 项）和三等奖（3 项）。

悟思想，干实事

2000 年以前，山东省农科院一直无新兽药证书。没有新兽药证书，缺乏自主知识产权，在业内我们就没有话语权。这对国内排名靠前的省级科研单位来说无疑是巨大遗憾。2001 年，农科院把新兽药证书的申报工作交给了我。

2000 年前后，正值国家经济突飞猛进、科研成果快速转化的黄金期，而新兽药证书的申报却需要大量经费和精力投入。一般而言，新兽药证书的申报需要 100 万—200 万元，耗时费钱，成功率不高。当时，农业部一年才召开 2—3 次评审会，批准 5—20 个品种，成功率不到 10%。因农科院经费有限，两个项目仅支持了 15 万元，平均每个项目 7.5 万元。

我带领团队分析了当时形势后，一致认为申报新兽药证书是方向，是生物制品合法化的唯一途径。在申报过程中，课题组几乎每天加班做试验、写总结、出报告。为提升研究进度，我们拜名师、求企业、反复验证。有时为一个工艺，我们不惜代价，通宵达旦、精益求精，重复试验上百次。以禽脑脊髓炎为例，我们对分离的 10 多株种毒进行反复的毒力和免疫原性鉴定，筛选效价稳定、免疫原性好的做种毒，并进行外源病毒检测。各方面试验总计利用 SPF 种蛋 5000—6000 枚、SPF 雏鸡 2000 余只，耗资近百万元。

2003 年 9 月 2 日，禽脑脊髓炎病毒灭活疫苗正式获得农业部的新兽药证书。消息传来，项目组成员欣喜若狂，备受鼓舞。经过 3 年的辛苦奋战，我们的不懈努力终于得到了回报，农科院终于有了第一个具有自主知识产权的新兽药证书。3 个月后，新城疫、传染性支气管炎、减蛋综合征三联疫苗也通过农业部新兽药证书评审，填补了国内没有肾型传染性支气管炎灭活疫苗的空白。

一年之内，家禽所连续获得 2 个新兽药证书，填补了山东省农科院生物制品无新兽药证书的空白，这在全国农业科研单位也属罕见。乘此东风，我们又联合中牧集团申报了新、支、减、流四联灭活疫苗，并于 2011 年获得新兽药证书，可谓“十年磨一剑”。

除获得新兽药证书外，我们团队还先后在 *Virology Journal*、《中国科学》《微生物学报》等核心刊物发表论文 200 余篇，其中 SCI 论文 14 篇；出版专著 2 本，其中《家禽呼吸道疾病及其防控》于 2018 年获得国家出版基金资助；参与编写《禽病学》《新城疫》《畜禽家族》等著作8部；获得授权国家发明专利8项；制定山东省地方标准2项；获得软件著作权5项。2015年，由我主持的“家禽四种病原及其防控技术”获得山东省科技进步奖一等奖。

秦卓明带领盟员进行科技服务

为农业，谋振兴

生于农村，长于农村，学于农大，工作于农科院，我对农业、农村、农民有着浓厚的感情。关于如何让农民富起来？如何让农村美起来？如何提高农民素质？如何提高农村经济效益？这些事关乡村振兴的问题一直萦绕在我的脑海。我和盟友们利用专业特长，近5年中先后撰写提案和信息200余篇，其中，22篇被民盟中央、全国政协采用，32篇被省政协采用，我本人也有多篇提案位列其中。

2003年，高致病性禽流感在日本、韩国等邻国暴发，凭着职业的敏感性，我第一时间写出预警报告，受到民盟中央、山东省政府的高度重视。2005年，依据山东省畜牧业发展现状，我撰写了《重振山东省畜牧雄风》调研报告；2014年，H7N9禽流感病毒暴发，我及时提出了“坚决斩断H7N9禽流感病毒在禽业的传播”的建议；2016 年，我撰写了《“精准扶贫”要聚焦农村“教育和技能扶贫”》，被山东省政协列为重点督办提案；2020 年，新冠肺炎疫情在武汉暴发，牵动了全国人民的心，我带领盟员们积极捐款，筹集 1.56 万余元用以支援武汉。结合山东省实际状况和疫病发生概况，我提出“宽严相济，有序隔离，分级管理，恢复民生”的策略。

回望入盟 20 年的历程，所有成就的取得都离不开民盟精神的滋养。作为民盟的一分子，我倍感荣耀。作为新时代的盟员，我更要不忘过去，继承先贤的优良传统，肩负起时代和社会赋予的使命和责任，在自己的岗位上兢兢业业，为国家强盛、民族复兴贡献力量！

情系果树育种

刘庆忠

刘庆忠，现任山东省农业科学院果树研究所二级研究员，山东省樱桃工程技术研究中心主任，中国园艺学会樱桃分会副理事长。山东省泰山学者特聘专家，享受国务院政府特殊津贴，农业部全国农业杰出人才。民盟盟员。

在农爱农，学以致用

1963 年，我出生于临沂市莒南县的一个小山村，父母都是地地道道的农民。从小在农村长大，我对家乡遍山的果园有着深厚而独特的感情，也格外能够理解山区果农们的艰辛。于是，考大学选专业时，我毅然选择了山东农学院（现山东农业大学）的果树专业。1987 年本科毕业后，我紧接着攻读了山东农业大学的硕士学位。硕士毕业后，我被分配到山东省果树研究所工作。在此期间，我十分荣幸地获得了在美国农业部农业研究中心做访问学者的机会。在国外的 5 年时间里，我通过努力学习果树育种技术，掌握了基因分离技术、病毒检测技术和果树分子标记育种技术等大量实践技能，并对国外果树种质资源进行了大量考察。这些经历开阔了我的视野，让我看到了国内外科研实力的巨大差距，也为我此后从事果树生物技术工作积累了宝贵经验。我心里暗想，我一定要把握好这个难得的机会，多学多问多看，等有朝一日回国，让我们国家加快赶上国际步伐。

长期以来，中国甜樱桃种植存在着树体高大结果晚、樱桃好吃树难栽、十年九不收等问题，严重制约甜樱桃业的发展，甜樱桃生产急需无病毒、矮化、多抗砧木。1998 年春，我在美国俄勒冈州参观时，见到了甜樱桃矮化树形，我敏感地意识到矮化树形省工省力，肯定是产业未来发展的方向。于是回国后我立即开始了大量的调研和实地考察研究，着力推广甜樱桃矮化砧木。留学归来后不久，我带领团队选育出了矮化、抗病、抗逆性强的吉塞拉5号、6号矮化砧木新品种，并自主创制了四倍体樱桃砧木Y1，引领中国甜樱桃生产进入矮化、密植、早实、丰产的新时代。经过不断试验和反复实践，我引进的矮化砧木甜樱桃比普通乔化砧木甜樱桃提前2年结果。同时，这一研究成果获得2006年山东省科技进步奖一等奖。

刘庆忠在樱桃园中工作

此后，我们团队不断取得新的成果。我先后主持国家级、省级科研项目10余项，首次在国内建立了樱桃、苹果、核桃和蓝莓无病毒试管苗离体保存库，创制的以组织培养为核心的果树无病毒苗木繁育技术已在全国10余省市推广应用，收效显著。

精准扶贫，大显身手

回国后我积极参与科技扶贫工作，被选聘为山东省科技扶贫专家服务团成员，主持科技扶贫项目3项，在基层推广果树新品种、新技术和新模式，积极推进科技成果的转化与应用，助力脱贫攻坚和乡村振兴。

位于泰安肥城市边院镇的大王村就是我服务的科技扶贫基地之一。大王村曾经是个贫困的小山村，老百姓一直靠种地瓜、棉花、花生维持生计。2004年，大王村从山东省果树研究所引进矮化砧木大樱桃2.5万棵。村民从一开始的质疑到后来的信任和赞赏，虽然过程艰辛，但结果令人相当振奋。大王村原党支部书记聂保平十分感慨地说："现在几乎家家户户种植樱桃，一年就忙一两个月，人均年收入就能增收2万多元。"如今，大王村还建起了远近闻名的樱桃市场，村民的日子越过越红火，村民们每次看见我去指导，都虚心、主动地学习，因为他们知道只有科技的投入才能使这个穷山村最终走上富裕之路。

在大王村的示范作用下，周边很多村书记和村民也纷纷向我求教，大樱桃基地逐年增加，甜甜的大樱桃映红了村民的脸庞，也让我的心里充满了暖暖的感动和满足。

农科创新，赋能助力

在矮化砧木得到大力推广后，我并不满足眼前的成绩。当前山东省果业发展已进入转型升级的关键时期，要把发展现代果业、提高果品品质作为重要抓手，做大做强齐鲁品牌，提高山东果业的核心竞争力，实现由果品生产大省向强省的转变。2020 年 10 月 31 日，在济南市举行的山东省农科院首届科技成果秋季拍卖会，引起众人关注。此次科技成果拍卖活动既是山东省农业科技赋能农业发展、促进产业转型升级的新举措，也是打通农业科技迈向市场“最后一公里”、促进科技成果转化的新尝试。其中，由我们团队培育的甜樱桃矮化砧木新品种“矮杰”，拍出了 1250 万元的高价。

“矮杰”是我们团队的最新科研成果，是具有独立自主知识产权的新一代甜樱桃矮化砧木品种。此前推广应用的吉塞拉系列甜樱桃矮化砧木，是从德国引进的，缺乏独立知识产权，“矮杰”的成功研发，打破了国外甜樱桃矮化砧木育种技术的垄断，因此具有广阔的应用前景。位于泰安市区东部的雨阳农业发展有限公司内的

刘庆忠培育的樱桃

组培中心，是我近来经常去的一个地方。在这里，“矮杰”经过培育后，将在未来生根发芽、开花结果。在我看来，新品种的诞生，并不意味着一帆风顺，能否将其应用到实际生产中，解决科研成果转化难点、堵点的“最后一公里”，才是终极考验。这也是我一直以来将实践检验作为获取真知的标准的原因。

一路走来，我颇为感慨。如果不是从小对果树怀有的那份感情，我可能不会选择果树专业；如果不是对这片土地爱得深沉，我可能就不会回国从事所热爱的事业；如果不是民盟精神的激励和滋养，我可能很难坚持到现在。中国是农业大国，农业人口众多，农业兴，农民富，国家也会强盛。能为国家尽一份力，我倍感自豪。艰辛的付出迎来祖国给予的多项荣誉：国务院政府特殊津贴专家、农村农业部“全国农业科研杰出人才”、山东省人民政府泰山学者特聘专家……

我与果树育种行业打了半辈子的交道，但热爱未减分毫。每周我都会用几天时间在田间地头忙碌。感谢自己当初的选择，也勉励自己要一如既往地坚定与执着。科研是一辈子的事，作为民盟的一员，今后，我要传承民盟精神，砥砺前行，继续活跃在科研的舞台上，带领团队取得更大的成绩。

玉米密植结硕果

李 刚

李刚，山东农业大学生命科学学院教授、博士生导师，山东省泰山学者海外特聘专家，民盟第十二届中央委员、青年工作委员会委员、民盟山东农业大学总支副主委。

李 刚

对民盟组织的了解，始于农业领域专家张春庆、赵世杰教授。两位教授，一位是玉米种子科学和遗传育种专家；另一位是植物生理学专家。两位教授在学术上兢兢业业、学有专长，工作上朴素踏实、任劳任怨，他们是我学习的榜样，也是他们帮我打开了了解中国民主同盟的大门。我于 2015 年提交加入民盟的申请，于 2016 年正式加入了中国民主同盟，并于 2018 年担任了民盟中央青年委员会委员和民盟山东省农业委员会委员。回顾这些年的奋斗历程，民盟组织的关爱让我感觉到自己不是孤军奋战，让我不忘初心，不断前行，为农业发展奉献青春与热血。

饮水思源，为农奉献不停歇

我于1980年出生于山东泰安市的农村。那时，当地农村主要还是以玉米粗粮为主，吃得最多的还是玉米面煎饼。初中和高中的时候，每次周末返校都会带上一大包的玉米煎饼作为一周的主食。很小的时候，我就跟着爸妈去小麦田里刨坑点种玉米，用镰刀收割小麦，掰玉米、晾晒、脱粒，对各种农活都有着深刻的体验。“面朝黄土背朝天”是以前农村生活的真实写照。

背负父母的殷切期望，我如饥似渴地学习知识，终于在1997年考入山东师范大学；2001年大学毕业后考入中科院上海植物生理生态研究所攻读遗传学博士学位；2007年年初去美国先后在康奈尔大学、BTI植物研究所和耶鲁大学从事博士后研究。国外大学的科研条件不仅十分完善，而且生活十分安逸，但是“我是中国人”的观念始终在心头萦绕。于是，在2011年8月我回到家乡，并在山东农业大学生科院组建实验室，进行植物生理学的科学研究。当成为课题组长之后，我才发现植物科学研究最终还是需要回归到农业生产中，只有从限制农业生产中的实际问题出发，理论结合实践才能学以致用，才能为农业的发展贡献力量。2012年，我有幸入选中组部“千人计划青年项目”和山东省“海外特聘专家”，完善的人才政策为我提供了相对稳定的科研经费支持和比较宽松的科研氛围，促使我真正地立足农业，结合自己的专业去解决限制农业发展的关键问题。

牢记使命，玉米研究勇争先

山东是农业大省和农业强省，玉米是山东夏季最主要的种植作物。在过去几十年内，全球玉米产量的提高主要归功于优良杂交种的利用和种植密度的增加。黄淮海区域作为我国玉米的主产区，有着其特殊的生态类型，夏季多阴雨寡照和高温高湿的天气促使夏玉米生长迅速。我国玉米的高产攻关纪录一直是在以新疆为代表的西北玉米种植区，其每亩玉米种植密度在8000～9000株，而黄淮海区域的玉米种植密度才只有4000～5000株。在黄淮海现有的种质资源和栽培方式下，提高种植密度后，会因株间荫蔽和光照不足诱发玉米徒长、易倒伏、空秆率增加和生长后期各种病害，这些因素严重限制了黄淮海区域玉米种植密度的增加和产量的提高。优异耐密植的种质资源不仅需要株型紧凑，更需要在提高光能利用率的基础上减少株间遮蔽引发的遮阴响应，而这正与我的研究方向密切相关。

在博士后期间，美国农业的机械化和现代化，特别是玉米的高密度种植和机械化收获给我留下深刻的印象。因此，利用自己所学的专业知识解析玉米株型紧凑耐密植的分子机理，逐步提高黄淮海区域的玉米种植密度，为玉米产量的提高奠定坚实的科研基础，这是我给自己制定的近期和长期的科研目标。因此，我从 2012 年开始从事玉米株型和耐密植的机理研究，开始下田种玉米的科研生活，担负起新时代乡村振兴的历史使命，把农业建立在现代科学基础上的时代需求，正激励着我们这一代的科学工作者脚踏实地为加快农业现代化做出更大贡献。

真正开始玉米株型和耐密植的机理研究后，我才发现“纸上得来终觉浅，绝知此事要躬行”。现有玉米种植体系中主栽品种的对比实验及其遗传谱系来源的调查，株型极端紧凑或松散，极端耐密植或不耐密植等差异显著表现稳定自交系的筛选和鉴定，这些都需要经过连续多年、多点的重复和验证。后来，进一步利用遗传学和分子生物学的手段，我们逐步鉴定出多个与株型建成、茎叶夹角调控，以及遮阴快速响应的关键调控基因，相关的科研论文发表在国际知名学术杂志上。

李 刚

在盟爱盟，组织助力奔向前

入盟方知盟伟大，在这些年的艰辛探索中，每项成果的取得，都得益于许多盟组织内专家和教授的无私指导和帮助。多年来，民盟山东农大委员会不仅有助力农村发展的优良传统，也有丰富的人才资源。张春庆老师担任民盟泰安市委副主委和民盟山东省委农业委员会主任，带领大家多次深入田间地头开展关于现代农业和新农村建设的主体调研，我也因此更加深入了解了农村和农业的真实发展状况，以及民盟在为农村改革和新农村建设方面所做出的突出贡献。

随着对民盟和民盟农业委员会了解的加深，我越来越体会到个人力量的有限，组织力量的强大。虽然回国后 10 年内，我已经以通讯作者发表 SCI 研究论文 18 篇，但是这些研究论文的价值只体现在特定的研究领域。如何利用自己的专业知识，积极开展更大范围、更深层次的农业调查研究，并形成高质量的调研报告，为各种农业政策的制定提供建议，却是我个人力量无法做到的，必须依靠民盟组织的帮助才能实现，民盟组织不仅给我提供了学习先进榜样的平台，也为我实现自我价值，在农业领域做出更大贡献不断地赋能助力。

我们生活在好时代，无论是工作还是生活，都有很好的机遇和条件，入盟后，我更加珍惜现在来之不易的工作和学习环境，努力加强自身建设，竭尽全力把教学和科研工作做好。同时，作为一个民盟人，我也要努力履行一个盟员应尽的责任，从更高层面积极开展关于农业的议政建言和专题调研，为农业现代化和乡村振兴的建设做出应有的贡献。

梁漱溟事迹引导我入盟

李 辉

李辉，1969 年生，山东邹平人，民盟盟员、工学博士、教授、博士生导师。民盟山东大学委员会主委，省政协委员。山东省泰山学者特聘教授、山东省有突出贡献的中青年专家、山东省杰出青年科学基金获得者、教育部新世纪优秀人才、山东省智库高端人才。2008 年 6 月—2018 年 4 月，任“液态金属及铸造技术研究所”所长、“材料液固结构演变与加工”教育部重点实验室副主任；2018 年 4 月至今，任山东大学材料科学与工程学院副院长。

2021 年是民盟成立 80 周年。民盟前辈中学富五车、著作等身的教育家和学术大师灿若星辰。例如，教育家梁漱溟、陶行知、闻一多，学术大师苏步青、华罗庚、童第周、梁思成、金岳霖、冯友兰、钱端升等。他们不忘初心，教育报国，为国家培养了一大批专业人才。他们身上体现出的伟大爱国主义精神、深厚精湛的学术修养、光辉耀眼的人格魅力，至今依然熠熠生辉，永远鼓舞着后辈砥砺前行。

梁漱溟乡建办学事迹激发入盟梦想

在这些学术大家中，我最早听说的是梁漱溟先生。我小时候老家农村还没有通电，也没有娱乐活动，夏天晚饭后很多老人总会聚集在广场上谈天说地，其中说得最多的两个故事，一个是村里清代五子登科的故事；另一个就是梁漱溟先生的故事。我是从老人们讲述的故事中知道了梁漱溟在我老家义务兴办教育的事迹。

老家辉里村李氏家族是一个累世农桑的耕读门第，在清代曾中 22 名举人、10 名进士而且出过五子登科。梁漱溟先生曾于 20 世纪 30 年代初在邹平县搞乡村建设

李 辉

运动，一项重要内容就是如何办好农村教育。梁先生选择辉里村做试点办“共学处”，最大的考量也是辉里村文化底蕴深厚，读书重教的传统。辉里村村民积极响应梁先生的倡议，纷纷捐款捐物。梁先生为辉里村村民兴办义学的壮举所感动，欣然提笔写下“共成斯举”4个大字。辉里村村民把这4个大字精刻成碑以示纪念，该碑现在仍保存完好，是市级重点文物。每次听老人们讲到此，我都会被梁先生那种忧国忧民的精神所感染。

我也是从那个时候起听说了民盟，而且知道民盟是一个由大批高中级知识分子组成的组织，要加入民盟，要求非常高。孩童时代的我立志长大了也要加入民盟，像梁先生那样不计名利、担当作为，做一个对社会有贡献的人。2011年，在王成国主委的推荐下，经过组织考察，我终于圆了盟员梦。在组织的关心、教育和培养下，我担任了民盟山东省委常委、民盟省委教育委员会主任、山东大学委员会主委、山东省政协委员。上级组织的关心和信任让我感觉肩上的担子沉甸甸的。但不管身份和角色如何变化，对待工作绝不能有丝毫懈怠，要在工作中积累知识、锤炼能力，知情明理，不辱使命、不负重托。

打铁还需自身硬

民盟山东大学委员会是由众多专家教授组成的组织，都是行业领域的顶尖人才。要领导好这样一个群体，首先必须做好自己的教学、研究生培养和产学研合作等本职工作。

为落实好山东大学服务山东的战略部署，我与济南某公司合作成立了济南市“无耗材环保合金书写板技术研发创新团队”，并于2020年获得济南市科技创新团队，开展“无耗材合金书写板”“教装组合智能一体机的研发及产业化”“光感书写智能传控智慧教室研发及产业化”三大项目研发。研发的“无耗材合金书写板”项目，彻底改变了传统教学书写利用粉笔产生粉灰的书写模式，改善了教学环境，产品已批量生产并推向市场，2017年，该产品获得第72届中国教育装备“金奖”产品称号，2018年在泰安市获得实际应用，并成为“网红”产品。该项目现为公司累计增加8000万元的营业收入，成为公司新的利润增长点。本人因此获得“泉城特聘专家”“济南市创新创业人才”等称号。与烟台某分析仪器公司合作，研发了低膨胀合金材料并应用于光谱仪光学系统，解决了光学系统由于支架热胀冷缩引起的系统不稳定、影响检测精度的技术难题。与该公司合作成立了烟台市“新技术孵化基地”。本人获评烟台市“蓝海英才计划”。研发了钢渗铝防腐技术并应用于轻质钢结构沿海住宅及厂房，获聘莱芜“嬴牟产业领军人才”。

在人才培养方面，培养博士生12人，硕士生20人，博士后1人；在读博士9人，硕士9人；所指导的研究生获国家奖学金的19人，校长奖学金的4人，教育部学术新人奖的1人，省优秀研究生5人，省优秀学位论文3篇。2021届博士生张力舒入选德国“洪堡学者”计划。本人2013年获山东大学第六届“我心目中的好导师”荣誉称号。毕业的研究生中有1人获得国家万人计划领军人才，1人获得山东省泰山产业领军人才，1人获选中科院百人计划，1人成为山东大学齐鲁青年学者特聘教授。

在科学研究方面，带领团队发表SCI论文200余篇；参编9部国际专著；主持项目30余项，其中国家自然科学基金—山东联合基金1项，山东省自然科学基金重点项目1项，获批2020年国家新材料应用示范平台项目，带领的团队获评济南市创新团队。

担任液态金属及铸造技术研究所所长期间，引进千人计划国家特聘教授1人、山东大学齐鲁青年学者1人。新增泰山学者2人、“万人计划”青年拔尖人才1人、教育部新世纪优秀人才1人、山东省杰出青年基金获得者2人、山东大学青年学者未来计划2人。

担任学院副院长期间，我主持制定了优秀研究生生源奖励政策，实现了优质生源质的突破；申报成功了“材料与化工”工程硕士点和工程博士点。基于自己学术上的贡献，先后获得山东省泰山学者特聘教授、教育部新世纪优秀人才、山东省杰出青年基金获得者、山东省智库高端人才、山东省有突出贡献的中青年专家。

李辉与学生们在一起

载兢载惕做好盟务工作

作为民盟山东大学委员会主委，我重视加强盟员的思想教育工作，组织盟员前往台儿庄战役纪念馆、孔繁森纪念馆、铁道游击队纪念馆、范仲淹故居等接受爱国主义教育。为纪念抗日战争胜利70周年和深入贯彻落实群众路线教育实践活动，我组织盟员赴革命老区沂南参观了著名的红嫂纪念馆。

积极开展“不忘合作初心，继续携手前进”学习教育，组织民盟山大委员会赴邹平梁漱溟先生纪念馆参观学习，并到梁先生墓前吊唁。

我在做好思想政治工作的同时，引导并鼓励盟员积极做好参政议政工作。盟员李丽珍提出的“关于建立健全流浪儿童救助管理体系的建议”，受到省工商局、民政厅、公安厅、卫生厅、科技厅和省委宣传部等部门的高度重视。李树忱提交的“加强社会主义核心价值体系建设”和“关于建立济南市小微企业加工园区的建议”的提案，得到济南市政府领导的高度重视。山东省政协召开提案办理协商座谈会，盟员张建和王成国提交“规范科研经费使用管理”的提案并作重点发言，提出应进一步完善科研经费管理制度，提高科研经费的使用效益等建议，受到政府领导高度重视。我提交的“以提高教育教学质量为标准”“高校等事业单位职称评定要重视实际贡献，不能以经费多寡做标准”等提案，引起政府领导的高度重视。2017 年山东省政协会议上，侯桂华副主委代表民盟山东省委做大会发言，建议启动“双一流”后备学科建设计划，推动我省高等教育内涵式发展，赢得大家热烈响应。盟员臧丽娜教授撰写的“开启高校应用学科教学的翻转时代”、曹成波教授撰写的“论高校领导体制改革”被民盟教育论坛采用。由我完成的民盟第七届教育论坛论文“通过学科交叉破解学科老化和碎片化难题”获得民盟中央评选的优秀论文（民盟中央共评出 22 篇），并代表民盟山东省委做大会报告。我主持并完成由省委统战部委托的调研课题“关于创新高校科研院所学术评价制度，破除‘五唯’弊端”，获得上级部门的批示。民盟山东大学委员会被民盟中央评为“2020 年度盟务工作先进基层组织”，同时被民盟中央评为“民盟思想政治建设和宣传工作先进集体”，实现了基层组织建设和思想政治建设“双先进”。更为可喜的是，我们民盟山东大学委员会 2020 年获批“山东高校民主党派活动基地”，全省共有 10 所高校获批民主党派活动基地，涵盖 7 个党派和欧美同学会。

在组织建设方面，我对“人才兴盟，人才强盟”非常重视。在山东大学党委统战部和民盟省委的支持下，盟员中长江学者特聘教授 1 名、国家杰出青年科学基金获得者 2 名、“万人计划”青年拔尖人才 2 名、国家优秀青年基金获得者 1 名、泰山学者特聘教授 2 名、教育部新世纪优秀人才 5 名、山东省“杰出青年基金”获得者 5 名、山东省“突出贡献”中青年专家 5 名、优秀青年基金获得者 1 名、山东大学齐鲁青年学者 2 名、山东省智库高端人才 2 名、国家“百千万人才工程”入选者 2 名、享受国务院政府特殊津贴者 6 名、中国青年科技奖获得者 1 名、“山东省十大杰出青年”1 名。担任副处级以上干部的盟员有 10 人。民盟中央委员 1 人，山东省政协委员 6 人、省政协常委 2 人。多位盟员分别在专业学会担任理事长、主任委员或常委等重要职务。

为更好地服务社会，我组织民盟山大委员会开展了各式各样的“山大盟光”社会服务活动：组织盟员赴德州、商河、临沂、邹平等地开展“山大盟光”送科技活动；发挥齐鲁医院高水平专家的优势，开展了“山大盟光”健康义诊活动。民盟山东大学委员会还积极开展了“山大盟光”献爱心活动，包括到张夏镇开展“给四禅寺小学送温暖”助困活动；济南南部山区贫困儿童对口支援活动；南部山区精准扶贫活动，并给南部山区捐书组建了小小图书馆；发挥学校文史见长的优势，开展了“山大盟光”乡村文化建设活动，包括历史系调研邹平“五子登科”故里的乡村文化建设及优秀家风传承问题；济南南部山区乡村历史文化资源挖掘与文化空间构建等。“山大盟光”社会服务活动逐渐成为民盟山东大学委员会开展社会服务的名片。

在民盟成立80周年之际，我把以前的工作做了一个梳理总结，目的是激励自己不忘初心、担当作为、锐意进取，但取得的成绩与民盟先贤相比是微不足道的。民盟先贤们体现的道德操守、人格魅力、学识修养、气度胸襟，经过岁月的积淀，早已潜移默化为凝聚民盟共识的重要精神财富。我们这一辈盟员要以民盟先贤为榜样，载兢载惕、尽职尽责、尽心尽力，做到知盟爱盟兴盟、知国爱国兴国，不忘初心，砥砺前行，为实现中华民族伟大复兴的中国梦贡献智慧和力量！

我的“运筹”人生

张玉忠

张玉忠，曲阜师范大学运筹学研究院院长、教授、博士生导师，主要从事运筹学、应用数学和管理科学的教学、科研工作。30 岁破格晋升为副教授，33 岁破格晋升为教授。2003 年成为曲阜师范大学第一批博导。是山东省精品课——运筹学的主持人，山东省教学团队——运筹学团队的带头人。现任山东省人大常委会委员，民盟济宁市委副主委。

我 1964 年 10 月出生于山东郓城县红门厂村。1981 年，我考入曲阜师范学院（现曲阜师范大学）数学系，1985 年毕业，同年考上本校运筹学专业研究生，师从王长钰、章志敏教授。1988 年，我毕业留校，在运筹学研究所工作。1994 年，我到中国科学院应用数学研究所攻读博士学位，师从越民义、韩继业先生。越民义曾经是华罗庚的学生和助手，韩先生 1957 年毕业于北京大学数学系，他们是运筹学界的“大咖”。到了北京，又是数学博士生，所以我拜见数学家的机会就多了，曾经拜见过陈景润、王元、吴文俊、杨乐、万哲先、陆启铿、丁夏畦等。数学家杨乐当过数学所所长，平易近人，我常去他办公室，后来我两次请他到我校做学术报告。

我在北京学习期间还多次拜访过北京大学的数学家张恭庆、姜伯驹、文兰、郭懋正，北京师范大学的王梓坤、陆善镇，后来多次请他们来曲阜师范大学讲学。王先生和陆先生都做过北京师范大学的校长。

丁石孙先生建议我加入民盟

曲阜师范大学数学系主任龚为邦教授，生于 1933 年，与我是忘年之交，丁石孙先生是他北大的老师，他知道丁先生喜欢西方音乐，便在 1995 年录制了一些光盘让我代他去拜访丁先生。丁先生是数学教育家，做过北大校长，我的博士生导师韩继业是他的学生。这期间我才知道丁先生是民盟中央主席，是全国政协常委。他知道我还不是党员就建议我先学习一下有关知识，考虑加入民盟。

1997 年毕业后，我与校领导专门去北京看望他 3 次，这时候丁先生是全国人大常委会副委员长，亲自打电话问我们怎么过去，怕我们见他困难。

1997 年，民盟曲阜师范大学主委李季平先生找当时运筹学研究所所长王长钰先生推荐一个高学历的青年加入民盟，就这样 1997 年我成了一名盟员。

说起来也是我与民盟有缘，姜立夫先生之子姜伯驹院士是北大教授，我和数学同人曾多次登门拜访；我的大学概率论老师是许宝騄先生的弟子；我在复旦大学听过陈省身先生的学术报告；我的老师越民义先生是华先生的弟子和助手；苏步青 2002 年百岁时，陈翰馥院士带我去上海祝寿。他们当中的许宝騄、华罗庚、苏步青是盟员。许宝騄生于 1910 年，伦敦大学博士，概率统计学专家，在北京大学创建了我国第一个概率统计教研室，还写过文言文小说。他 1970 年去世，青年人知道他的少。

1955 年中科院学部成立，有 9 位是数学家学部委员（院士），6 个是民盟盟员，除了许宝騄、华罗庚、苏步青，还有王湘浩、江泽涵、段学复。王湘浩，普林斯顿大学博士，在吉林大学创建了全国第一个计算数学专业，并首先开展人工智能研究。江泽涵，哈佛大学博士，中国拓扑学的奠基人，任北京大学数学系主任 20 余年，是中国数学会创始人（他是胡适先生之内弟）。段学复，普林斯顿大学博士，我国代数学的重要创始人和开拓者，是我国群表示论的奠基人。1952 年，他接替江泽涵担任北京大学数学系主任，任职 30 年。为建设北大数学、力学做出了卓越贡献。

运筹学理论推进国民经济发展

我主要从事运筹学的研究和研究生教学工作，20 世纪 90 年代中期在国内最早开展分批排序问题的研究，扩展了一般的排序理论。用连续优化的理论与方法研究排序问题我是国内最早的倡导者和实践者，并建立了学术团队。

我本人发表学术论文 300 余篇，其中在国内外核心刊物上发表 100 余篇。我主

张玉忠与导师著名数学家越民义合影

持完成国家自然科学基金项目 5 项，10 次获得教育部、山东省科技进步奖和教学成果奖。学术团队完成国家课题 20 余项。

给 20 余届硕士、博士研究生讲授过 10 余门专业课，潜心研究教学方法、教学模式，创建了“三三五”教学模式，产生了显著的实践效果，获得山东省教学成果一等奖。

自 1995 年以来指导 20 余届硕士、10 余届博士研究生 150 余名，多名成长为教授、博士生导师、国家优青、泰山学者。

为了将运筹学的理论与方法运用于国民经济的发展，2001 年，我带领课题组在黄河三角洲地区开展可持续发展模式研究工作，利用系统工程的思想、最优化的方法、计算机的高新技术，将黄河三角洲地区的所有企业分成 18 个类别，采用二次规划的理论与算法进行求解，对产业结构进行优化调整，作为重要的决策依据，使本地区的国民生产总值有明显提高，获山东省科学技术进步奖、山东省计算机技术奖、中国运筹学会应用奖。

2000 年，我任曲阜师范大学运筹学研究所所长，2002 年创建了管理学院，并兼任院长至 2017 年。联合数学系、自动化研究所，我成功申报了博士点——应用数学，实现了曲师大博士点零的突破。

自 2000 年至今，我连任两届中国运筹学会理事、两届常务理事，两届中国运筹学会副理事长。

张玉忠在指导研究生

任职政协期间积极履职尽责

1997 年，我被破格晋升为教授，同年成为运筹研究所副所长。1998 年，我成为济宁市第十届政协委员，参加的活动多了起来，包括民盟活动、政协委员的活动，因为当时入盟的条件要求职称较高，所以盟员的年龄偏大，水平也高，觉得跟他们差距大，得加强学习，学习党史，学有关民主党派的有关知识，提升参政议政水平。1998 年，我的提案“关于加强济宁市出租车管理的意见”被评为优秀提案，后来又提出一些优秀提案。2000 年，我成为运筹学研究所所长。2002 年，我带领运筹学的学术队伍创建了管理学院，任院长 15 年，兼研究院院长。可能也是因为我是盟员，管理学院迁到日照后，组织任命我为日照市东港区政协副主席。在任副主席的 10 年间，我坚持“献策讲质量、监督讲规范、立论讲实效”的原则，做了一些力所能及的工作。

履行政治协商职能。10 年来，我积极参加区政协组织召开的各种会议，履行协商监督职能，共参加全委会议 11 次、常委会议 50 次、主席会议 130 次。会议期间，就关系全区的区划调整、税费改革、旧城改造、新农村建设等主要事宜，我组织开展专题协商讨论，提出多条建议，均得到重视。针对全区农村“村村通”公路这一问题，我提出了将“村村通”工程列为惠及百姓、事关长远的民心工程的建议，区委区政府十分重视，将“村村通”工程列为民心工程之一，全区改造硬化绿化农村公路 348 条，通村率达到 99% 以上，农村路网结构得到明显优化，成为发展农村经济的“高速路”。

关注民生，通过政协提案开展监督。10 年来，围绕关系民生的科教文卫等问题，我共提出提案 50 余件，均得到有关部门的高度重视。提案办复后，收到了良好的经济效益和社会效益。例如，2010 年，我提出了重视和发展职业教育的提案，得到区教育主管部门的高度重视，完成了教师进修学校与区职教中心、城关二中与城关三中的整合，选聘部分初、高中段教师，对部分校舍进行改造等工作，使全区的教育资源分布更趋合理、更趋完善。

我还提出开通通往大学城公交车、在存在交通隐患的路口安装红绿灯、加强提案办理见面率等多件提案，都得到有效办理，受到各界一致好评。

积极参加视察调研，提高参政议政质量。10 年来，我先后参与了区政协围绕人口与计划生育、中小学教育、环境保护、平安东港、土地资源、旅游业、工业经济运行、新农村建设等工作开展的 36 次视察调研活动，提出建议和意见，为党政决策及各职能部门改进工作提供了有效参考。例如，2011 年，我提出通过市场化手段整合城区中小学的建议，区政府很快责成区教育主管部门论证，对城区的五所中小学进行了统一整合。

积极参与招商引资活动。我参与全区的“大招商、大发展”活动，推进了大项目招引和建设。我联系华为纺织集团公司，积极鼓励、支持身边委员中的企业家勇于改革、锐意创新，大胆利用外资，扩大生产规模，提高企业运行质量，为推动全区经济发展做出积极的贡献。

认真做好分管联系的文史工作，充分发挥了文史资料团结育人的作用。2003—2009 年，我与东港区政协主席一起参与了以建区十周年为重点的《东港文史》的编辑出版工作。该书共征集史料 100 余万字，图片 350 余张，全面、系统、翔实地记载了东港区 10 年来政治、经济、文化、社会诸方面的基本史实，这对于宣传东港、弘扬革命传统、教育激励后人，具有重要而深远的意义。

2008 年，我被选为山东省人大代表并任山东省第十一届人大常委会委员，连任 3 届至今。

感恩美好时代，讲坛塑造灵魂

孙晓颖

孙晓颖，2002年加入中国民主同盟，民盟枣庄市委委员，支部主委，山东省第十二、十三届人大代表。现任教于枣庄市第三中学，语文教师，教研组组长，正高级职称。工作35年来，一直坚守三尺讲台，是枣庄市教学能手，山东省“巾帼建功”竞赛活动先进个人，山东省先进个人，山东省杰出盟员，被称为“三全教师”——全国模范教师，“全国五一劳动奖章”获得者，全国先进工作者。

一辈子教书，一辈子做学生

1983年初中毕业，家境困难的我上了中专——枣庄市师范学校。1986年中专毕业，18岁我成为一名小学教师。进入全日制大学的希望破灭，但上大学的信念从未泯灭，当年考取函授专科，上了围墙外的业余大学。1989年我专科毕业，同时考取本科，1992年取得本科学历。

业余学习的6年，我同时肩负繁重的教学任务，每周20多节课，作为一个班主任，面对叽叽喳喳的孩童、数不清的琐碎工作，初出茅庐的我口干舌燥，身心俱疲，但我充满求知的渴望，无论多疲惫、多忙碌，还是坚持每天学习到午夜，实现了工作学习两不耽误，教学成绩、学习成绩均遥遥领先。

为了上好每节课，我学习学习再学习，向书本学，向同人学，拜众人为师。学习让我从中专毕业的小学的教师成长为本科毕业的高中教师，从市级“教学能手”走到“全国模范教师”。

我从2007年开始担任人大代表，视野从纯粹的三尺讲台延伸到广阔的社会大舞台，我开始了新领域的学习，履职能力不断提升。

工作30多年来，每次转校、每接手一个新科目、每跨入一个新领域，对我来说都是极大的挑战，但我坚持终身学习，不断超越，教一辈子书，当一辈子学生，低起点，高追求，让每个脚印都坚实有力。

省人代会期间，孙晓颖接受山东电视台采访

当好一名教师，带好一个团队

作为语文教师，我深知站上讲台，就是生命在歌唱，是心灵的对话，是对人生社会的观察和思考，语文课堂是立德树人的主阵地。“每节课都是唯一的，都应是精彩的”，这是我始终坚持的教学理念。创造性地开展教学活动，追求授课方式的开放性、启发性，引导学生关注社会、思考生活。为使语文教学拥有时代的源头活水，我阅读《人民日报》《光明日报》等报纸，精心挑选适合学生阅读的优秀文章编辑成册，印发给学校的每个学生，每月一册，如今《时文选粹》已成为学生看世界的一扇重要的窗口。

首次代高中课程，我就从高一代到高三，高考语文成绩名列全市第一，接着连续代高三毕业班、实验班，并开始任班主任。其间，高考单科成绩、总体成绩均在全市名列前茅。枣庄三中新城校区首届招生时条件异常艰苦，所带的实验班 2016 年毕业，高考成绩一本上线率达 100%，近 60% 的学生考取了“985”名校。

作为班主任，亦师亦友亦母。公平从教，让每位学生都进步。不唯分数论英雄，多元评价学生。尽量多地组织全员参与活动，比如百家讲坛，按照学号依次进行；办黑板报，以小组为单位，全员参加；诗歌朗诵比赛，每个学生都上台；合唱比赛，和学生同台演出。比赛前请专业老师指导，让他们找到舞台上明星的感觉。

一身正气，传递正能量，鼓励学生立凌云之志，有历史担当和世界眼光，实现人生价值的最大化。组织学生观看《年度科技人物颁奖盛典》、海上阅兵等，激励学生向科技高峰进军。

“爱是人类最美的语言”，教师的职业是爱的事业。邀请过节时不能回家的学生到我家过节，为他们做饭、缝衣服等，不让学生感到孤独无助，体会母亲般的呵护。对于经济困难、单亲家庭的学生给予更多的关心、关爱和资助，尤其是精神上的鼓励。2008 年，高三一名女同学身患白血病的医生妈妈生命进入了倒计时，我和其他老师都到医院去看望她，让家长放心。我平时默默观察她细微的变化，经常和她爸爸联系，她需要谈心、倾诉的时候，我会把她叫到我的身边。成绩出来后，我和家长、学校领导一起帮学生确定了高考志愿。这位母亲非常坚强，感动了天地，坚持活到孩子入学。把关爱延伸到校外，培养学生感受爱、传递爱，如开展师生徒步远足 15 千米，和特殊教育学校的聋哑学生举行联谊活动，磨炼学生意志，培养学生社会责任感，让残疾儿童感受来自陌生人的温暖。

作为教研组长，我坚持无私奉献，凝心聚力。信奉“大家好，才是真的好”，积极为年轻人搭建成长的平台，教案随便看，课堂随时进，教研随时随地开展，教室里几乎每节课都有老师在听课，有的老师一学期下来听 100 多节课。在我的发掘和培养下，不少青年教师脱颖而出，30 多位教师在国家、省市级各类教学比赛中获得大奖，三中语文组成为枣庄市的一面旗帜。

为了提高老师们的业务水平，我组织、鼓励语文组的老师参加大型活动，如学校的元旦晚会，语文组要出一个具有学科特色的节目，而且一定是全员参与，如诗歌朗诵、诗词联唱等。语文组的每个老师都俨然是编、导、演一体的三栖明星。

孙晓颖与学生们在一起

勇于担负责任，当好一名模范

我于1996年进入枣庄三中，步履蹒跚，2002年担任教研组组长，2004年被评为“全国模范教师”。我深知，领导对我的厚爱和期望，我始终以模范来要求自己，做好各项工作，勇于承担责任。

困难面前我先上。枣庄三中发展迅速，一校变三校，每个校区成立之初最困难的时候我总是挺身在前。

身为山东省人大代表和民盟枣庄三中支部主委，我积极承担政治责任和社会责任。我积极参政议政，带头写调研信息，还邀请枣庄市政协的同志为盟员做讲座。多年来，我个人提出提案建议和社情民意信息50余件，其中《关于禁止中小学生手机进校园的建议》被民盟中央采用，《关注留守儿童心理健康教育的建议》《解决乡村教师严重缺编问题，实现教育均衡发展的建议》被山东省人大重点督办。

我还热心公益活动，组织民盟支部与乡村学校联手开展“书香校园”共建，为乡村学校的学生精选图书，送课下乡。走进农村留守儿童的心灵，播撒爱的雨露。多次走进兄弟学校，为学生、同行做励志交流。远赴新疆交流教育教学经验，搭建两地友好学校的平台。走进公益书屋，和下至六七岁的孩童上至五六十岁的爷爷奶奶交流阅读之美。

我是一名“60后”，亲身经历国家这几十年的发展，尤其是改革开放以来的巨大变化，国家给了我学习的机会、工作的平台、服务社会的广阔舞台，党委、政府的关心，民盟组织的培养，我为生在这个国家、这个时代而感到自豪和幸福，感恩这个美好的时代，我愿意立足三尺讲台塑造自己的灵魂，关注社会，立德树人，坚持为党育才、为国育才，为国家培养合格的共产主义接班人和建设者，为实现中华民族的伟大复兴贡献作为教师的力量。

琴人使命

高培芬

高培芬，第十二届全国政协委员、山东省文史研究馆馆员、国家非物质文化遗产项目诸城派古琴代表性传承人、山东省古琴社社长、山东省民族管弦乐学会古琴专业委员会会长、中国琴会常务理事、中国艺术研究院昆剧古琴研究会理事、中国古琴专家委员会委员、中国古琴学会常务理事、中国音乐家协会会员。民盟盟员，曾任民盟济南回民中学支部主委。

我出生于一个书香之家，自幼热爱音乐，并在家父的影响下开始接触古琴。1975 年起，我正式拜诸城派古琴第四代嫡传大师张育瑾、王凤襄先生为师，系统学习诸城派古琴 19 年，成长为诸城派古琴第五代正宗传人。诸城派古琴是中国北方唯一的琴派，也是中国“四大琴派”之一，在琴坛享有盛誉。

高培芬

1977 年全国恢复高考，我以昌潍地区第一名的成绩考入山东师范大学艺术系本科。1982 年，我进入济南回民中学，成了一名音乐教师。

由于历史和时代的原因，二十世纪八九十年代山东几乎无人弹琴，社会更是对古琴知之甚少，诸城派古琴一度濒临失传。为了不辜负老师的嘱托，也为了将这一优秀的传统文化继续传承发扬下去，1984 年我在济南成立了“文革”后山东省第一个琴社“历山琴社”（后更名为山东古琴社）并担任社长至今。琴社成立之初传承工作异常艰难。为了吸引学生，我不仅免费教琴，还向学生赠送古琴，但即便如此依然收效甚微。于是我与丈夫自费编写、印刷、分发古琴教材，举办诸城派古琴传习班、音乐会及讲座，出版古琴专辑磁带，发表古琴学术论文，录制电视台专题节目，还在大学、中学常年开设古琴课，并带琴下乡、进社区，面向社会免费传授、宣传诸城派古琴。我常带弟子们与外省琴社及古琴专家进行学术交流和演出。经过这些年的努力，情况终于开始好转，古琴的传承保护逐渐在山东出现一个繁荣的局面。

1986 年，我创作了琴歌新作品《漱玉泉情思》，荣获山东省第一届“泉城之秋”音乐节创作一等奖、表演一等奖。1991 年，我在山东艺术学院举办了山东有史以来第一场诸城派古琴个人独奏音乐会，著名诗人臧克家先生题写“诸城琴韵”祝贺，时任中国音乐家协会主席的吕骥先生亲自为节目单题签祝贺，时任山东省音协主席的张凤良先生亲自到场讲话。1992 年，齐鲁音像出版社为我出版发行了山东第一盘个人古琴专辑立体声磁带——《诸城琴韵 · 古琴名曲》。

1995 年，我有幸正式成为一名光荣的民盟盟员。当时，我所在的济南回民中学还没有民盟支部，学校的老盟员们之前一直在外单位活动。我加入民盟后不久，就有了自己的支部。老盟员告诉我，民盟人才济济，个个都是社会精英。不管是在革命战争年代，还是在社会主义新中国，我们的盟员都在各个时期发挥着自己的作用。也是从那时起，由于组织的信任，我开始担任民盟济南回中支部主委。

从此，在古琴传承之余，我又多了一重身份、一份责任。虽是小小的支部，我却感觉重任在肩，不能辜负盟组织和全体盟员对我的信任。做好日常教学工作的同时，我也尽心尽责地把盟务工作做好做实。上级盟组织发的文件，我及时上传下达，组织盟员认真学习讨论执行，切实履行好参政议政的职能，积极建言献策。我还发展了多名有知识、有信仰、品学兼优的青年教师加入民盟，并带领新盟员学习了“立盟为公，以天下为己任；正直正派、学有专长、甘于奉献；修德守身、淡泊名利、自尊自强”的“民盟精神”。

我们支部还面向全校学生先后开展了多次“扶贫帮困”活动，取得了非常好的效果。活动具体内容是对在校的一些家庭经济特别困难的学生进行捐款援助，以及利用盟员各自的教学专业对一些学习较差或偏科的学生进行一对一的课外辅导，帮助他们提高成绩。这项活动得到了盟员教师的积极响应，也收获了学生和家长们真诚的感谢，民盟济南市委也对我们支部进行了特别嘉奖。

在面对汶川地震等一些突发灾害事件时，我们支部的盟员数次主动捐款，数额虽不多，却体现了盟员们在国家受灾时的团结一心。为此，盟员们获得了民盟中央颁发的嘉奖证书。

作为一名盟员，以及一名琴人，我同时体会到这两种身份带给我的荣誉感和使命感。两种身份相互促进，二者的融合使我更加奋发，义不容辞地通过专业所长来担负起传承发扬我国优秀传统文化的责任。

2002 年，我国政府向联合国教科文组织递交《古琴艺术申报书》，确认了全国 52 位（含港、澳、台地区）著名琴家传承人，我名列第 13 位。2003 年，古琴成功入选联合国“人类口头和非物质遗产代表作”后，我先后被聘为中国琴会常务理事、古琴专家委员会委员、中国艺术研究院昆剧古琴研究会理事、中国古琴学会常务理事、山东师范大学音乐学院古琴客座教授等。2007 年，我被山东省人民政府评为首批非物质文化遗产项目“诸城派古琴”省级代表性传承人。2008 年，我当选第十二届济南市政协委员。2009 年，我应邀参加央视《欢乐中国行》大型文艺演出，并接受主持人董卿采访，介绍诸城派古琴。

2010 年，高培芬率众弟子在首届中国非物质文化遗产博览会闭幕式暨颁奖晚会上开场演奏诸城派名曲《关山月》和《秋风词》

在学校里，我以诸城派古琴传承人的身份以及民盟支部的名义组织全校青年教师及部分学生成立了古琴学习班，精心传授古琴的弹奏技能，讲解非物质文化遗产相关知识。经过多年的努力，包括很多盟员教师在内的古琴演奏团初具规模，先后参加了民盟山东省委及民盟济南市委举办的一些大型的盟务活动。通过古琴学习，青年教师们登上了舞台，学生们则考入了全国多所重点艺术院校。2010 年，文化部在济南举办首届中国非物质文化遗产博览会，我带领由 20 余名盟员教师及学生组成的古琴演奏团在闭幕式暨颁奖晚会上开场演奏了诸城派名曲《关山月》和《秋风词》，获得组委会颁发的优秀表演奖。

2011 年 9 月，应法国巴黎中国文化中心邀请，由山东省文化厅领导带团，我在巴黎举行了个人专场古琴音乐会，取得巨大成功，为中国、民盟赢得了荣誉。2012 年，我被推选为第十届山东省政协委员。2013 年 4 月，山东博物馆成立了高培芬古琴研究中心。在揭牌仪式上我带领盟员教师及学生弟子们举办了古琴专场音乐会。同年 6 月 8 日，中国第八个“文化遗产日”，我应北京故宫博物院“大师进故宫”活动邀请率弟子们在故宫内举行古琴专场音乐会。

几十年来除了古琴教学传承，我做的另一项与古琴保护相关的工作是古曲的整理与发掘，先后打谱复活已近失传的 20 余首琴曲，并始终坚持现代新琴曲的创作。2014 年年初，我在中华书局出版专著《高培芬古琴打谱集》，该书收录 20 余年来打谱复活的《碣石调·幽兰》《韶乐》等十几首古曲，集文、曲、声于一体，这是我国第一本以个人专著形式出版的古琴打谱集，成为古曲破译、抢救性复活和当代琴曲创作的范本，在全国引起强烈反响。

2013 年，我被推选为第十二届全国政协委员，成为政协历史上唯一一位以古琴家身份任职的全国政协委员。履职期间我先后提交《坚决制止非物质文化遗产申报立项造假，制定防范惩戒措施》（2013 年）、《关于设立“中国古琴日”的提案》（2014 年）、《关于建议成立国家非物质文化遗产博物馆的提案》（2015 年）、《关于将优秀非物质文化遗产列入中小学基础教育体系的提案》（2015 年）、《健全非遗保护传承保障体系，加强行政监管职能》（2016 年）、《建议国家文化部组织全国第五次古琴打谱活动》（2017 年）等提案，均由文化部、教育部等国家相关部门立案办理。

2015 年，我应中共山东省委宣传部之邀拍摄古琴传承公益宣传片，在山东卫视晚间黄金时段连续播出一个月。2015 年 11 月，在由时任全国政协主席俞正声主持的议题为“非物质文化遗产传承与保护”的双周协商座谈会上，我做了题为《非物质文化遗产传承与保护应加强行政监督职能》的主题发言。2016 年，我被聘为山东省人民政府文史研究馆馆员，时任省长郭树清同志向我颁发了聘书。2017 年，我荣获中央山东省委宣传部颁发的“优秀文化传播者”称号和奖杯。

2018 年，我应邀在上海东方艺术中心举行“海上雅乐・齐风鲁韵”高培芬诸城派古琴独奏音乐会。同年应邀访问美国纽约、华盛顿、洛杉矶等城市，并首次在纽约联合国总部奏响了诸城派古琴。

担任民盟支部主委这些年，我在盟务工作和古琴传承方面取得了一些成绩，也多次带领支部获得民盟省委和民盟市委颁发的“优秀盟员”和“优秀支部”等证书和奖励。这是我们支部全体盟员共同努力的成果。几年前，我从支部主委的岗位上退下来，将接力棒交到更有朝气和活力的年轻盟员手中，期待他们再接再厉，继续将民盟支部发展壮大，再创佳绩。

作为一名传承近半个世纪的琴人和一名拥有 26 年“盟龄”的老盟员，我始终铭记民盟“立盟为公，参政为民”的初心，和盟员素来具有的“为天地立心，为生民立命”的强烈社会责任感。2021 年既是中国共产党成立 100 周年，也是中国民主同盟成立 80 周年，民盟前辈张澜先生在新中国成立之初就曾讲过：“自从民主政团同盟成立的时候起，我们一贯就是与中共密切配合，时时协商，尤其是在大关节处，是一致的，是没有分歧的。”80 年的合作实践证明，民主党派与中国共产党长期共存、互相监督、肝胆相照、荣辱与共，建立了合作共存、体谅包容的和谐政党关系，民主党派与执政党在根本利益上是一致的，就是为人民谋幸福，在基本目标上也是一致的，那就是共襄中华复兴。

在中国共产党的领导下，我会始终牢记作为一名盟员和琴人的使命，一如既往、不遗余力地传承发扬我国优秀传统文化，高擎薪火、与时俱进，为中华民族的伟大复兴贡献自己的一份力量。

号角声声催征人

王一君

王一君，山东省国瓷陶艺书画院院长，中国工艺美术大师、正高级工艺美术师、硕士生导师，享受国务院政府特殊津贴专家、泰山产业领军人才、全国劳动模范，第十三届全国人大代表，曾任山东省政协第十一届常委，民盟山东省委委员、民盟淄博市委会副主委，中国工艺美术协会美术陶瓷分会副会长。

王一君参加全国人大会议

自踏上陶瓷文化这条路开始，我兢兢业业，持之以恒，深耕数载，荣誉有之，批评有之，然深知肩负的诸多使命。如今，站在新起点上，“陶瓷”已经不单是淄博的一张名片，它同时承载着文化复兴行稳致远。

号角声声催征人。在勇于担当文化使命这条道路上，我开展了很多工作，18 年来我不断完善和创新陶瓷技术，应邀为党和国家主要领导人创作外事国礼作品。创作了《点赞新时代》《绿水青山》《愉悦》《三牛》等歌颂新时代的作品，获得了行业最高奖项。我培养出了两名中国陶瓷大师，十几名山东省工艺美术大师，有突出贡献的中青年专家、技术能手、金牌工匠、非遗代表性传承人等人才。我还培养残疾特殊群体徒弟成才，使他们各自成长为山东省自强模范、特教中心教师，带领徒弟们以技能帮扶残疾特殊群体脱贫，树立自信自立自强信心。疫情期间我研编手语陶艺教材，免费网络教学，倡导居家学习助力抗疫，向听障群体传授技艺。我受邀助力边远落后少数民族地区陶瓷产业发展，在云南华宁县落地“专家基层工作站”。我受邀担任云南临翔区碗窑村名誉村长，助力碗窑村脱贫攻坚。在推动“山东省中华文化传承基因”这项工作中，我开展了更多差异化探索、首创性改革，为华裔青少年寻根之旅讲解和传播中华传统文化。

2015 年，《人民政协报》刊登《把中国陶瓷推向世界——中国陶瓷艺术大师、山东省政协委员王一君》。2016 年 2 月，山东省人民政府侨办在山东省博物馆举办了“王一君与华人华侨书画陶瓷作品展”，8 月中共淄川区委宣传部在台湾举办了“王一君作品台北展”，成为山东省优秀交流项目。我一路与志同道合的同事们筚路蓝缕坚守陶瓷文化阵地，助力淄川区昆仑陶瓷特色小镇发展，昆仑镇于 2017 年获批国家级特色小镇。

淄博的齐文化，不仅是一种追求开放、改革包容的文化，还是一种追求融合、胸怀天下的文化。基于此，我们每年在与各国艺术家和产区广泛交流的过程中，都会围绕此去探索发展合作路径。在华裔青少年寻根之旅的过程中，我与徒弟们演示技艺、讲解知识，也请一些专业老师来讲述很多动人的故事，通过故事让他们找到文化自信与文化认同。韩国的 3 位 70 多岁的国家级陶瓷名匠了解到这些情况后，前来参访交流，邀请我赴韩国现场创作，成功举办了中韩高端陶瓷文化交流活动。

自我当选为全国人大代表以来，时刻提醒自己，要把自己的心血、智慧、干劲全部用到淄博陶瓷文化事业发展中去，实现淄博“全域公园城市”的未来愿景。

在我的建议下，淄川区政府放弃了黄金地段 425 亩商业项目的开发，反而投入 7000 万元建成了体育公园。如今，淄川体育公园不仅成了周围居民休闲的好去处，也吸引了洪山、龙泉、寨里等附近多个乡镇的老百姓来此锻炼，受到广大人民群众的赞誉。

凡涉及群众利益的问题，不管问题多复杂，我作为代表联络点的联络人都必须召集人大代表“会诊”解决。因此，我探索出建立五级代表协同共议事制度，打破人大代表的层级限制，发挥好上级人大代表政策性强、下级人大代表社情民意掌握透的优势，通过不同级别的人大代表协同与群众共同议事的形式，形成不同级别的代表建议，交政府部门办理。2020 年，《中国人大》刊登《王一君：“议题式接待”架起代表与群众的连心桥》。

淄博于我而言，不仅是齐国故都、陶瓷名城，还是清晨 1954 陶瓷产业园里的人流声、傍晚蒲松龄故居的漫天红霞，是新区的广厦林立、不息的深夜繁灯。历经千年，我们这座城市正持续释放对外开放的“强磁场”，展现融古汇今、对接东西的

王一君在工作中

开放姿态，成为每个奋斗者追求卓越、勇立潮头的精神家园。这一切都在感染着我，让我不敢懈怠，并把自己融入群众中，用十足的勇气、百倍的干劲和躬身入局的底色，竭尽全力为它添色彩。

2019年11月9日，淄川区香菇种植户刘续增老汉给我发信息说：劳动力成本上升，菇农增产不收；行业缺标准，种植不规范等问题。我立即联系全国省、市、区、镇五级人大代表还有兰玲、刘洪增等专家学者开始调研，在2020年的全国人代会上，我提出了《加快食用菌产业发展，助力更多群众实现脱贫致富》的建议及调研报告《关于赤泥综合利用建议》，相关部委高度重视，组成专家团队调研，《人民日报》在2020年全国“两会”前夕刊登了代表履职故事《王一君代表——一心让赤泥变废为宝》。

如今，摆在我面前的新任务依然清晰，站在希望的“源头”，唯愿道路漫长，充满奇迹，充满发现。

做一个有责任的民盟人

刘玉栋

刘玉栋，男，1971 年出生，中国作协会员，山东省作协副主席，《山东文学》主编，民盟山东省直文艺支部主委。山东省首批齐鲁文化英才。在《人民文学》《十月》等文学期刊发表小说 300 余万字，出版有长篇小说《年日如草》，中短篇小说集《我们分到了土地》《公鸡的寓言》等十几部，另著有儿童小说《泥孩子》《白雾》等。作品曾获中华优秀出版物奖图书奖、齐鲁文学奖、泰山文艺奖、青铜葵花儿童小说奖、冰心儿童图书奖等。

我加入民盟 9 年来，有幸跟全省各界优秀知识分子一起见证了新时代山东民盟的发展历程，深刻感受到作为一名从事文艺工作的盟员，在全省文化建设中的责任和担当。

民盟先贤炽热的爱国热情和为祖国富强、民族振兴而无私奉献、始终不渝的高尚品格，为全体民盟人树立了光辉榜样。还记得 2018 年春天，我在四川李庄参加一个文学活动，游览古镇遇到“盟员之家”时的激动心情。我参观完“李庄中国民主同盟传统教育基地”，走在古镇的老街巷里，似乎感受到了梁思成、童第周、金岳霖等大师们的声音和气息。我为此感到骄傲和自豪。

正是在诸多先贤的激励和引领下，我内心始终有一种责任和担当的自觉，坚守文学创作和编辑工作，下决心为建设文化大省做出个人的贡献。

文学创作应与时代共振，脱离时代的文学写作是没有骨骼的文学写作；文学创作要以人民为中心，要关注和抒写时代新人，把新人形象呈现出来，以文化人；文学的力量是持久无声的，“润物细无声”。我个人的创作也是如此，始终把自己融入时代和社会中，感受时代的脉搏和社会的变化，感受人及人心之变。实际上，民盟

刘玉栋

前辈先贤早就用实际行动为我们做出了表率，20 世纪 30 年代，梁漱溟在山东邹平搞乡村建设实践，他的乡村治理实验产生了极其深远的影响；费孝通通过大量的田野调查，写出的《乡土中国》，成为影响至今的社会学经典名著……这些民盟先贤的精神引领着我，也影响着我对文学创作的态度，使我的写作始终面向时代、社会和基层。

我的文学创作之路是曲折的，从兴趣爱好的业余写作到从事专业创作，从细小的个人情感到宽阔的现实之路，也是经历过多年的探索，从不断地写作实践中走来的。开始，我写了不少都市青春题材的小说，视野和情感都相对狭小。后来，我自觉把目光拉回农村。首先，情感和内心的需要，我 17 岁才离开农村，但总觉得没有真正离开过，那段生活对我影响太大；其次，当时我对自己的创作不满意，觉得自己的小说缺少一种深入人心的东西，我发现我的创作多是浮于表层的，情感没有真正回到内心，于是我决定，写离自己内心最近的东西。这就是要“写什么”的问题。回到了童年和故乡，一下子便激活了我的经验。这让我创作出了后来获第一、二届齐鲁文学奖的小说《我们分到了土地》《给马兰姑姑押车》。在那个阶段的创作中，我并不刻意突出作品的乡土特色，而是试图超越那种狭隘、陈旧的地区观念，努力写出具有更为普遍意义的东西。但创作了一系列关于童年故乡的小说后，我又意识到了局限性。那毕竟是过去的记忆中的一些东西。我必须关注当下、聚焦现实。我有了写一部长篇小说的想法，我在考虑作为个人与这个时代的关系，我想写一个在农村长大的人如何在城市生活和扎根的故事。是一部直面城市化进程的小说，也是一部写“变”的小说，写城市之变、人心之变、价值观之变，写了在社会的巨大变革中，个人所普遍经历的挣扎。一旦下定决心，我就开始刻意地关注我的周围。通过大量读书，丰富阅读经验。去上海作家研究生班学习，感受不同的城市文化。一切经历都为这部长篇小说做准备。这就是后来的长篇小说《年日如草》，发表在《十月》杂志，由作家出版社出版，获第二届泰山文艺奖。《年日如草》的故事发生在城市里，但它应该是我乡土书写的延续。主人公曹大屯是一个进城来讨生活的农村青年，写了他从质朴到油滑的蜕变，见证着城市对人心的改变。写了一个农村人进入城市后的寻找之苦和融入之难。

刘玉栋

中国原是一个农业大国，原来的城市人口只占总人口的十分之一，通过多年的城市化发展，城市人口几乎占到了一半。这个变化可不得了，想一想，在一个相对短的时间里，有这么多的人涌入城市，它的喧嚣和嘈杂可想而知，而这些人呢？他们肯定是怀揣着各种梦想在追寻着，在一个陌生的环境里重新寻找自己的位置，而现实又是严酷的，这种撞击势必让人心产生偏移。《年日如草》中的曹大屯正是如此，他们在艰难地寻觅着，用堕落、平庸，或者还原本性这些词语来形容他们的心迹，似乎都失之偏颇。中国曾经城乡二元对立的独特社会文化结构，应该有更多的作家和学者去关注，它改变了许多人的命运和人生轨迹，影响了人的身份、家庭、爱情婚姻，以及各种错综复杂的关系，产生了众多悲喜剧，影响了几代人，它还有很大的空间需要人们去研究、发掘。

现在，城乡“二元”对立的社会结构几乎消失殆尽，尤其是农村，变化巨大。

如今没有几个人承认自己是农民了，大多数年轻人都在城里买了房子。多少年来，我尽管住在城里，但一直关注着农村和土地，可我发现，农村离我已是渐行渐远，我熟悉的农村早已不复存在。我根本无法再次回到农村，如今谈到这些，我连伤感的语调都没有了。现实是，农村还会持续地变化，变成为一种常态。但作为作家或学者，要学习民盟先贤，必须关注这种变化。

我也非常热爱文学编辑工作。实际上，我很早就从事文学编辑工作了。20 多年前，我就在《山东文学》当过几年编辑，后来去了济南市文联的《当代小说》继续做编辑、副主编，一直到 2009 年年初，我才调到文联创作室做主任，成为专业作家。这样算一算，我连续干了 15 年文学编辑。确实跟《山东文学》缘分不浅，没想到 20 年后，我又回到《山东文学》。这么多年过去了，正如对自己年龄的感受。时光匆匆、岁月如梭，唯有对文学的热情不减。

一名从事文艺工作的民盟盟员，在做好本职工作的同时，还应该争取多发挥自身的专业特长，为国家、全省文化建设和文学事业贡献力量。民盟省直文艺支部拥有知名画家、书法家、摄影家、作家、记者等文艺人才，我多次组织支部盟员，深入特殊教育学校、企业、文化市场等地调研、学习、服务，在文化、生态方面建言献策，尽力做好参政议政工作。

2018 年 7 月，全国人大常委会副委员长、民盟中央主席、中国科学院副院长丁仲礼走访民盟山东省委机关，我有幸参加了座谈会。丁仲礼主席指出，山东民盟要重点从什么是文化自信、如何提高文化自信、如何对待中华优秀传统文化和世界上其他民族优秀文化入手，增强人们的文化自信心和感召力。山东作为文化大省，在这一问题上应当有所作为，民盟山东省委要立足党派特色，发挥地方优势，用心开展好理论研究工作，出高质量研究成果。这令我深受启发和鼓舞，也为省直文艺支部的学习研究工作指明了方向。

2014 年 10 月 15 日，习近平总书记在文艺工作座谈会上发表的重要讲话让我明白了文学情怀和文学意义无边无际的宽阔。我同时感受到，文艺工作者必须将自身融入祖国现代化建设的宏伟事业和建设者们火热的生活中，才能创作出无愧于时代的大作品。衷心感谢民盟对我的培养和帮助，我定会真诚、扎实、努力地工作、学习、创作，做一个有责任担当的民盟人。

与盟相约，策力前行

王小晖

王小晖，山东艺术学院教授、硕士生导师，中国美术家协会会员，中国工笔画学会理事，中国当代工笔画学会会员，山东省美术家协会理事，山东省女画家协会主席，山东省政协委员、民盟山东艺术学院支部主委。

王小晖

“民盟”二字，很早就有一种自性的亲切感。追溯其源，或许是被民盟的称谓所吸引：民盟称盟员，组织的称呼是盟。很温情的组织关系，让我有种天然的亲近，像血液一样。当我阅读了《中国民主同盟史》，对“盟”有了更加全面深刻的理解后，才知道一代代民盟前辈，成为建立新中国的先驱；一代代大师出民盟，成为建设新中国的楷模。而我内心也充满了对民盟的敬慕和向往，萌发了一种自觉的责任和担当。时值2021年民盟80周年华诞，回想起我与民盟的相约，不禁感慨万千。

心中有梦，砥砺前行

我祖籍河北隆化，那里是著名战斗英雄董存瑞的故乡。在成长的岁月中，我跟随父母辗转济南、德州。有人说，燕赵侠骨和齐鲁率真在我身上痕迹鲜明，我听了甚是欣慰。

至今犹记旧年路，从幼儿园、小学、初中，一直伴随着我的是那种“无法”而随意的笔墨。我随意涂鸦的画，总能得到父母的称赞。就这样，我的画路在父母欣赏的目光里起步了。这段岁月，我写在《心灵日记》中：“小的时候，我喜欢一个人找个僻静的地方，在墙上、地上，胡涂乱抹，专心入迷。渐渐地那胡涂乱抹的痕迹里，不仅有了形象，也萌发了思想，有了故事，在大人们读不懂的世界，我有了一份自己的渴望。”

后来，我遇到了王永康先生。王老师毕业于四川美院，是一位成绩斐然的油画家，我能在山艺录取考试中，被著名画家单应桂教授点评为“出手就很专业的素描”，得益于我的这位启蒙老师。在我的教书生涯中，王先生的教育思想一直影响着我。

追溯艺路，3 年中专、4 年本科、两年中央美院进修，从省城到京城，九年寒窗，我接受了严格的专业训练，打开了眼界，丰富了学养。特别是两次到中央美院进修，先后师从黄军、韩国臻、蒋彩萍等著名画家，从最基础的做绢开始，白描、设色、工笔重彩。1998 年，我又毕业于文化部与日本多摩大学联合举办的首届工笔重彩画高级研究班。毕业创作入选中国美术馆“高研班作品展”和深圳“中国工笔重彩画精品展”。

圆梦民盟，同心同行

绘画与教书，为我加入民盟创造了条件。2001 年我被吸收为盟员，圆了我的民盟梦。我深知，师者是“民盟精神”薪火相传的传承人，而画家的笔墨是“民盟文化”的符号。怀着一颗“盟心”，我教速写、白描、创作、工笔、岩彩五门主课，培养了一批优秀的学生。我训练学生们用眼睛观察事物的科学方法，首先教会学生要学会观察，告诉学生眼力怎么训练，怎么去看客观的东西。看客观的东西要运用大脑，想想老师讲的理论，再自己组织到画面上去。在教学中因材施教，扬长避短；这种科学的授课方法让学生们受益匪浅。

在教学的同时，我编写出版了《中国工笔人物画技法新编》《现代重彩画技法步骤》等教材书籍。我在《美术研究》《国画家》等刊物发表论文多篇。数十幅作品被收入《中国工笔画集》《中国首届人物画作品集》《中国重彩精选作品选》等

王小晖正在创作中国画《2020》

画集。我连续两次被文化部聘为重彩画高研班特聘教师，被中国美协聘为首届重彩大展评委会委员，并被授予中国重彩画学术奖。我曾作为艺术使者，赴日本等国进行文化交流。

教学之余，我曾多次代表山东民盟参加民盟中央举办的画展，担任山东民盟书画院院长，每年至少组织一次民盟画展，逢年过节看望德高望重的老先生等。作为政协委员，每年的省政协会议，我都会做调研、写提案，很多提案得到了实施。比如，我写的“关于教育收费听证”的提案，引起了高度重视和广泛关注，《齐鲁晚报》《大众日报》记者做了采访，在社会上产生了很好的效果。

职责担当，践行初心

任职山东女书画家协会主席后，我依然牢记盟员的职责、担当和初心。数年来，我带领画家去部队慰问、参加社区、公益慈善等活动，用笔墨传情达意。关注培养新人，也是一种薪火相传，近年来新入会的成员，有不少是研究生毕业，为协会带来了勃勃生机。更可喜的是，她们充满了对艺术、对生命的崇敬与追问，这令我欣喜。她们创作的一幅幅精美的作品，带着女性的爱与美，带着她们特有的笔墨趣味，“走进”了各个书画院。

疫情期间，我带领协会成员，投身疫情防控，山东女书画家们捐款 9 万多元，创作了 600 余幅作品。女书画家们用艺术讲述着抗疫中的感人故事，用笔墨向最可爱的人致敬。创作抗疫作品的过程，是一种心灵生活的净化，是对最美逆行者的礼赞，每一幅画都是心怀感恩的成像。创作医护人员题材的绘画，在我的艺术生涯中是第一次，我为抗疫创作了 10 多幅作品。我用充满深情和敬意的笔墨，描绘了天使们的无畏与大爱，是用心、用线条与色彩写下的“敬语”。

艺道酬心，获奖丰硕

我钟爱艺术，艺术也格外馈赠于我。毕业创作的《红花》《人勤路宽》获得了山东省美术作品三等奖，后来被送入全国美展。那是 1983 年，我画《红花》以致青春；我画《人勤路宽》以颂改革开放。

1995 年，世界妇女大会筹委会发函，邀请我参加“首届中国女画家画展”，每省参展作品限额，因邮寄的预选作品照片没有寄到，开展前 3 天，我把 1.8 米见方的装框原作《匆匆》直接送到了中国美术馆，组委会破例组织专家评选，结论是主题新颖、构思巧妙。通过选拔，在美术馆正厅展出。这幅唯一未经过预选而直接通过评选参展的作品，后来被中国美术馆收藏。

笔墨当随时代。我的恩师单应桂先生曾这样叙述：“从毕业创作到 80 年代，小晖接连创作了《童年的记忆》《山东大嫂》等作品，分别入选山东美展和全国美展，她这一阶段的作品在构思和表现手法上都较为写实，多趋向于对某一具体事物的传达和描写，受着单一创作模式的影响。”老师所言极是，这个时期是我对当时生活的直觉。那时艺术还没有多元化，用笔墨反映生活的方式也很“规矩”。进入 20 世纪 90 年代，多元文化融合，活跃的艺术思想，让我已不满足于停留在形式的表层，而是借助形象，传达自己对人生和社会的思考，表现自己的真实思想感情。有人说我的画深沉了许多，观来有“余音袅袅，绕梁三日”之感。回忆起来，作品面貌是从《晴日》开始的，包括《摇篮》《正午》《晚夏》《箫女》等作品，是我对世界、对人生、对生活和对历史的理解。

这类题材的作品还有《寻梦》《晨光》《晨霜》《摇篮》等，《摇篮》赴美参展获“世界女艺术家作品展”优秀奖，并被世界银行机构收藏。我以一个隐约、苍茫、逐渐延伸的空间，表现了那个时代女军人特有的浪漫与坚强。

或许是民盟精神教化了我的笔墨，我画女性的笔墨不倾情于漂亮，而是用古典神韵的高境界去画她内在的生命美。这种美是一种知性的、自尊自强的精神。这一系列的作品有《谧》《清秋》《听荷》《浮云》《静水》《清风明月》《出水芙蓉》等，背景画以池塘深处的莲蓬、藕花、荷叶；一屋之内屏风、花瓶、大把的芦花等，给人以闲适、淡泊、超然之境。

成为盟员后，我荣幸地当选为山东省政协委员、民盟中央美术学院理事、山东民盟书画院院长、民盟山东艺术学院支部主委，连续三届担任省政协委员。2010 年获齐鲁精英人物风云榜——十大齐鲁精英奖，2020 年，我的家庭被中国妇联评为全国抗疫最美家庭。

入盟 20 多年来，我追寻先贤的足迹，传承民盟精神，自 1983 年毕业留校任教至今，我一直工作在教研一线，也从未离开过笔墨。在时光的流逝中，我以教师为荣；四季更迭中，翰墨与时代共情。我会牢记入盟初心，肩负起新时代所赋予的使命担当。

逐梦新时代，同心谱华章

严中华

严中华，山东省政协常委、民盟山东省委常委，积成电子股份有限公司副董事长、总经理，研究员，“全国五一劳动奖章”获得者，享受国务院政府特殊津贴专家。30 多年来，他带领积成电子成功实现产品运营和资本运营大跨越，把一个 61.5 万元资产的小公司，发展壮大为济南首家上市软件企业，总资产超过 38 亿元。曾获“中国软件行业十大杰出青年”“山东十大杰出青年”等称号。

作为一名在孔孟之乡、齐鲁大地上成长起来的高新技术上市公司负责人，科技界别的省政协常委，民盟省委常委、经济委员会主任，我需要在科技创新的道路上不忘初心使命，继续携手前行；需要在更大范围、更大限度内发挥自己的作用，汇聚政协委员和党派成员的行动力、号召力、影响力，推动各项工作深入开展；需要在“十四五”规划开局之年，在全面建设社会主义现代化新征程中持续奋斗，更多地展现为国履职、为民尽责的深厚情怀，逐梦新时代，同心谱华章。

2021 年 2 月，严中华在省政协大会上发言

孕于学府，大业积成

1982 年，我从浙江东阳中学顺利考进山东大学电子系，时年 16 岁。我知道唯有努力学习，扎实掌握专业技能，才能做一个对社会有贡献的人。在山大埋头苦读的 7 年里，我几乎把全部的时间都用到了学习中。大学第一学期，我已经自学了四册英语，在全专业 80 多个同学中遥遥领先。每天，我还坚持跑早操、下午一小时体育锻炼，这些良好的习惯伴随我整个学生时代。自律、勤奋的品质，也得到了老师和同学们的认可。

1984 年，电子系的 4 位教师响应国家“科学技术要为经济建设服务”的号召，成立研制组，当上了“星期天工程师”。在老师的引荐下，我以优秀学生身份进入研制组“帮忙”，参与项目开发及设备安装、调试等工作。1989 年，山东大学威海分校电子系统实验所成立，我研究生毕业后留校，正式加入这一创业团队。在完成繁重的教学任务后，与大家一起，共同在电力自动化领域进行一次次的“高科技应用”实践，通过国内领先的技术研发和应用，做大做强优势产业。2000 年 8 月，经山东省政府批准，整体改制为股份有限公司，走上产品经营与资本运营相结合的发展之路。2010 年 1 月 22 日，积成电子在深交所中小板上市交易，实现了产品运营和资本运营大跨越。一个 61.5 万元资产的小公司，发展壮大为济南首家土生土长的上市软件企业，总资产超过 38 亿元。

目前，积成电子主营业务涵盖智能电网、智慧燃气、智慧水务、智慧热力、新能源微电网、智慧节能、网络安全等领域，产品遍布 31 个省市自治区，智能电网调度、智能配电、智慧燃气等自动化系统市场占有率居全国同行前三名。

一路走来，我深刻地理解“创新是引领发展的第一动力”的内涵深意，这是积成电子在激烈的市场竞争中立于不败、成功走向新时代科技最前沿的“法宝”。就在近期，积成电子又取得了众多代表性成果。电磁暂态仿真平台打破了该项技术的国外绝对垄断。随着我国电网规模不断扩大、复杂性不断增加，迫切需要对复杂的电网运行状况进行大规模的实时仿真和分析，以保障涉及国计民生的电网安全可靠运行。基于服务电力行业三十余年积累的技术经验，公司独辟蹊径研发了复杂大电网的全电磁暂态仿真平台，解决了全电磁暂态仿真计算效率低、仿真规模受限和建模过程烦琐、仿真平台建设成本高昂等问题，打破了电磁暂态仿真领域国外厂家的

2010 年 1 月，积成电子在深交所上市

技术垄断，技术水平在国际上处于领先地位。超声波仪表在计量仪器代际升级中国际领先。在计量仪器从机械表迈向物联网时代电子表的代际升级中，为全世界提供了中国方案，产品整体技术处于国际领先水平，公司已成为有较强国际影响力的超声波计量仪表供应商。

积成电子目前已走上科技创新发展的快车道，“省级工程技术研究中心”“省级软件工程中心”“省级企业技术中心”的标牌熠熠生辉。我主持和参与了 50 余项国家标准或行业标准的制定，取得 500 多项专利、600 余项计算机软件著作权，100 余项产品通过省部级科技成果鉴定，获得 50 多个国家、省部级奖项。

初心如磐，精诚履职

作为一名政协委员、民盟盟员，我倍加珍惜党和人民给予的权利和荣誉，时刻提醒自己要关注民生热点，要俯下身子到一线调研，认真撰写符合实际、可操作的反映社情民意的信息、提案。

2008 年，受金融危机影响，包括我们在内的很多高科技企业、中小微企业面临资金压力，贷款难的关键在于担保难。在细致调研后，我撰写了《快速展开高新技术企业股票股权质押贷款工作的建议》的提案，呼吁允许高新技术企业使用股票、股权以及知识产权等无形资产作为质押物向银行申请贷款，破解企业融资难题。2009 年年初，经过仔细沟通和认真考察，以软件著作权作为质押物，齐鲁银行向积成电子授信 6500 万元，开创了我省第一笔、国内单笔授信额度最高的知识产权质押贷款业务。此后，山东省内知识产权质押贷款大面积铺开，众多科技型中小微企业有了一条快速、高效、畅通的融资渠道。《关于取消医疗服务单位停车收费的建议》当年被省政协评为优秀提案。

2018 年，国务院批复山东新旧动能转换综合试验区建设总体方案。面对这一重大课题，我主动承担任务，持续参加省委统战部、省政协、民盟省委等单位组织的活动。围绕新旧动能转换、支持非公有制经济健康发展、优化营商环境等中心工作，结合自身业务专长，撰写了多篇高水准的提案和大会发言稿；参加了省委统战部组织赴日照市落实“非公十条”情况专项督查；参加山东卫视“协商面对面”活动，就《加快新型智慧城市建设，智慧山东未来可期》提出建议方案；参与了省、市、区政协乡村振兴联合调研，编撰《三涧溪调查》报告。

2019 年 4 月，省政协十二届常委会第七次会议围绕“促进民营经济政策落实”开展首次专题监督，我做了题为《以思想解放引领政策落实，实现中小微企业“枝繁叶茂”》的口头发言。2021 年 2 月，省政协十二届四次会议上，我做了《跑出科技型企业创新“加速度”》的大会发言；4 月省政协十二届常委会第十七次会议上，我做了《锚定“双碳”目标，大力推动能源互联网建设》的口头发言。

近两年，我参与了民盟中央的重点课题“环渤海地区一体化”“对接京津冀协同发展”的调研工作，重点参加了信息一体化部分的编写；参与了“优化营商环境、培育四新企业”调研；参与了全国政协双周座谈会“科技创新型企业发展面临的困难和建议”课题调研，编写了《完善全链条协同创新体系，助力国产化替代产品推广应用》报告，协助盟省委相关报告的编写；撰写的论文入选第六届民盟经济论坛优秀论文。我个人连续获得 2019 年度、2020 年度盟省委“参政议政突出贡献奖”。

这些年，党和国家给了我很多荣誉。例如，国家科技进步奖二等奖，第二届“中国软件行业杰出青年”、第十五届“山东十大杰出青年”“全国五一劳动奖章”等荣誉称号，享受国务院政府特殊津贴专家等。

“胸怀千秋伟业，恰是百年风华”，这是习近平总书记在 2021 年新年贺词中说的一句话。作为盟员，我庆幸生活在这个伟大的时代，得以见证中华民族伟大复兴。履职为民，家国情长。我将一如既往珍惜荣誉，不忘初心、砥砺前行，勇于担当、精诚履职，不断为山东经济社会发展建言献策。

“征途漫漫，唯有奋斗。”我将在学习中共党史中凝聚更多共识，牢记民盟是中国共产党领导的爱国统一战线的组成部分，致力于建设中国特色社会主义事业的参政党初心使命，继续携手前进，以高水平岗位建功、高质量履职成果展现新时期政协委员、盟员新作为，以优异的成绩庆祝中国共产党成立 100 周年、中国民主同盟成立 80 周年。